《赣州市城市道路车辆通行管理规定》精解

孙绍伟　张　奇◎编著

中国政法大学出版社

2024·北京

图书在版编目（ＣＩＰ）数据

《赣州市城市道路车辆通行管理规定》精解/孙绍伟，张奇编著.—北京：中国政法大学出版社，2024.2

ISBN 978-7-5764-1292-5

Ⅰ.①赣… Ⅱ.①孙… ②张… Ⅲ.①公路运输－交通运输管理－条例－法律解释－赣州 Ⅳ.①D927.563.214.5

中国国家版本馆CIP数据核字(2024)第019629号

书　名	《赣州市城市道路车辆通行管理规定》精解 GANZHOUSHI CHENGSHIDAOLU CHELIANGTONGXING GUANLI GUIDING JINGJIE
出版者	中国政法大学出版社
地　址	北京市海淀区西土城路 25 号
邮　箱	bianjishi07public@163.com
网　址	http://www.cuplpress.com (网络实名：中国政法大学出版社)
电　话	010-58908466(第七编辑部) 010-58908334(邮购部)
承　印	北京九州迅驰传媒文化有限公司
开　本	880mm×1230mm　1/32
印　张	9.25
字　数	220 千字
版　次	2024 年 2 月第 1 版
印　次	2024 年 2 月第 1 次印刷
定　价	56.00 元

目　录

第一章　总　则 | 001

第一条【立法目的和立法依据】 | 001

第二条【适用范围】 | 005

第三条【政府职责】 | 008

第四条【智慧交通建设】 | 011

第五条【公共交通发展】 | 017

第六条【交通安全宣传教育】 | 023

第二章　道路通行条件 | 030

第七条【道路规划建设】 | 030

第八条【交通设施建设管理】 | 033

第九条【道路隐患治理】 | 038

第十条【道路作业规定】 | 045

第三章　车辆管理 | 049

第十一条【电动车、轮椅车挂牌管理】 | 049

第十二条【电动车、轮椅车登记】 | 052

第十三条【如实提供真实、有效信息】 | 054

第十四条【临时通行标志】 | 056

第十五条【免费发放车牌证、通行标志】 | 060

第十六条【拼装、改装车辆禁止上路行驶】 | 061

第十七条【鼓励电动车、轮椅车投保】 | 065

第四章 通行管理 | 071

第十八条【交通限行管理】 | 071

第十九条【运输渣土等物体的车辆通行规定】 | 075

第二十条【巡游出租车通行规定】 | 079

第二十一条【合标电动车通行规定】 | 082

第二十二条【非标电动车通行规定】 | 090

第二十三条【滑行工具通行规定】 | 094

第二十四条【城市快速路通行规定】 | 097

第二十五条【车辆让行规定】 | 101

第二十六条【限时停车管理】 | 105

第二十七条【二轮车停放管理】 | 109

第二十八条【共享车辆管理】 | 113

第二十九条【事故处置】 | 121

第三十条【非标电动车属性认定】 | 127

第五章 法律责任 | 130

第三十一条【设置处罚原则】 | 130

第三十二条【依法处罚】 | 132

第三十三条【未办理登记处罚】 | 137

第三十四条【非标电动车管理处罚】 | 139

第三十五条【驾驶拼装、改装电动车、机动车的处罚】 | 141

第三十六条【巡游出租车违法处罚】 | 143

第三十七条【合标电动车通行违法处罚】 | 145

第三十八条【非标电动车通行违法处罚】 | 149

第三十九条【滑行工具通行违法处罚】 | 151

第四十条【快速路禁行处罚】 | 154

第四十一条【车辆未让行处罚】 | 155

第四十二条【违反限停处罚】 | 157

第四十三条【违反停放处罚】 | 159

第四十四条【共享单车违反停放处罚】 | 162

第四十五条【驾驶人造成交通堵塞处罚】 | 164

第四十六条【扣留车辆处罚】 | 168

第四十七条【交警违规处罚】 | 174

第六章 附 则 | 178

第四十八条【从新原则】 | 178

第四十九条【行政处罚事项】 | 179

第五十条【二轮车道解释】 | 184

第五十一条【具体实施日期】 | 185

赣州市城市道路车辆通行管理规定 | 187

附 录 | 200

附录一 中华人民共和国道路交通安全法 | 200

附录二 中华人民共和国道路交通安全法实施条例 | 228

附录三 江西省实施《中华人民共和国道路交通安全法》
办法 | 254

第一章 总 则

第一条【立法目的和立法依据】

为了规范城市道路车辆通行秩序，保障城市道路交通有序、安全、畅通，根据《中华人民共和国道路交通安全法》《中华人民共和国道路交通安全法实施条例》《江西省实施〈中华人民共和国道路交通安全法〉办法》等法律法规，结合本市实际，制定本规定。

【条文释义】

一、立法背景

近年来，赣州市经济社会快速发展，城市面貌日新月异，城市道路里程不断延伸，车辆保有量尤其是电动车保有量不断增加，在方便群众出行的同时，也给城市道路交通管理带来了诸多问题和巨大压力。由于超标电动车大量出现，且上位法对其没有相应的管理规定，造成电动车通行问题突出，乱象丛生，出现大量交通事故，严重影响道路交通安全。同时，城市道路交通设施管理和其他车辆通行也存在一些亟须解决的问题，迫切需要从地方立法层面解决城市道路交通管理中的难点、节点问题，优化城市环境，造福人民群众。

赣州市政府法制办在确定市政府2017年度立法项目时，根据赣州市公安局的意见，经向赣州市人大常委会汇报沟通后，将《赣州市城市道路车辆通行若干规定（草案）》（以下简称《若干规定

（草案）》）作为地方性法规草案项目列入赣州市政府 2017 年立法工作计划，得到赣州市政府的批准。2017 年，赣州市人大常委会报请市委常委会研究同意后，正式将《若干规定（草案）》列入《赣州市人大常委会 2017 年立法计划》。

二、立法目的

立法目的指立法者制定某部法律的出发点及欲达到的目标，它体现了该立法的基本功能、价值和使命，亦是指导法律制定和法律解释的最高精神实质。立法目的的确定是立法的先导，任何一部法律的诞生都是先有立法目的，后有法律规范的形成，对立法目的的探究因而成为正确理解和适用法律的前提。立法目的的内容一般可以归纳为两大类：一是阐明立法的基本价值和理念，通常以抽象的语言来表述，宣示性作用较明显，难以具体衡量其要求；二是阐明立法的具体任务，通常以明确的语言来表述，其要求可以具体衡量。本书将前者称为价值性立法目的，后者则为工具性立法目的。这两种目的代表着目的的两个层次，价值性目的具有长远性和终极性，工具性目的显现出近期性和功利性。价值性目的是体，工具性目的为用。工具性目的以价值性目的为导向，价值性目的指引工具性目的活动的方向。在本规定的立法目的中，规范城市道路车辆通行秩序和保障城市道路交通有序、安全、畅通都属于工具性立法目的，阐明了《赣州市城市道路车辆通行管理规定》的具体任务。

（一）规范城市道路车辆通行秩序

位于城市建设范围的道路称为城市道路，其用地范围包括机动车行车道、非机动车行车道、人行道和绿化带。本规定中的城市道路车辆，包括机动车和非机动车。我国经济快速发展，机动车保有量也大幅增加。机动车保有量是指内燃机车（包含摩托车、汽车、货车，不包含电动车）在某地区的总量。2022 年，公安部发布2021 年全国机动车和驾驶人数据：2021 年全国机动车保有量 3.95

亿辆，比 2020 年增加 2350 万辆，增长 6.32%。全国新注册登记机动车 3674 万辆，同比增长 10.38%；新领证驾驶人 2750 万人，同比增长 23.25%。新能源汽车保有量达 784 万辆，占汽车总量的 2.60%，比 2020 年增加 292 万辆，增长 59.25%。其中，纯电动汽车保有量 640 万辆，占新能源汽车总量的 81.63%。2021 年全国新注册登记新能源汽车 295 万辆，占新注册登记汽车总量的 11.25%，比上年增加 178 万辆，增长 151.61%。2022 年，公安部公布统计数据显示，截至 2022 年 3 月底，全国机动车保有量达 4.02 亿辆，其中汽车 3.07 亿辆，占机动车总量的 76.37%；机动车驾驶人 4.87 亿人，其中汽车驾驶人 4.50 亿人；新能源汽车保有量达 891.5 万辆，呈高速增长态势。机动车保有量的高速增长，使城市道路资源供不应求，交通拥堵日趋严重。为缓解城市交通问题，需在不断完善城市道路通行法律规范，加强法律规范的制约和引导。随着赣州市的经济社会发展，赣州市城市道路建设规模日渐扩大，道路车辆保有量也日益增多。城市道路车辆保有量的增多，一方面推动了赣州市道路交通运输蓬勃发展，另一方面也出现了城市道路交通安全管理问题。规范城市道路车辆通行秩序是本规定的直接立法目的。制定统一的城市道路车辆通行管理规定，使城市道路车辆通行管理有法可依，有利于维护城市道路交通秩序，确保在面对城市道路交通安全问题时，拥有一定程度的一致性、连续性和确定性认识。为了维护道路交通秩序，预防和减少交通事故，保护人身安全，保护公民、法人和其他组织的财产安全及其他合法权益，提高通行效率，有必要制定《赣州市城市道路车辆通行管理规定》用以规范赣州市的城市道路车辆通行秩序。

（二）保障城市道路交通有序、安全、畅通

城市道路交通是指供城市内车辆与行人交通使用，提供人们工作、生活、文化娱乐活动出行，担负市内各区域通达并与城市对市外交通相连的道路的总称。为适应不同的交通方式（工具），多划分出机动车道、非机动车道和人行道；同时又是敷设城市管线的走廊（地上杆线和地下管线）。为美化城市环境，城市道路还在分隔带和建筑控制线内布置绿化带或雕塑艺术品。城市道路按功能和性质一般分为快速路、主干路、次干路和支路4类。保障城市道路交通有序、安全、畅通则是本规定间接的立法目的，直接目的是实现间接目的之手段。无序即无法律，秩序是法律基本的价值，法律可以创造秩序，保障秩序，城市道路交通的有序需要法律维系，以保障人类社会的日常运作，防止道路交通系统陷入无序的瘫痪状态。法律需要建立科学有效的体系，预防和减少交通事故，保障人们的人身安全和财产安全，防止人类使用任意暴力破坏社会。同时，为人类的生存和合理交往提供最低程度的便利与保障，提高通行效率，推动城市道路交通安全管理工作与经济建设和社会发展相适应，防止道路交通行为出现混乱状态，阻碍社会运作与发展。

立法目的条款是关于立法目的的专门性法律规定，立法目的始终贯穿于整个立法过程中，为立法者指引立法方向，决定了本规定的具体内容和价值取向。因此，在运用和解读本规定的过程中，需要准确地把握立法目的，才能保证立法结果的质量，使立法结果不偏离立法目的。

三、立法依据

根据现代立法原则中的位阶原则，立法必须遵守法律效力等级的规定，不能违反上位阶的立法，一切法律均不能违反宪法。因此本规定主要根据《中华人民共和国道路交通安全法》（以下简称《道路交通安全法》）、《中华人民共和国道路交通安全法实施条例》（以下简称《道路交通安全法实施条例》）等国家法律法规以及《江西省实施〈中华人民共和国道路交通安全法〉办法》等地方性法规制定，将立法权限定在上位阶法律范围内，维持法律体系的和谐，防止出现相互矛盾的规定。同时，为提高道路交通安全管理的现代化水平，应当遵循立法的科学性和合理性原则，在充分考虑赣州市城市道路车辆通行管理实际情况的基础上，因地制宜，实事求是，尊重交通规律，予以制定本规定。

本条为法律解释提供了参考，用于在法律实施过程中，帮助理解与适用本规定，填补法律漏洞。但立法目的和根据条款不是规则，无法单独作为司法三段论的大前提与裁判依据。

第二条【适用范围】

本市城市化管理区域内的道路车辆通行管理，适用本规定。

【条文释义】

确定适用范围是保障精准立法的基础，根据立法的明确性原则，需要将适用范围明确化，以保证本规定的规范性、确定性，维护人们对本规定适用空间及适用对象的"预期"，防止适用困难以及规定指导作用、预测作用、评价作用的减弱。本规定基于设区市立法权限，结合外出考察学习的经验，拟以全市城市化管理区域为适用范围中的适用空间。赣州市城市化管理区域的具体范围参考《赣州市城市管理条例》的规定，以各县级以上人民政府确定并向社会公布的具体空间范围为准。本条以拾遗补漏为原则，重点解决城市道路车辆通行管理中"执法无据、有法不依、机制不畅"三大问题，以道路车辆通行管理为适用对象，制定本规定。

一、关于本规定的适用范围

本条是关于本规定适用范围的规定。法律适用范围，也称法律的效力范围，包括法律的时间效力、空间效力和对人的效力。每部法律对一定的行为作出规范，既明确了法律的行为效力范围，也体现了法律的特点。法律适用范围与国家主权相联系，是国家主权权利的显著体现之一，也由此体现立法权是国家主权的重要组成部分。所以，在成文法体系中，每部法律的适用范围是必不可少的，但表现的方式有所不同。严格的法律规范内容中，需要明确法律适用的地域范围，即法律的地域效力，并对其规范的特定行为作出基本定义，以便使此法律区别于彼法律，体现每一部法律对行为规范的特殊性。因此，每部法律对其规范的特定行为以及对这种特定行为的指向作出的定义，作为法律适用范围的重要组成部分，而对行为的指向作出的定义，即为法律的基本行为定义。

（一）关于本规定适用的时间效力

法律的时间效力，即法律从什么时候开始发生效力和什么时候失效。法律生效时间主要有以下情形：（1）自法律公布之日起开始生效；（2）法律另行规定生效时间。本规定的时间效力由本规定第五十一条规定，即本规定自 2018 年 9 月 1 日起施行。2015 年《中华人民共和国立法法》（以下简称《立法法》）经过修正，将原来享有地方立法权的 49 个较大的市扩大到所有设区的市，并将《立法法》中"较大的市"修改为"设区的市"，规定"设区的市的人民代表大会及其常务委员会根据本市的具体情况和实际需要，在不同宪法、法律、行政法规和本省、自治区的地方性法规相抵触的前提下，可以对城乡建设与管理、环境保护、历史文化保护等方面的事项制定地方性法规，法律对设区的市制定地方性法规的事项另有规定的，从其规定"。城市道路车辆通行管理属于城乡建设与管理的范畴，符合赣州市的立法权限。

（二）关于本规定适用的空间效力

法律的空间效力，即法律适用的地域范围，是指法律在什么地方发生效力。关于本规定的空间效力问题，按照法律空间效力范围的普遍原则，适用于制定机关所管辖的全部领域。根据《立法法》的规定，地方性法规的效力局限于制定者的行政区域范围内，不具有全国范围内的普遍适用效力。因此，本规定适用的地域范围仅局限于赣州市的城市化管理区域。赣州市人民政府发布的关于行政区划的文件显示，2019 年年末，赣州市辖赣县区、章贡区、南康区 3 个市辖区，以及大余、上犹、崇义、信丰、龙南、定南、全南、安远、宁都、于都、兴国、会昌、石城、寻乌 14 个县，代管瑞金 1 个县级市，共 18 个县级政区。全市有 7 个街道办事处、145 个镇、140 个乡（含民族乡 1 个），496 个居民委员会、3461 个村民委员会。凡在上述区域内的道路车辆通行都受到本规定的调整。

（三）关于适用本规定对人的效力

法律对人的效力，即法律对什么人（指具有法律关系主体资格的自然人、法人和其他组织）适用。本规定适用的主体范围，包括与道路交通活动有关的单位和个人。单位包括我国的法人和其他组织，或外资企业及其他组织；个人既可以是中国公民，也可以是外国公民。上述主体在赣州市行政区域范围内从事道路交通活动，都必须遵守本规定的规定。

二、本规定的调整对象

弄清法律的调整对象是动态地认识和描述法律调整机制如何在社会生活中运作的重要前提，同时，它对科学地划分法的部门也具有重要的意义。关于法律的调整对象，马克思有一段精彩的论述。马克思说，对于法律来说，除了我的行为以外，我是根本不存在的，我根本不是法律的调整对象。我的行为就是我同法律打交道的唯一领域，因为行为就是我为之要求生存权利，要求现实权利的唯一东西，而且因此我才受到现行法的支配。根据马克思的这一论述，法律的调整对象是人的行为，而法律则是为人而设计的规范，是针对人的行为设定的体现立法者意志或要求的规则。

本规定的调整对象是赣州市城市化管理区域内的行为主体因道路车辆通行活动而产生的社会关系。"车辆"是指机动车和非机动车。"机动车"，是指以动力装置驱动或者牵引，上道路行驶的供人员乘用或者用于运送物品以及进行工程专项作业的轮式车辆；"非机动车"，是指以人力或者畜力驱动，上道路行驶的交通工具，以及虽有动力装置驱动但设计最高时速、空车质量、外形尺寸符合有关国家标准的残疾人机动轮椅车、电动自行车等交通工具。

第三条【政府职责】

县级以上人民政府应当加强城市道路建设与管理，规范城市道路车辆通行管理。

公安机关交通管理部门负责本行政区域内城市道路车辆通行管理工作。自然资源、住房和城乡建设、工业和信息化、市场监督管理、城市管理、交通运输、应急管理、教育、财政、发展改革等部门应当按照各自职责，依法做好城市道路车辆通行的相关管理工作。

【条文释义】

加强城市道路建设与管理，需要政府及各部门提高认识，科学施策，从而为车辆通行管理工作创造条件。还需要各相关职能部门明确职能分工，理顺职责关系，解决职责交叉的问题，确保在管理工作推进过程中有据可循、有法可依。

一、县级以上人民政府的职责

（一）加强城市道路建设与管理

第一，城市道路建设。城市道路建设对城市发展的各个方面有全局性、长远性的影响和作用，居于领先发展的地位。城市道路建设是涉及其他基础设施建设的一项综合工程。当代社会，城市道路建设不仅是整修路面和平面布局问题，它与古代城市道路建设有本质区别。现代城市中的供电、供水、供热、排气、通信、照明、绿化、商业以及交通标志等设施，都与道路建设紧密相连，是涉及地下、地面、地上空间布局的立体化建设。特别是多种交通方式的日益发达，城市地铁、高架桥、轻轨交通等现代交通设施相继出现，道路建设要为将来发展留有充分的回旋余地。城市道路建设的综合性、复杂性便可见一斑。另外，城市道路建设需要处理好两个重要关系：一是指导思想和科学规划；二是道路建设和资金统筹。城市道路建设是涉及公共利益的工程，在涉及公共利益方面，政府所具有的权威性是其他机构、团体或者个人所不能比拟的，需要政府在城市道路建设中能够充分发挥引导作用。同时，这两对关系的处理也需要政府发挥主导作用及其权威性，进而为将来的城市道路建设留下空间，优化城市道路建设。《道路交通安全法》第四条规定，各级人民政府应当保障道路交通安全管理工作与经济建设和社会发展相适应。县级以上地方各级人民政府应当适应道路交通发展的需要，依据道路交通安全法律、法规和国家有关政策，制定道路交通管理规划，并组织实施。

第二，城市道路管理。城市管理是以城市为对象，对城市的运转和发展进行决策引导、规范协调、服务保障的行为。它包括城市的社会管理、经济管理、基础设施管理以及生态环境管理等，是一种综合性的系统管理，是一种多层次、分系统、从宏观到微观的纵横交织的网络管理。《赣州市城市管理条例》第三条规定，城市管理，是指对城市规划建设、市政公用设施、市容环境卫生、园林绿化、污染防治等公共事务和秩序实施管理、服务的活动。城市道路管理属于城市管理中城市规划建设的范畴。尽管城市管理的发展有从政府主导向社会主导过渡的趋势，但就目前而言，我国城市化模式很大程度上是一种政府主导的模式。因此，城市管理包括城市道路管理需要政府主导城市管理工作。

（二）规范城市道路车辆通行管理

加强城市道路建设与管理，需要政府提高认识，科学施策，从而为车辆通行管理工作创造条件。道路交通系统之中，包括"人、车、路、交通管理"四个与道路交通相关的体系，进行良好的城市道路车辆通行管理离不开另外三个要素体系，尤其是进行道路基础设施与道路附属设施的道路建设与管理，为车辆通行管理奠定了基础，有利于进一步规范城市道路通行管理制度。

二、公安机关交通管理部门及相关主管部门的职责

《江西省实施〈中华人民共和国道路交通安全法〉办法》第四条第二款规定，交通运输、建设、城乡规划、安全生产监督、质量技术监督、农业（农业机械）、价格、卫生、教育等行政主管部门应当依照各自职责，加强协作，做好有关的道路交通工作。公安机关交通管理部门应当依法履行职责，公开办事制度和程序，简化办事手续，提高服务质量。城市道路车辆通行管理工作中，各相关职能部门明确职能分工，理顺职责关系，解决职责交叉的问题，才能确保在管理工作推进过程中有据可循、有法可依。因此，本规定应该对城市道路车辆通行管理涉及的各项职责进行科学合理的划分，任何一个职能部门都不能单独控制、掌握整个环节的责任义务，而是通过每个职能部门发挥其作用实现交叉检查或交叉控制。明确各个职能部门的职能权限，从而形成相互监督、相互制约的有效制衡机制及高效的协同配合机制，同时完善行政协调机制，协调部门之间的职责交叉问题，避免出现因为行政职能分工问题而出现的推诿职责现象。一方面有利于指导各职能部门正确实施对城市道路车辆的管理，另一方面也可以防止政府执法部门滥用职权。本条既规定了各职能部门有通过法律手段对城市道路车辆通行进行管理的义务，为政府执法部门的管理活动提供了法律依据；同时，又对其管理权限的行使规定了限度、限制和程序，从而在实体上和程序上防

止滥用权力。

本条属于职权性规则，是关于公权力机关的组织和活动的规则。本条规定了各部门的行为自由，要求各部门在城市道路车辆管理中应当各司其职，承担义务，同时滥用规则也要承担责任。这种选择自由是不可放弃的，否则为公权力机关的失职，同时这种选择自由受到了严格限制。具体到本条之中，公安机关交通管理部门应该负责本行政区域内城市道路车辆通行管理工作，自然资源、住房和城乡建设、工业和信息化、市场监督管理、城市管理、交通运输、应急管理、教育、财政、发展改革等主管部门应当按照各自职责，依法做好城市道路车辆通行的相关管理工作，分工协作，各司其职。城市规划主管部门应当负责城市道路规划等工作，城市建设主管部门应当负责城市道路及道路安全设施的建设管理等工作，工业和信息化主管部门应当负责指导城市交通信息化建设发展等工作，工商主管部门应当负责城市道路相关的市场监管等工作，质量技术监督主管部门应当负责对城市道路及城市道路安全设施的质量技术监督等工作，城市管理主管部门应当负责城市道路车辆的停泊位设置与停放管理等工作，交通运输主管部门应当负责车辆运营、交通影响评价报告书审查等工作，安全生产监督主管部门负责依法对道路相关进行综合监管和安全监察等工作，教育主管部门负责对交通相关的法律法规及知识进行科普宣传等工作，财政主管部门负责为交通管理及建设提供财政支持等工作，价格主管部门负责对交通相关制定有关价格的规定等。各个部门之间相互配合、通力合作，为城市道路车辆通行管理尽应尽的职责，为人民服务，执政为民，造福于民。

本条用于明确政府职责，指导政府各职能部门正确实施城市道路车辆通行管理。

第四条【智慧交通建设】

县级以上人民政府应当加强智慧交通建设，推进城市智慧交通平台建设，实现基础路网、实时路况、地面公共交通、停车场所等信息资源共享。

【条文释义】

随着数字经济发展，数字化的信息已融入全行业，贯穿全过程。2020年以来，基于经济高质量、绿色发展、国内国际双循环和快速复工复产的要求，我国密集部署新基建项目，其中涉及交通领域的新基建主要内容包括5G基站建设、构建大数据中心、人工智能的应用等。2020年，国家发展改革委首次明确提出：智能交通基础设施建设是新基建不可或缺的重要组成部分。结合交通行业自身实际，交通运输部印发了《关于推动交通运输领域新型基础设施建设的指导意见》，作为智慧交通项目建设的指导性文件。该指导意见明确提出要推动交通基础设施数字转型、智能升级，使交通新基建达到安全可靠、智能先进、融合创新的水准。据此，未来几年，交通行业传统的铁路、公路等旧基建与以5G、人工智能、大数据中心等为基础的新基建融合发力将成为主流。随着科技发展，"旧基建"和"新基建"共同构成国家交通行业基础设施网络。"旧基建"是交通行业新基建的重要阵地，信息化、网络化、智能化是交通基础设施的赋能方向。

一、智慧交通的概念

智慧交通是在智能交通（ITS）的基础上，在交通领域中充分运用物联网、云计算、互联网、人工智能、自动控制、移动互联网等技术，通过高新技术汇集交通信息，对交通管理、交通运输、公众出行等交通领域全方面以及交通建设管理全过程进行管控支撑，使交通系统在区域、城市甚至更大的时空范围具备感知、互联、分析、预测、控制等能力，以充分保障交通安全、发挥交通基础设施效能、提升交通系统运行效率和管理水平，为通畅的公众出行和可持续的经济发展服务。

智慧交通是在整个交通运输领域充分利用物联网、空间感知、云计算、移动互联网等新一代信息技术，综合运用交通科学、系统方法、人工智能、知识挖掘等理论与工具，以全面感知、深度融合、主动服务、科学决策为目标，通过建设实时的动态信息服务体系，深度挖掘交通运输相关数据，形成问题分析模型，实现行业资源配置优化能力、公共决策能力、行业管理能力、公众服务能力的提升，推动交通运输更安全、更高效、更便捷、更经济、更环保、更舒适地运行和发展，带动交通运输相关产业转型、升级。

智慧交通系统以国家智能交通系统体系框架为指导，建成"高效、安全、环保、舒适、文明"的智慧交通与运输体系；大幅提高城市交通运输系统的管理水平和运行效率，为出行者提供全方位的交通信息服务和便利、高效、快捷、经济、安全、人性化、智能的交通运输服务；为交通管理部门和相关企业提供及时、准确、全面和充分的信息支持和信息化决策支持。

早在 2013 年，我国交通运输部部长就提出了"四个交通"，即综合交通、智慧交通、绿色交通、平安交通的发展理念，之后经过全国交通运输工作会议《深化改革务实创新加快推进"四个交通"发展》报告正式提出智慧交通概念，智慧交通成为当前和今后一个时期交通管理的战略任务之一。以政府为主导，对交通进行信息化建设，在我国的很多城市都取得了良好的效果。为落实中央的战略部署，全面深化交通运输改革，顺应城市交通发展的基本方向，赣州市也应加强中心城区智能交通建设，将智慧交通建设作为前瞻性思考写入条款中，为今后智慧交通建设与发展提供法定性、导向性决策依据。《道路交通安全法》第七条规定，对道路交通安全管理工作，应当加强科学研究，推广、使用先进的管理方法、技术、设备。《江西省实施〈中华人民共和国道路交通安全法〉办法》第二十四条第一款规定，县级以上人民政府应当制定和实施公共交通发展规划，优先发展公共交通。

二、智慧交通的兴起动因

智慧交通的建设范围虽然包括了综合交通运输体系，但在本规定中主要是指城市道路交通，建设城市智慧交通平台。这种智慧交通系统的产生主要有两个方面的原因：一是内因，即传统的修建更多道路、扩大路网规模的交通发展手段已经不能满足日益增长的交通需求，这是智慧交通系统产生的根本原因。随着生产力发展和社会转型，城市快速扩张，用于扩展城市交通道路的土地却是有限的，这种供需矛盾促使人们采用信息技术来改进道路交通系统，从而提高路网通行能力和服务质量，适应交通运输系统的结构性调整要求及交通消费需求。二是外因，即信息技术水平的发展。信息和控制技术的发展对生产力的发展及社会需求的转向升级起着重要的推动作用，信息技术潮的出现及扩张导致包括道路交通系统在内的所有行业都需要经历技术变革。

本规定中的智慧交通建设主要强调其对基础路网、实时路况、地面公共交通、停车场所等信息资源的共享。在较完善的交通基础设施基础之上，使交通基础设施及交通运输装备智能化，从而实现交通基础设施、运输装备以及旅客或货物之间的有效通信，建立信息共享，增强运输效率及服务质量，减少交通拥堵及交通安全事故的发生，优化交通出行环境。除去通过多维感知、环境感知、智慧决策等功能实现的信息资源共享，城市道路智慧交通建设还包括个性化运输服务，通过利用人工智能、云计算等技术，针对各类用户随机应变地提出适应不同需求的交通服务，且用户在网上即可提出客货运输需求，由交通运输系统在解析后提供一体化综合运输服务等。这种高效率且以人为本的智慧交通模式能够推动城市道路交通系统的根本性变革，由原来传统松散的区域性交通运输模式转变为集成紧密的结合不同层次不同区域的协同组织方式。

三、智慧交通建设的意义

（一）智慧交通提升公众对环境的满意度

智慧交通的根本是让交通具有人一样的甚至超人的思考问题和解决问题的能力。用"智慧"理念打造的交通体系，不仅可以通过交通信息平台将收集的信息资料情况，及时进行信息发布，让出行的人们及时掌握道路情况，还可以运用大数据对信息资源的分析整合，对道路、公交车、私家车进行合理的调配，缓解道路交通拥堵问题。智慧交通的建设可以提高市民对交通环境的满意度，通过合理配置资源，及时发布道路情况，市民可以根据道路情况选择出行线路，避免造成交通拥堵，浪费出行时间。缓解交通拥堵的同时也可以减少汽车二氧化碳的排放，降低空气中的污染指数，提高市民的居住质量，营造健康、便捷、舒适的城市环境。

（二）智慧交通促进管理部门流程再造

传统管理模式下，各部门仅负责本部门流程的信息，对其他部门的信息流程不清楚，形成一个个孤立的流程。这种流程影响对公众的服务质量，导致公众对交通部门的期望逐年下降。用"智慧+大数据+交通"的创新模式，可以使交通工作流程做到多渠道、跨部门、无缝隙、全方位的整合，实现业务流程不重复、交通管理一体化的全新工作流程。全新的交通管理体系，不仅解决了管理脱节的问题，同时，通过资源整合及与各部门信息资源对接，加以分析还可以推算出交通拥堵时段，比如，交通部门根据供水公司提供的早晨用水量加一个数值，就可以推算出交通早高峰时间，交通部门可以依据数据及时疏导交通，避免道路拥堵。

（三）智慧交通驱动绿色智慧城市的发展

经济是一个城市发展的重要环节，交通的薄弱直接影响城市的经济发展。交通拥堵、交通事故增多、空气环境污染，单纯的扩大路网的模式已经不能满足人们日常的需求，政府开始寻求新的解决方案。智慧交通的提出有效缓解了供需矛盾，推动城市更加绿色、更加智慧地发展。在新常态下建立交通信息平台可以及时公布拥堵路段的信息，微信城市服务一栏北京等大城市已经建立发布信息平台，市民可以根据平台选择路段，最大限度地提高出行率；交通信息平台还可以对公交及运营车辆进行合理调配，提高经济效益。

目前，我国的智慧交通建设仍处于大规模建设阶段，工业和信息化部将"智慧交通"列为十大物联网示范工程之一。工业和信息化部提出的是"智慧"而不是"智能"，两者的本质区别在于"智慧交通"是利用现代化科技手段，实现人、车、路和环境的和谐协调的关系处理，使交通发展具有更加现代化的意识、更好地节约能源、减低环境污染、改善交通秩序和交通环境的全新交通发展形态，它是多个智能交通系统的集成。在国家的大力支持与推动下，国内各城市智能交通的发展速度较快。从对运输工具的监测到基础设施的信息化建设，在加大对交通违法行为检测的同时，通过信息化手段提升交通运输的管理能力和服务水平。但目前对智慧交通的建设还存在很多问题，如对智慧交通的认识和标准仍未统一，且其中的关键技术仍有待突破，包括传感器、网络技术和建设成本与智慧交通的要求还不能互相适应，智能交通产品和服务的用户满意度较低，缺乏统筹规划的顶层设计，各部门信息化规划不系统，顶层设计缺乏等问题。同时，智慧交通建设的各自为政现象依然存在，导致重复建设严重，各部门之间信息化相互脱节、相互制约，使得信息难以集成，信息化建设成本与收益极不对称。

因此，赣州市需加快智慧交通的规划与建设，将智慧交通建设的需求列入赣州市城市道路车辆通行管理规定，有利于发挥法律的规范作用和社会作用，引导政府对智慧交通系统的建设与发展，宣传强调智慧交通建设的必要性及对社会发展的有利性。为了加快发展智慧交通，还需要加快智慧交通相关的行业标准制定，发展智慧交通关键技术，成立统一的智慧交通推进部门，加快行业标准的统一与规范化，减少重复建设和信息化孤岛，以促进交通资源共享，推动交通运行与管理的科学化、现代化。

本条用于明确政府有加强智慧交通建设的义务。

第五条【公共交通发展】

县级以上人民政府及相关部门应当按照公交优先的原则科学规划城市公共交通，综合道路功能定位、交通流量、客流需求等因素，合理布局公交线网；在有条件的城市道路，科学设置公交专用车道和港湾式停靠站，合理设置巡游出租汽车停靠点；建设城市慢行和快速交通系统，保障市民出行需要。

【条文释义】

大力发展公共交通事业是打造"服务型政府"的重大课题，城市公共交通是由公共汽车、电车、轨道交通、出租汽车、轮渡等交通方式组成的公共客运交通系统，是重要的城市基础设施，是关系国计民生的社会公益事业，公交优先是城市公共交通的战略方针。一方面，随着城市面积的不断扩大、人口不断增多，经济的发展刺激了城市交通的发展，一些城市交通拥堵、出行不便等问题日益增多，道路供需矛盾日益尖锐，城市交通压力增大。要想在有限的道路空间解决好车辆增加与道路畅通的问题，迫切需要优先发展公共交通解决群众出行的问题。另一方面，对电动车规范严管的同时，需要更多的替代交通为群众出行提供方便，发展公共交通无疑是优先选择方向。

一、按照公交优先的原则科学规划城市公共交通，综合道路功能定位、交通流量、客流需求等因素，合理布局公交线网

城市公共交通，是指在城市人民政府确定的区域内，利用公共汽（电）车（含有轨电车）、城市轨道交通系统和有关设施，按照核定的线路、站点、时间、票价运营，为公众提供基本出行服务的活动。在城市公共交通结构中一般主要包括公共汽车、无轨电车、有轨电车、快速有轨电车、地下铁道和出租汽车等客运营业系统。在现代大城市中，快速有轨电车、地下铁道等系统逐渐发展成为城市交通的骨干。公共交通工具有载量大，运送效率高，能源消耗低，相对污染小和运输成本低等优点。在交通干线上这些优点尤其明显，在中国的一些城市中，有些机关团体的自备客车参与了本单位职工上下班的接送运输，它在客观上已经成为城市公共交通中的一支辅助力量。

首先，在城市交通系统的发展建设过程中，应当按照公交优先的原则，科学规划城市公共交通。"公交优先"，从广义上理解，是指凡是有利于公共交通发展的一切政策和措施；从狭义上理解，是指在交通控制管理范围内，公共交通工具在道路上优先通行的措施。主要是指在城市发展及规划过程中，把公共交通的建设管理及发展放在优先的位置上，给予多方面的扶持，最终实现畅通的道路、良好的车况以及纵横密集的线网站点，从而为居民出行提供准时、高效、便捷的交通服务。公共交通与其他交通方式相比具有投入资金少、运营成本低等多方面的优点，但是，各个城市都具有自身不同的实际特点，如城市布局、自然地理环境、居民出行特征等多种特点。公交优先发展原则，有利于解决城市交通面临的交通拥挤、能源短缺、环境污染等问题。公交优先的内容主要包括政策优先、技术优先及意识和规划优先三个方面，从而增加公共交通的吸引力，建立高效、便利、舒适、安全的城市公共交通系统。公交优

先政策代表了城市绝大多数人的利益，符合立法的最大多数人的最大利益原则，在不同权利发生冲突之时，法律应当合理调整各种利益，确立合理、和谐的人际关系，为人际合作和和平相处提供便利。这种政策虽然特别为低收入人群提供了交通出行的便利，但也内在地包含了少数人的利益，既体现了城市道路交通发展的公正性，也是解决城市交通问题的最有效途径之一。

其次，城市公共交通系统以城市为基本生存环境，所以其发展需要因地制宜，切合城市的特性，即应该综合本市的道路功能定位、交通流量、客流需求等因素，合理布局公交线网。公共交通线网是由公共交通线路构成的交通网络，它由站间线路及站点构成。公共交通线网的组织优化是使公交线网趋向合理的技术，包括公交线网的规划和优化工作。它贯穿于城市公交线网规划的始末，并不断地在线网调整中发挥很大的作用。公交线网优化是公交优先的技术措施之一，而以出租车为主的辅助公共交通一般没有固定路线，合理的公交线网布局有利于满足城市交通需求，与城市的发展策略相协调，且较为稳定。

城市公共交通是城市交通不可缺少的部分，是提高城市综合功能的重要基础设施之一，在国家城市发展规划之中，应当将公共交通放在城市交通发展的首要位置。另外，城市公共交通是服务人民的公益事业，综观国内外的公交经营模式，都是政府补贴的方式，政府要对公交设施建设给予必要的资金投入和政策扶持。因此，毫无疑问，实施"公交优先"政策必须得到政府各部门的广泛支持，在"公交优先"中，必须发挥政府主导作用。政府要认清城市道路交通拥挤的产生机制，认识"公交优先"的重要性，将公共交通定位于为城市绝大多数居民提供一个快速有效、舒适便捷、安全可靠的公共交通系统来进行，进一步增强公共交通在城市客运交通体系中的主导地位。

二、在有条件的城市道路，科学设置公交专用车道和港湾式停靠站，合理设置巡游出租汽车停靠点

《江西省实施〈中华人民共和国道路交通安全法〉办法》第二十四条规定，县级以上人民政府应当制定和实施公共交通发展规划，优先发展公共交通。有条件的城市道路，应当根据公共交通发展规划，设置公交专用车道和港湾式停靠站。公交专用车道，科学名称是公共汽车专用车道，是指专门为公交车设置的独立路权车道，属于城市交通网络建设配套基础设施，它与城市主干道上的小型车道、大型车道、摩托车道等是同类的，一般分布在大城市中。公交车专用道的主要功能是方便公交网络应对各种高峰时段和突发状况带来的道路拥堵问题。现在，各地交通网建设已经走上正轨，各项实施办法也在陆续出台。其中，北京出台的《公交专用车道设置规范》给出了现阶段的对策。港湾式公交停靠站，是为了降低公交车辆进站停靠时对社会车辆的影响，采取局部拓宽路面方式建设的公交车辆停靠站，停靠站台向慢车道方向凹入形成弧形。与传统的直接式车站相比，港湾式车站的优点表现在：可以减少对旁侧交通的干扰，尤其对窄路更有成效；可以在一定程度上规范驾驶员的进站行为，增加安全性；可有效控制乘客的候车范围，间接地减少车辆延误时间。

公交停靠站点是乘客上下车的集散点，站点布局的合理与否直接影响乘客的方便程度和公共交通企业的效益。公交专用车道和港湾式停靠站的设立，有利于公交运输，减少车辆往返行驶时间、减少沿途停靠次数、降低乘客的步行时间，增加乘客满意度。而对巡游出租汽车停靠点的合理设置，应针对具体区域的交通情况来设置，对一些大型公共场所，应当根据人民的需求及可能的交通用地合理设置停泊点。合理设置出租车专用停车泊位，可以为出租车驾驶员增加固定的停靠点，也可以也为乘客提供固定的等车点，在维

护交通秩序、方便群众的同时保证了驾乘人员的出行安全，保证城市道路通畅，消除一定的安全隐患，提升城市形象。

三、建设城市慢行和快速交通系统，保障市民出行需要

随着我国城市化进程的快速推进，城市交通系统正面临机动车迅猛发展的强烈冲击，过度机动化所诱发的交通拥堵、空气污染已衍生出了各种社会问题。虽然近年来多个城市为应对私人小汽车的出行需求而大量建设了高架路、宽马路和立交桥，但这并不能提升城市品质，反而导致了城市品质的下降，出行环境更趋恶化。国内外诸多城市的实践证明，城市日渐增长的交通需求仅靠单纯地增加道路设施供给是无法满足的，因此，有必要根据不同类型的出行方式，设置不同的交通系统，以满足市民的出行需求。

（一）设置慢行交通系统

所谓"慢行系统"就是慢行交通，就是把步行、自行车、公交车等慢速出行方式作为城市交通的主体，有效解决快慢交通冲突、慢行主体行路难等问题，引导居民采用"步行＋公交""自行车＋公交"的出行方式。"慢行交通"是相对于快速交通和高速交通而言的，有时也可称为非机动化交通，一般情况下，慢行交通是出行速度不大于 15 km/h 的交通方式。慢行交通包括步行及非机动车交通。由于许多大城市的非机动车交通主要是自行车交通，慢行交通的主体也就成为步行及自行车交通。

慢行交通系统的意义在于：第一，慢行交通系统既是城市交通出行方式中的一类独立出行方式，也是其他机动化出行方式不可或缺的衔接组成。不论城市社会经济发展到何种水平，它均是城市综合交通系统的重要组成部分，并且其在城市交通可持续发展中是受鼓励与支持的。第二，慢行交通系统不仅是一种交通出行，它更是城市活动系统的重要组成部分。慢行交通系统是实现人与人面对面身心交流、城市紧张生活压力的释放、城市精彩生活感受的最基本

且不可或缺的活动载体，通过营造环境优美、尺度宜人、高度人性化的慢行环境，可以增进市民之间的情感交流、保护市民的生活安全、促进城市居民创造力的发挥。第三，慢行交通系统隐含了公平和谐、以人为本和可持续发展理念。并且，在提高短程出行效率、填补公交服务空白、促进交通可持续发展、保障弱势群体出行便利等方面，具有机动交通无法替代的作用，可以与私人机动化交通和公共交通相互竞争、相互配合，共同构成城市的客运交通系统。

（二）设置快速交通系统

快速公交系统是一种介于快速轨道交通与常规公交之间的新型公共客运系统，其投资及运营成本比轨道交通低，而运营效果接近于轨道交通。它是利用现代化公交技术配合智能运输和运营管理，开辟公交专用道和建造新式公交车站，实现轨道交通式运营服务，达到轻轨服务水准的一种独特的城市客运系统。快速公交系统是利用改良型的公交车辆，运营在公共交通专用道路上，既保持轨道交通特性，同时又具备普通公交灵活性的一种大容量、便利、快速的公共交通方式。它是由快速公交车站、快速公交车、服务、营运方式、智能公交系统（ITS）等元素集成的系统。BRT 自 20 世纪 60 年代在拉美国家发源以来，逐渐在拉美以及欧美等发达国家得到推广、运用。目前，我国国内已有 40 余个城市正在规划实施 BRT。快速公交系统是一种高品质、高效率、低能耗、低污染、低成本"两高三低"的公共交通形式，充分体现了以人为本，构建和谐社会的发展理念。快速公交系统采用先进的公共交通车辆和高品质的服务设施，通过封闭式专用道路空间实现快捷、准时、舒适和安全的服务。

城市公共交通系统是为人而设的，城市公共交通系统作为城市的一个子系统，其发展趋势也必然是交通服务人性化，要坚持以人为本的理念，满足市民出行的需求。日前，中国城市公共交通整体服务水平不高，需不断提高以适应城市的不断发展变化。当前关于公共交通优先的政策尚不完善，未有具体成型的系统规章制度，技术上的优先也未全面展开，财政支持上优先力度同样不大。各公共交通内部组成部分，包括公共汽（电）车、轨道交通、出租车等，没有清楚的组织计划，处于无序增长状态。赣州的轨道交通起步较晚，应该立足于整个公共交通系统协调发展的基础之上进行规划建设，建立合理的建设与管理机制，构筑一个与赣州城市社会发展过程相适应的公共交通体系，以便于公共交通系统优化整合，具有最优的运行效率。同时，应加大公共交通体系与智慧交通建设的结合，提高公共交通系统的技术化水平，开发更高水平的公共交通技术及工具。

第六条【交通安全宣传教育】

县级以上人民政府及相关单位应当加强道路交通安全法律法规的宣传教育。

道路交通参与人应当加强道路交通安全法律法规学习，掌握道路通行规则。

鼓励单位和个人在公安机关交通管理部门和相关部门的统一组织下，参与交通协勤志愿服务，协助维护道路交通秩序。

【条文释义】

我国正在进入汽车社会，但许多人还没有做好准备，交通安全意识淡薄，交通规则意识不强，导致道路交通事故频发。交通事故给受害者及其家庭造成极大的痛苦和不幸，危及社会生活的各个层面，极大地影响社会经济的发展，道路交通事故已成为严重的社会问题。交通安全宣传教育是保障道路交通安全的"3E"（Education、

Engineering、Enforcement）策略之一。我国《道路交通安全法》规定了国务院公安部门负责全国道路交通安全管理工作，因此，目前我国交通安全宣传教育工作的开展主要以公安机关交通管理部门为主。我国各级政府给予交通安全宣传教育以较大关注，尤其是公安交通管理部门，以交通安全宣传教育"进社区、进农村、进学校、进单位、进家庭"的"五进"活动为载体，组织开展了以宣讲道路交通安全法为主要内容的、丰富多彩的交通安全宣传教育活动。通过一系列的交通安全宣传教育活动，我国交通安全宣传教育取得了一定的成效。但是，宣传教育活动远没有达到社会所期望的效果。交通参与者道路交通违法行为的数量仍然很大，行为人为"累犯"的不在少数。

一、对交通安全的认识

人或物空间位置的移动形成了交通，在交通的过程中，人们希望把出行风险降到最低程度，即交通安全。交通安全的重要性以及问题的复杂性是进行交通安全宣传教育首先要深刻认识的问题。交通安全的重要性可从个人和社会两个层面来认识。马斯洛需求层次理论说明了交通安全对个人的重要性，该理论指出，人们的需求分为初级需求、中级需求和高级需求，只有初级需求得到满足，人们才向往和追求高一级的需求。交通安全属于人们的初级需求，因此，交通安全是幸福人生的基础，没有了交通安全就谈不上生活质量和社会贡献，交通安全对每一个人极其重要。在社会层面，交通安全带来的是社会效益，安全的交通不但能提升人们的幸福指数，还对社会经济的发展和国家精神文明起到提升作用。因此，保证交通安全，不但本身受益，也是在为社会做贡献。

交通安全问题的复杂性是由道路交通系统的复杂性决定的。道路交通系统由人、车、路与环境等要素组成，交通系统的安全性也就由各组成部分之间的协调性所决定，因此，交通安全问题一定要放到交通系统中来考虑，需要用系统思维，防止系统出现"短板"效应。但由于作为交通参与者的"人"在系统中的关键作用，其行为对交通安全具有重要影响。提高了"人"的安全性，对其他方面的安全性具有极大的提升作用，因此，对"人"进行交通安全宣传教育是保证交通安全的一条重要途径，交通安全宣传教育是必须得到重视的问题。

二、对交通安全宣传教育的认识

交通安全宣传教育，是指以交通法规和安全知识为主要内容，采取各种手段和形式，对广大交通参与者进行宣传教育的活动，目的是提高交通参与者的交通安全意识，培养交通安全法治观念，优化交通环境，预防交通事故。通过交通安全宣传教育，使得人们能够明确在参与交通活动过程中的各种行为规范，懂得在各种不同交通条件下的交通安全知识，从而增强人们的交通法制观念，培养人们良好的交通安全意识，提高广大交通参与者遵守交通法律、法规的自觉性及交通道德水平，共同维护良好的交通秩序，预防和减少交通事故，使道路交通安全管理工作适应社会经济的发展。交通安全宣传教育的内涵已清楚地表述了此项工作要走社会化途径，就是要通过和依靠行政的、社会的、部门的力量进行宣传教育，同时，《道路交通安全法》第六条也明确规定："各级人民政府应当经常进行道路交通安全教育，提高公民的道路交通安全意识。公安机关交通管理部门及其交通警察执行职务时，应当加强道路交通安全法律、法规的宣传，并模范遵守道路交通安全法律、法规。机关、部队、企业事业单位、社会团体以及其他组织，应当对本单位的人员进行道路交通安全教育。教育行政部门、学校应当将道路交通安全教育纳入法治教育的内容。新闻、出版、广播、电视等有关单位，有进行道路交通安全教育的义务。"这一规定以立法的形式进一步明确了交通安全宣传教育必须走社会化运作的模式。

随着经济的快速发展，人民生活水平的不断提高，汽车迅速地普及到家庭，从而使得道路交通流量突飞猛涨，造成了道路交通拥堵、交通秩序比较乱、交通事故频发的现象。出现这种现状，原因是多方面的，而最重要的原因就是由于人们的交通法制观念和交通安全意识仍然处于较差状态，跟不上道路交通飞速发展的要求，使得公民在参与道路交通活动过程中存在大量的交通违法行为。要想扭转这种局面，就要大力加强交通安全宣传教育工作，各级政府和职能部门、各企事业单位、社会各界都必须广泛开展交通安全宣传教育活动，尽快建立交通安全宣传教育社会化机制，全面提高全体公民的交通法制观念和交通安全意识，促进整个社会经济的平稳发展。

与此同时，心理学认为，人的行为是受其意识支配的，即意识决定行为。交通参与者的交通安全意识越强，在参与交通活动过程中所表现出的交通行为的安全性就越高。在我国，交通参与者的安全意识淡薄是诱发事故频发的主要原因。因此，当务之急是提高交通参与者的交通安全意识。交通法规具有约束作用，是用来遵守的，显然，提高交通安全意识，应从交通安全知识的宣传教育着手，并要注重其效果。因此，道路交通拥堵、交通秩序混乱、交通事故频发现象的扭转需要政府及个人的共同努力，以此确保良好的交通秩序。

三、政府、道路交通参与人及其单位和个人的职责和义务

（一）县级以上人民政府及其相关单位的宣传职责

《江西省实施〈中华人民共和国道路交通安全法〉办法》第五条规定，各级人民政府及有关部门应当经常开展道路交通安全法制宣传教育，提高公民的道路交通安全意识。《道路交通安全法》第六条规定，各级人民政府应当经常进行道路交通安全教育，提高公民的道路交通安全意识。公安机关交通管理部门及其交通警察执行

职务时，应当加强道路交通安全法律、法规的宣传，并模范遵守道路交通安全法律、法规。机关、部队、企业事业单位、社会团体以及其他组织，应当对本单位的人员进行道路交通安全教育。教育行政部门、学校应当将道路交通安全教育纳入法治教育的内容。新闻、出版、广播、电视等有关单位，有进行道路交通安全教育的义务。针对目前交通安全的重要性以及未来城市道路交通系统面临的压力，县级以上人民政府及相关单位应当加强道路交通安全法律、法规的宣传教育，通过明确政府及相关职能部门各自在预防和控制交通事故中应承担的责任和应履行的义务，能使各级党政机关、社会各有关单位认清交通安全面临的严峻形势，增强共同治理交通安全的自觉性，推动交通安全综合治理工作机制的建立。政府在交通安全宣传教育之中应当发挥领导作用，立足大局，从政策上、技术上、资金上合理支持和安排各相关部门、企业、新闻媒体及学校进行交通安全宣传教育的义务。

（二）道路交通参与人的义务

道路交通参与人应当加强道路交通安全法律、法规学习，掌握道路通行规则。针对不同的交通行为主体宣传相应的行为规范，采用不同的宣传形式、宣传内容，编写内容丰富、有意义、有趣味性的交通安全宣传教育教材。针对新出现的交通现象，及时更新交通安全宣传教育教材，全面普及交通安全管理法律、法规，使交通参与者了解交通安全管理的政策和其在城市道路交通活动之中的权利、义务，主动配合和支持交通安全管理工作。同时基层交警部门可以经常性地组织人员到社区、单位和学校，深入一线群众之中，进行交通安全知识宣传活动，宣传交通法规和安全常识，使交通安全宣传达到家喻户晓的程度，从而提高广大交通参与者的交通安全意识，使社会各界都来关心和支持道路交通管理工作。上述两种措施，还有利于建立优良的社会环境，在这种遵守交通安全法律的环境之下，可以对法律主体产生潜移默化的作用，周围人的守法行为会被模仿。除此之外，还应该健全社会化的宣传机制，包括和教育部门协作，让交通安全法律学习进入课堂；和新闻媒体合作，充分利用电视、网络、报纸、短信等媒体大力开展宣传教育工作，在网络及电视上宣传交通安全法律、法规以及交通常识，动员社会各方力量和广大群众共同参与、积极支持排查工作，形成道路交通管理工作群治格局，为预防道路交通事故、人们安全便利出行夯实基础；与公路部门配合，在事故多发地段设置醒目的警告标示、提示标语，同时公安机关交通管理部门可以在险路险段、重要路口设置交警，在执法过程中宣传交通安全法律、法规。

（三）单位和个人的义务

本条还鼓励单位和个人参与交通执勤志愿活动，积极参与交通执勤，一方面，可以缓解警民关系，让公民体会交警执法的辛苦，减少彼此之间的疏远感，有利于提高执法的有效性；另一方面，通过交通执勤活动也可以提高行为人的安全意识，对交通安全法律、法规体悟更深，让民众切实体会交通安全的重要性和法律、法规的实际应用，让更多人接触到一线的交警生活，从而提高法规的实施效果，推动交通安全执法工作，维护城市道路交通秩序，促进社会和谐。在了解具体的交通法律法规之外，还能够培养道路交通参与人的守法意识和道德素养，良好的道德素养有利于人民将法律内化于心，帮助个人成长，激发其向善的主动性和积极性，调节个人与社会的关系，使个人和社会之间的关系逐渐完善、和谐，帮助人们树立正确的人生观、价值观，形成自己的责任、义务观念，确立自己的道德理想，培养法律信仰和法治精神，推动建设法治社会。除了教育方面的身体力行，鼓励单位和个人参与交通执勤志愿活动还有利于缓解交通执勤压力，维护道路安全的同时，更能发挥交通管理服务的人性化、个人化以及全面化的功能，提高民众满意度。鼓励单位和个人参与交通执勤志愿活动，还有利于带动更多人参与交通执勤志愿活动，服务社会，对社会进步有一定的积极作用。对于交通执勤志愿者来说，可以丰富生活体验，做一些有意义的事，奉献社会，为社会进步尽一份公民责任和义务。

第二章　道路通行条件

第七条【道路规划建设】

自然资源、住房和城乡建设主管部门应当会同公安机关交通管理、城市管理等部门按照相关规范和标准依法组织道路的规划、设计和建设工作。

【条文释义】

城市道路建设与管理是车辆通行的先决条件，随着经济的快速发展，我们的城市化建设进程日新月异，大中小型城市在不断的改造和扩张中取得了较大的发展，城市的各项基础设施及城市的整体结构都发生了很大的改变。作为承载城市交通运输的城市道路，是城市经济的载体，代表着城市经济发展和城市建设的一个窗口，经济的迅猛发展，带动了整个社会生活水平的提高，人们物质文化生活的改善，使人们对生活质量、环境、景观及出行都有了更高的要求。与其他相关类别的建设项目相比，城市道路建设项目具备显著的科技方法、经济效益和施工管控等层面的特殊性。人类和车辆通行的道路随着人类社会的各种活动而出现，同时反过来加速社会的发展和道路交通项目的进步，是人类文明进步的表现形式，也是科技发达的象征。"要想富，先修路"，城市道路与人们的生产和生活息息相关，在人们对城市道路的需求要求更高的情况下，城市道路规划设计显得更为重要，道路建设是否科学，道路管理是否到位，直接关系着车辆的通行是否有序、安全和畅通，城市在规划设计的过程中应综合考虑人们的需求，向功能化的方向发展。

对城市道路规划、设计和建设的工作，应当注重完整性、连续性，而不能朝令夕改。其中包括法的安定性，即法的安全与稳定，法律内容和法律秩序应具有适度稳定性、发展的连续性和法律内部秩序的自洽性。法的稳定不是不变化，及时的根据情况而改变是合理的也是不可避免的，但是不能过快的变化或是经常性的中断施行。同时，城市道路及城市道路车辆通行与人们的日常生活息息相关，在城市道路的规划、设计和建设之中需要充分尊重群众的意见并鼓励群众的参与。

在城市道路建设中，要注重可持续发展理念的实质内涵，道路建设要充分遵循可持续发展基本原则，可持续发展要求协调居民出行需求、道路设施供应、城市环境质量与城市社会经济发展之间的相互关系，加强对道路功能、规划建设规模、城市道路交通实际需求等方面的探索，具体包括以下原则：

第一，有序性原则，在城市道路规划设计中，要站在城市整体的角度，协调好城市当前发展与未来规划发展，有序规划设计城市道路，科学设计道路，整个道路规划设计建设工程要充分遵守"高标准科学规划"的设计原则，同时，在道路建设工程实施过程中，要严格把关，加大对城市道路建设的监督力度，有效确保城市道路建设质量。

第二，平衡性原则，坚持土地混合利用规划建设布局模式，尽可能实现居住、就业等就地平衡，减小出行总量；有序性原则，道路建设应当贯彻"高标准规划，严过程管理"方针，立足未来逐步发展，不能片面追求近期气派或迁就现状而形成无序发展。

第三，协调性原则，协调城市道路交通与土地使用质量关系，合理分布城市交通流；协调交通与环境关系，控制汽车尾气及噪声污染，改善人们生活质量；协调供需平衡关系，优化居民出行方式结构；协调路段与交叉口关系，提高路网总体容量；协调动静态交通关系，解决停车难问题；协调市内交通与市际交通关系，使其相互衔接，合理发展。

第四，平等性原则，当代人和后代人共同享有生存发展的权利，当代人与后代人共同享有自己的发展空间，有城市道路资源的使用权利，城市道路规划设计要充分遵循可持续性原则，在不损害后代人的利益的前提下，有效维护好自己的利益。在城市道路规划、设计和建设的过程中，道路交通路网整体设计需要考量多种多样的交通物流系统整体功效的协同进步，道路网络排布的完备。道路的线路勘察和规划需要依据相关部门颁布的分类管控和方案目标。道路交通建设最终确定按照经济性、技术方案可行性最适宜的规划线路，针对平面、纵向、横向3个层面实施全面立体化的规划，全力确保平面上快捷顺畅、纵向坡度平滑缓慢渐变、横向断面平稳且总体工程造价低廉，以期保障预期的车辆行驶速度、尽量缩短通行时长、提升车辆替换频率。需要针对道路基础、道路表面、桥梁本体、隧道工程、防洪排水等功能区域设施实施详细规划布局，使之达到在确保施工品质的前提下减少作业、日常维护、经营和交通管控等方面的后期成本。

《江西省实施〈中华人民共和国道路交通安全法〉办法》第十条第一款第二项规定，建设、城乡规划主管部门应当会同有关部门依法实施城市道路、桥梁、停车场和道路配套设施的规划、设计和建设，负责城市道路交通安全设施的设置，以及除交通信号灯、交通监控设施以外的交通安全设施的维护和管理，合理规划城市公交线路、站点及停车场。城市规划、建设主管部门以及公安机关交通管理、城市管理等部门应当加大城市道路科学规划力度，为规范城市道路车辆通行秩序，保障城市道路交通有序、安全、畅通创造基础条件。

第八条【交通设施建设管理】

道路管理部门或者道路经营单位应当按照国家标准划设机动车道、非机动车道、人行道，根据道路条件和通行需要合理划设二轮车道、二轮车等候区。新建、改建、扩建道路时，应当将交通信号灯、交通标志、交通标线、交通监控、交通护栏、公交站台、智慧交通设备等交通设施与道路同时设计、同时施工、同时投入使用。有关单位在城市道路交通安全设施设计时，应当征求公安机关交通管理部门意见。在交通安全设施交付使用验收时，应当通知公安机关交通管理、应急管理等部门参加。交通设施竣工验收合格后方可通车运行。

交通信号灯、交通技术监控设备由公安机关交通管理部门负责维护和管理，其他交通安全设施由道路管理部门或者道路经营单位负责维护和管理。公安机关交通管理部门、道路管理部门的维护和管理经费纳入本级财政预算。

供电部门因检修、系统升级等工作需要对交通信号灯和交通监控采取停电措施，应当提前二十四小时通知当地公安机关交通管理部门。

【条文释义】

道路交通设施包括交通标志、交通标线、交通护栏、交通信号灯等，是传递交通管理信息的道路语言，是道路的重要组成部分，是确保道路交通安全、有序、畅通的重要保障。道路交通设施建设是我国构建和谐社会非常重要的一部分，加强道路交通设施保障力量的建设，对增加社会民众的满意度有很大的帮助作用。近年来，我国的交通建设有了大幅提升，为促进和谐社会的发展提供了有力的支撑。但是，由于我国处于运输化的初级阶段，仍然有很多问题存在，如城市道路设计不科学，交通设施建设管理职责不明确、设计标准不统一、资金保障不到位等，极大地影响了城市道路车辆通行秩序的改善和优化。此次通过立法进一步规范道路设计，进一步明确交通设施的建设、维护主体，设计验收要求，财政保障等，有利于进一步提高城市交通管理水平。

一、交通设施的建设管理方面

（一）按国家标准划分机动车道、非机动车道、人行道

道路通行的参与者包括行人、机动车、非机动车等，依据道路条件和通行的需要，道路可以划分为机动车道、非机动车道和人行道3种。机动车道，是指公路、城市道路的车行道（道路两侧道牙之间或公路上铺装路面部分，专供车辆通行）上自右侧第一条车辆分道线至中心线（无中心线的，以几何中心线为准）之间的车道。机动车道的车道数，常根据城市规模和道路等级确定。非机动车道，是指公路、城市道路上的车行道上自右侧人行道牙（线）至第一条车辆分道线（或隔离带、墩）之间或者在人行道上划出的车道，除特殊情况外，专供非机动车行驶，主要是专供自行车、平板车、三轮车、电动车和畜力车等车辆行驶的道路。人行道，是指道路中用路缘石或护栏及其他类似设施加以分隔的专供行人通行的部分，一般宽度为4米左右。人行道按功能可简单地划分为路牙沿、附属设施功能带、盲道、人行道、退让线5部分。

《道路交通安全法》第三十五条规定，机动车、非机动车实行右侧通行。第三十六条规定，根据道路条件和通行需要，道路划分为机动车道、非机动车道和人行道的，机动车、非机动车、行人实行分道通行。没有划分机动车道、非机动车道和人行道的，机动车在道路中间通行，非机动车和行人在道路两侧通行。一般情况下道路都会划线以区分机动车道和非机动车道，主要就是方便驾驶人行驶，如果遇到没有划线区分的情况下，可以根据道路的宽度来

判断：（1）6 米以下的，不分机动车、非机动车道；（2）6—10 米的，两侧 1.5 米是非机动车道；（3）10—14 米的，中间 7 米是机动车道，两侧剩下的是非机动车道；（4）14 米以上的，两边 3.5 米是非机动车道。按照我国的习惯做法，非机动车和行人应当靠道路的两边通行，这样对于非机动车和行人来说都是比较安全的。规定机动车、非机动车和行人分道通行，有利于提高道路通行质量，互不干涉，从而达到提高车辆行驶速度、保证车辆和行人交通安全的目的。

（二）按道路条件和通行需要合理划分二轮车道、二轮等候区

"二轮车道"，是指由相关单位划设，用于电动自行车、自行车、残疾人机动轮椅车、不符合国家标准的电动自行车、摩托车等车辆通行的车道。近年来，电动自行车以其经济、便捷等特点，成为群众出行的重要交通工具，电动自行车产业快速发展，保有量也迅猛增长，城市道路交通秩序的管理压力越来越大。本条规定道路管理部门或者道路经营单位应当根据道路条件和通行需要合理划分二轮等候区。其实，二轮车等候区最初产生的原因，是因为赣州很多路段道路较窄，城市许多路段不具备施划二轮车道的条件，存在机动车和非机动车混行的现象。为了科学有效地利用有限的城市道路资源，于是在交通信号灯前设置二轮车等候区，以此规范电动自行车、自行车、摩托车等两轮车停车等候及行车的秩序，提高道路通行效率，缓解道路拥堵，同时也可以很大程度地避免交通事故的发生。

根据本条的规定，二轮车道以及二轮等候区的划分标准需要考虑道路条件和通行需要两个因素。其中，"道路条件"，是指道路的宽窄、道路质量的好坏等；而"通行需要"，是指道路所处的位置是否为主干道、车辆的流量和人的流量大小等。结合这两方面的因素划分二轮车道和二轮等候区，也会使道路范围和等候区范围划分

得更加科学、合理。

二、交通设施的设计验收方面

（一）新建、改建、扩建道路时，交通设施要与道路同时设计、同时施工、同时投入使用

《江西省实施〈中华人民共和国道路交通安全法〉办法》第二十六条第二款规定，新建、改建、扩建道路时，交通信号灯、交通标志、交通标线、交通监控、防撞护栏以及其他交通安全设施应当按照国家标准，与道路同时设计、同时施工、同时投入使用。有关单位在城市道路交通安全设施设计时，应当征求公安机关交通管理部门意见。在交通安全设施交付使用验收时，应当通知公安机关交通管理、安全生产监督管理等部门参加，交通安全设施验收不合格的不得通车运行。交通设施要与道路同时设计、同时施工、同时投入使用，也被称为道路交通建设的"三同时"制度。道路交通安全设施"三同时"工作，是提升道路交通本质安全的重要的源头性、基础性措施，对减少、控制道路交通安全隐患增量具有十分重要的作用。

（二）城市道路交通安全设施的交付验收

道路交通安全设施包括信号灯、交通标志、路面标线、护栏、隔离栅、照明设备、视线诱导标、防眩设施等。交通安全设施属于道路的基础性设施，它对防止发生交通事故和减轻事故的严重性，排除各种纵向、横向干扰，提高道路服务水平，提供视线诱导，美化道路景观等起着重要的作用。良好的安全设施系统应具有交通管理、安全防护、交通诱导、隔离封闭、防止眩光等多种功能。交通安全设施是发挥公路正常功能，满足通行需求，保障公路交通安全最基本的，也是最必要的设施。因此，城市道路交通安全设施的质量非常关键，需要公安机关交通管理部门、安全生产监督管理部门等政府部门的参加与监督，对城市道路安全设施的质量进行把关。

《江西省实施〈中华人民共和国道路交通安全法〉办法》第二十六条第二款规定，有关单位在城市道路交通安全设施设计时，应当征求公安机关交通管理部门意见。在交通安全设施交付使用验收时，应当通知公安机关交通管理、安全生产监督管理等部门参加，交通安全设施验收不合格的不得通车运行。

三、交通设施的维护与管理方面

《江西省实施〈中华人民共和国道路交通安全法〉办法》第八条第二款规定，公安机关交通管理部门负责城市道路交通信号灯、交通技术监控设备的维护和管理。对于交通设施的建设、维护主体，有关研究报告显示，目前，我国城市道路交通设施的管理模式大致可分为三种：一是由公安机关交通管理部门负责建设、管理和维护城市道路交通管理设施，包括交通信号灯、隔离设施、标志标线及交通监控等。大多城市属于此种类型，各地市公安交通管理部门普遍成立了设施大队或设施处负责城市道路标志标线、交通信号灯、隔离设施等的日常维护和管理。二是由所在城市的道路主管部门建委、市公用事业局、政府的市政部门负责道路交通安全设施的规划、设计、建设、养护和管理，公安交通管理部门参与道路交通安全设施的规划。三是其他形式的管理模式。例如，昆明市规定质量技术监督行政管理部门负责城市道路交通标志标牌设置规范的制定、实施、监督，公安机关交通管理部门负责城市道路交通标志标牌设置的审核、管理。

本条规定除交通信号灯、交通技术监控设备以外的其他交通安全设施由道路管理部门或者道路经营单位负责维护和管理，公安机关交通管理部门专门负责维护和管理交通信号灯和交通技术监控设备，属于第一种和第二种的综合管理模式。同时，公安机关交通管理部门在设计和使用验收城市道路交通安全设施以上环节，都应该参与。在设计环节需要被征求意见，在交付使用验收环节，公安机关交通管理部门以及安全生产监督管理等部门都应当被通知参加，竣工验收合格后方可通车运行。本条在立法及管理体制上明确了各部门分工，通过建立由交通部门统一规划、建设、管理的一体化管理模式，使道路交通设施管理成为全过程的管理，可以节约行政管理资源，提高行政管理效率，既避免了部门间的职能交叉和管理空白，使各个环节和各项措施得到有效落实，又有利于解决责任不清而导致的互相推诿职责的现象。同时，明确其维护和管理道路交通安全设施经费纳入本级财政预算，有利于提供财政支持，道路交通治理往往需要大量的资金投入。受经济因素的制约和影响，并没有足够的交通设施建设资金预算，交通管理、建设工作往往会因为资金不足而半途而废，资金短缺已成为"瓶颈性"难题，将此款列入本条一定程度上有利于解决因经费不足而导致的职责无法全面落实的困难。

四、交通设施的用电管理方面

本条第三款规定，供电部门因检修、系统升级等工作需要对交通信号灯和交通监控采取停电措施，应当提前二十四小时通知当地公安机关交通管理部门。交通信号灯、交通监控停电后无法工作，容易导致交通拥堵事故发生。提前告知停电时间，公安机关交通管理部门可以提前部署和管控，避免引发不必要的交通拥堵事件，通过宏观调度，一定程度上提高出行效率，降低交通安全事故危险。

第九条【道路隐患治理】

有下列情形之一，影响交通安全的，相关责任单位应当及时维护，排除妨碍，消除影响：

（一）交通信号灯、交通标志、交通标线等道路交通设施缺失、破损或者设置不合理的；

（二）道路两侧照明不足的；

（三）交通标志、交通信号灯被遮挡的；

（四）路面管线设置不科学、窨井盖设置不安全、坑洼积水的；

（五）影响交通安全的其他情形。

任何单位和个人发现有影响交通安全情形的，有权向相关责任单位反映。有关责任单位接到反映后应当及时处理，并在十日内反馈办理情况。

【条文释义】

城市道路交通设施是现代城市交通的重要安全设施，传递着规范化信息并用以管理和疏导着城市交通，在保证城市交通安全、提高通行能力、减少交通事故、有效规范引导交通等方面起着重要作用，道路交通管理工作是一项系统、复杂的工程。影响道路交通安全的因素很多，既有道路设置不合理的因素，也有绿化、照明、管线等道路设施设置不科学的因素，都属于城市交通道路安全隐患。城市道路交通安全隐患整治是改善道路通行环境，保障道路畅通，预防和减少交通事故特别是重特大道路交通事故发生的重要手段。为此，要做好城市道路车辆通行管理工作，推动城市道路交通安全隐患治理的常态化、长效化，必须由城市管理各个职能部门协力同心、密切协作，方能取得实效。

一、城市道路交通设施的分类及功能

根据交通管理和交通控制本身的含义，将城市道路交通设施分为道路交通安全设施（隔离设施、照明、附属设施等）和道路交通管理设施（道路交通标志、道路交通标线、信号灯及电子警察监控系统等）两大类，它们共同承担维护交通秩序、保证道路畅通安全、减少减轻交通事故发生等功能。城市道路交通设施是随着道路交通的不断发展而产生的，是现代城市文明发展的必然结果。道路交通设施以其本身的功能在现代道路交通运输中发挥着独特的作用，各种设施的作用既相对独立又相互依联，共同构成道路交通安全网络体系，是道路交通体系中不可缺少的重要部分，其目的在于服务，为道路交通参与者提供各种警告、禁令、指示、指路信息、渠化隔离和视线诱导。各种交通设施在规划时应注意相互之间的配合、协调，并按照相应规范选择合适位置进行设置，确定其合理规模及施工工艺。只有科学规范、醒目清晰的道路交通设施，才能达到预期的效果，有利于道路参与者的识别，从而减少交通事故的发生，确保城市道路交通有序、安全、畅通。

二、城市道路交通设施的设置原则

交通信号灯、标志、标线、隔离设施及电子监控等道路交通设施的设置，应分别遵循各自的原则。

第一，交通信号灯的设置原则。城市交通信号灯的设置应严格按照国家标准《道路交通信号灯设置与安装规范》要求实施，同时要根据城市所处环境气候的特点及各道路口的实际条件进行设置，并遵循以下原则：

（1）前瞻性原则。要求在道路建设之前就要对车流有个准确的估计，提前考虑好信号灯的设置，要避免在道路建成之后随意设置。(2)特殊性原则。这一原则主要考虑在临时性交通流量大的路口，如学校、医院门口等，根据时间段设置红绿灯和黄闪灯，以提高道路资源的利用率。（3）创新性原则。就是要求根据不同的道路口环境条件，不断创新更科学、更合理的信号设置，或者是向司机代表征求意见和建议，如左转弯待转区的设置就是一个创新，依据路面宽阔程度，一个左转弯待转区的设置为左转弯信号放行增加3辆至5辆小车。

第二，交通标志标线的设置原则。城市道路交通标志标线的设置主要目的是为交通参与者特别是机动车驾驶人提供及时、完善和清晰的道路信息，加强对车辆的合理引导，以使车辆能顺利、快捷地抵达目的地，不发生错向行驶，保证交通畅通和行车安全。根据以上目的，交通标志标线的设置应遵循以下原则：

（1）易见性原则。要求标志标线在所设置的位置点上能够给交通参与者的视觉产生直接而醒目的影响，不仅可以通过视觉来获得信息的传递，而且在视觉上产生强烈的冲击效果，即能够在第一时间快速"抓住"交通参与者的眼睛和注意力。（2）易读性原则。要求标志标线在所设置的位置点上能够让交通参与者迅速读懂所承载的相关信息，这一原则要求交通标志标线使用的文字或图形符号必须是符合国家统一规范，且简单明了的，包含易于理解和接受的相关交通信息。（3）协调性原则。要求标志标线在所设置的位置点上能够客观真实地反映该道路交通环境情况，即标志标线所承载的信息与交通环境不能互相矛盾。比如，道路交通标志上提供的信息与车道上的变化标线承载的信息要保持同一指向。（4）规范性原则。标志标线作为公共交通信息载体，必须使用国家规范的语言、文字、图形、符号等，如生僻字应标明汉语拼音，不能随心所欲地创造出一些独特的文字或符号使人产生歧义，导致影响正常的道路交通。

第三，隔离设施的设置原则。城市交通隔离设施主要有隔离栅（网）、隔离墩、隔离绿化带及桥梁护网等，其设置的目的主要两个：一是保障车辆能够在城市道路上快速、安全地行驶；二是为防止行人、动物或物体等进入，用物理隔离的方式达到有效排除横向而来的实物干扰，确保车辆在城市道路上安全、舒适、高效、顺畅地通行。据以上设置的目的，隔离栅（网）、隔离墩的设置原则是：有一定的高度，至少高于路面1米；有一定的硬度，隔离栅（网）必须由坚硬的金属或铁丝构成，隔离墩必须用钢筋混凝土砌成，外表必须醒目亮丽，并固定在适当的位置。隔离绿化带的设置原则是隔离带上应栽种常绿灌木花草，设置于笔直、宽阔、视野好的城市快速道路两侧或中央，否则不设。桥梁护网，即安装于城市内天桥、立交桥两侧，防止物品散落或物品从下方抛入的防护设施，其设置原则是较大流量的天桥、立交桥必须设置护网，其高度、材质、厚度和网孔尺寸应符合 2017 年颁布的《公路交通安全设施设计规范》的要求。

三、交通设施规范设置对交通安全的意义

2022 年，公安部公布统计数据显示，截至 2022 年，全国机动车保有量达 4.02 亿辆，其中汽车 3.07 亿辆，占机动车总量的 76.37%；机动车驾驶人 4.87 亿人，其中汽车驾驶人 4.50 亿人；新能源汽车保有量达 891.5 万辆，呈高速增长态势。这就使得城市交通拥堵问题陷入了城市管理必须解决的境地。在这种情况下，交通设施就发挥了极其重要的作用。城市道路交通设施经过几十年甚至上百年的使用与改进，为了更适合和方便交通参与者的出行安全，其设置也在日益发展的道路交通管理中得到了科学改造，并逐步形成了相关国家行业标准，因此，公安机关交通管理部门在设置过程中必须设定设置原则以遵循国家行业标准，从而引导交通参与者各行其道。同时，交通设施只有规范设置，驾驶人才不会对道路交通设施感到陌生，当他们去不同的区域时，第一时间就能对各个路段作出准确、快速的反应，不会发生因对交通设施的识别时间过长而导致发生交通事故。因此，交通设施的建立健全以及科学规范设置能够更好地为交通参与者服务，保障驾驶人和行人的安全，减少不必要的损失，对交通安全具有重要的意义。

交通信号灯、交通标志、交通标线等道路交通设施缺失、破损或设置不合理，会导致车辆、行人丧失判断交通情况的标准，道路交通发生冲撞、堵塞的状况，更甚者导致交通安全事故；道路两侧照明不足，会干扰司机及行人对路况的判断，如遇障碍物或车辆、行人，也易导致交通安全事故的发生；交通标志、交通信号灯被遮

挡，略面管线设置不科学、窨井盖设置不安全、坑洼积水及影响交通安全的其他情形，都容易对交通安全性产生威胁。因此，治理道路交通安全隐患，尤其是对本条中所列举的安全隐患的治理，对保障城市道路交通畅通、安全具有十分重要的意义。

首先，治理道路交通安全隐患有利于推动交通管理社会化，道路交通安全隐患治理工作作为预防和减少道路交通事故，优化道路交通状况的重要举措，被列入政府工作重要议事日程，经过各地党委政府的组织领导，在公安、交通、安监、城建、水利等相关职能部门的协作配合下，优化道路交通状况有利于建立社会化的道路交通管理体系，推动交通安全隐患治理。其次，交通安全隐患治理是预防和减少交通事故特别是重特大交通事故的重要举措之一，确保道路交通基础设施的安全和有效有利于改善道路通行环境，保障道路通行秩序，保护参与道路交通主体的生命和财产权利。最后，治理道路交通安全隐患有利于改善道路交通秩序，交通信号灯、交通标志、交通标线等道路交通设施是道路交通管理的基础，是交通管理部门实施交通管理的有效帮手，是指导参与道路交通的行为人交通行为的重要工具，是协助交通执法人员作出相关判断的重要辅助标准。道路交通设施不完善，将严重扰乱正常的交通秩序，甚至可能造成道路交通瘫痪，人、财、物出现重大伤亡、损失。

道路交通安全隐患是一个综合性的治理问题，我国《道路交通安全法》第三十条规定，道路出现坍塌、坑漕、水毁、隆起等损毁或者交通信号灯、交通标志、交通标线等交通设施损毁、灭失的，道路、交通设施的养护部门或者管理部门应当设置警示标志并及时修复。公安机关交通管理部门发现前款情形，危及交通安全，尚未设置警示标志的，应当及时采取安全措施，疏导交通，并通知道路、交通设施的养护部门或者管理部门。可见，排查治理道路交通安全隐患是公安机关交通管理部门长期以来在交通事故预防工作中的重点，且交管部门建立了长期有效的管理机制。但是，道路安全隐患的排查是一项具有较强技术性的工作，需要遵从必要的专业程序和技术方法。公安机关交通管理部门作为一个道路交通的综合管理部门，虽然能够在大方向上指明道路安全隐患"非治不可"的合理性和必要性，但在实际的道路安全隐患排查中，仍需要相关专业部门的协助，才能够给出专业性的意见和决定。因此，需要增强一线排查工作人员素质，将有足够业务能力和技术水平的人员安排在排查道路安全隐患的工作上，同时加强对相应工作人员的专业培训，包括道路安全隐患排查工作包括哪些内容，具体的针对性措施是什么，选择哪种排查方法，排查治理的总体流程如何进行等。并建立一套能够有效监督道路安全隐患排查工作的督导机制，保证道路安全隐患排查工作中的问题能够被及时发现，使相应岗位依据合理的工作规范，按时高效地完成排查任务。

除有关部门主动排查以外，本条最后一款规定，任何单位和个人发现有影响交通安全情形的，有权向相关责任单位反映。有关责任单位接到反映后应当及时处理，并在十日内反馈办理情况。对于发现有影响交通安全情形的单位和个人而言，并不能清楚地明确该项情形应由何具体部门负责管理，只要一般人报告，对于有关责任单位，都应及时处理。动员相关社会一般人参与交通隐患排查，有利于查缺补漏，实现道路交通共治，对减少交通安全隐患有重要意义。同时，本款还明确规定了有关责任单位反馈义务的时效性，即十日内应反馈办理情况。此种办法有利于解决道路安全隐患治理不落实、有关责任单位互相推诿职责的情况，防止有关责任单位懒政、不作为。道路安全隐患，与生命安全、财产安全息息相关，是一项重要且紧迫的任务，一旦出现道路安全隐患，随时可能因为道路状况的随机性而导致交通安全事故。因此，有关责任单位应当及时治理、排查道路安全隐患。当有关责任单位没有负担其应尽的职责和义务之时，应当对其进行责任追究，因为不及时治理而造成交通事故的，要依法承担事故责任，按照法律法规处理。除此之外，除了向具体反映人反馈，还可以建立道路交通安全隐患公示制度，及时地公示排查结果，包括道路安全隐患、对应责任部门、治理时限安排和治理进度等，让人民群众共同监督。

第十条【道路作业规定】

实施绿化、养护、清扫、洒水、设施设备维护等道路作业时，应当避开交通流量高峰期。

【条文释义】

一、道路作业对环境保护以及道路通行秩序的利与弊

为了缓解城市交通的压力，提高城市居民出行的生活质量，满足居民日益增长的交通需求，道路作业是城市交通管理中不可缺少的部分。城市道路绿化作业和城市的发展是相互关联的，同时也是城市发展的重要纽带。城市道路绿化工程是一个城市的门面，直接关乎城市在文明建设进程中的发展，关乎人们的身体健康，同时也对城市的进步与发展产生相当显著的影响，代表着城市发展的脚步。随着经济发展、汽车保有量的增多，汽车尾气的排放也给空气造成了污染，绿化作业有利于净化空气，美化环境，推进生态环境的建设，让人们对日常出行、生活感到更加舒适、愉悦。而随着城市道路运营里程的增加，以及路面使用年限的增长，道路维修数量也将逐年增长，为保证道路上的车辆及人员安全通行，养护管理人员也需要及时对道路进行路状调查、检测和维修，并进行养护作业。

一方面，道路清扫作业有利于保持路面的干净、整洁、卫生，保障良好的道路环境，防止垃圾堆积挤占道路空间，降低因垃圾过

多对路面造成损坏从而影响道路使用寿命的风险度。道路洒水作业有利于防止灰尘积扬影响道路通行能见度，对保护城市居民的健康，减少细菌的产生和传播，净化空气指数，降低空气污染度具有重要意义。道路设施设备维护作业更是对维护交通安全，排除交通安全隐患，增加道路通行能力，维持道路通行秩序以及满足人民对于道路交通的需求有十分重要的作用。

另一方面，道路作业行为对道路通行秩序的影响也极大，在道路上设置施工作业区往往要封闭部分车道，减少了道路通行空间，导致车辆速度降低，引起拥挤和延误，降低道路的通行能力。空间的减少也极易减小车辆与车辆、车辆与行人之间的距离，或是影响人们的情绪，导致道路安全问题的出现，对道路安全通行也具有不利的影响。同时，由于道路作业车辆本身的特殊性，其行驶速度比一般车辆慢，也会增加周边道路的交通压力，造成安全隐患。尤其是在道路作业期间，部分道路作业不仅会影响作业区域内交通的畅通和安全，还会影响附近城市道路的交通，特别是作业地区位于交通饱和率高的城市中心地区时，而往往这种高饱和地区，又尤其需要道路作业维护、升级，才能满足人们日益增长的交通需求，由此又产生了一定的矛盾问题。

二、道路作业中常见的安全隐患

在目前的道路作业中，常产生的具体隐患有：第一，受交通作业影响，道路通行负担加重，加上作业时，部分乱停乱放、堆积材料的现象严重，严重影响了一些狭窄路段的通行能力，极易诱发相互擦刮等交通事故。第二，一些部门交通作业时，因疏忽或不在意，不严格按照道路作业的相关规则作业，不按规定设立相应警示标志或标志设立不合理，不加装防护设施，给车辆、行人通行造成危险，人、车进入作业区造成损伤。第三，作业车辆带来安全隐患，一些作业车辆借交通作业之名超载、超速行驶，车辆随意停放，违反标志标线行驶，更有甚者动用无牌证或未检车辆上路作业，直接埋下了交通事故隐患。同时作业车辆一般体积较大，重量较重，对路面结构冲击大，车速较低，转弯困难，对车流的通行能力及通行安全影响较大。第四，交通参与者的交通安全意识淡薄也容易因此使得机动车、非机动车、行人争道抢行，遇有交通阻塞时互不相让，强行穿插超越，人为地制造交通拥堵，极容易诱发交通事故。

三、道路作业中的注意事项

道路作业行为对道路通行能力的影响常取决于以下几点因素，包括作业持续时间、作业地点、作业规模、作业强度、交通参与者因素以及天气情况等。《江西省实施〈中华人民共和国道路交通安全法〉办法》第四十八条第一款第一项规定，作业时间尽量避开交通流量高峰期。交通流量高峰期期间，道路通行压力增大，如果部门配合不力，作业时间安排不合理，极易引发大范围的交通拥堵，甚至导致交通事故的发生。通过立法进一步明确道路作业时应当避开交通高峰时段并设置相应的警示标志，有利于提升城市道路车辆通行效率，提高道路通行安全性。同时，在保证作业质量的情况下降低作业持续时间，引入更先进的技术提高交通作业的效率，合理选择交通作业的地点，重点管控交通拥堵危险路段，在综合具体道路条件协调分析的基础上，相应地制定管理措施。同时对作业的规模、强度也应慎重、科学地计划，避免多个交通作业的同时进行可能导致的多条道路的拥堵，甚至区域交通的瘫痪。道路交通参与者的素质也十分重要，此时的道路交通参与者包括作业人员及原本在道路上通行的人及车辆，一方面，作业人员要遵守其相关的章程作业，不能违反规定随意作业，造成交通安全风险；另一方面，交通安全也与原本在道路上通行的道路交通参与者的遵章行驶行为，冷静的交通心理，对路况的准确把握及耐心配合有很大关系。根据天气情况，进行道路作业，降低因极端天气造成的道路作业安全风险。

以上措施是为了降低施工的影响，但是不能牺牲作业的本身，任何交通组织措施、交通改善措施都不可能完全彻底地解决道路作业对周边路网交通的影响问题。因此，必须接受因道路建设对路网在作业持续时间内造成的持续的影响，这就需要全社会各方面、市民和相关单位都能本着支持城市发展和道路建设的精神，在发生利益冲突的地方，全社会各方面都能诚恳协商、妥善处理，必要时为保证交通的顺利进行作出应有的牺牲与让步。同时，在同等的条件下，交通作业应充分考虑市民、公众交通的需要，即公共交通的需要，在资源有限、互相冲突的情况下保证公交优先，方便广大市民群众的出行。在进行道路作业时，要尽可能地避免对居民的出行条件产生不利的影响，尤其是对行人、骑自行车者等交通弱势群体，同时适当考虑残障人员的出行需求，以人为本。同时，在交通作业之中要注意科学性及可操作性，科学性即运用各种专业技术及理论，力求交通作业方案的科学性。可操作性，是指针对某一作业的操作可行性，其工作研究成果应能反映到现实中，便于实际操作，并指导作业项目的实施和顺利完成。

第三章　车辆管理

第十一条【电动车、轮椅车挂牌管理】

电动自行车、残疾人机动轮椅车经公安机关交通管理部门登记挂牌后，方可上道路行驶。

【条文释义】

本条是关于符合国家标准的电动自行车、残疾人机动轮椅车登记的规定。通过规定电动自行车、残疾人机动轮椅车经公安机关交通管理部门登记挂牌后方可上道路行驶，来保障市民出行的基本人身安全，维护城市道路交通的基本秩序。

一、电动自行车的概念和特点

电动自行车简言之就是以电力为驱动，以电力为能源的车辆，主要由蓄电池、电动轮毂、控制器、充电器四大件和车体部分组成。其特点是：第一，绿色环保。电动车无须燃油消耗，无有毒尾气排放，行驶噪声小。第二，轻巧方便。电动车体积较小，重量较轻，行驶和停放都较为随意自如。第三，节能便利。

二、电动自行车广泛推广的现实意义

第一，建立节约型社会的必然选择。当前交通工具的能源材料主要为不可再生的稀缺资源石油，我国石油资源较为缺乏，对外依存度较高，而电是可再生且具有广阔发展前景的能源。因此，以

"电"代"油",推广以蓄电池为载体的电动车是人类社会发展的方向,属于循环能源利用,对于节约不可再生能源意义非凡。

第二,建立环保型社会的必然选择。环保是人们不断追求的境界,因车辆尾气污染正成为各国政府一个棘手的难题。电动车的推广和使用,将大量减少有害物质排放,极大地提高环境保护水平,对建设绿色、环保国家有重要的意义。

第三,惠及百姓的民生工程。由于电的成本较低,对于需要借助电动车出行的广大民众而言,国家不断创新发展电动车,令其出行更加实惠,无形中享受到了政府的社会福利。以普通家庭平常使用电动车和摩托车为例,如按每辆摩托车年平均行驶 1 万公里,平均油耗 2 升/百公里,年耗汽油 200 升,以 8 元/升的汽油价格计算,总支出约为 1600 元;电动车百公里耗电约 1.2 度,每度按 0.5 元计算,总支出仅为 60 元,若以 8 年的使用周期,除去每 2 年至 3 年的蓄电池更换,也可节省数千元费用开支。而实际电动车的数量已达几千万辆,每年老百姓总节约支出可达数千亿元甚至上万亿元,这无疑是政府惠民的巨大"荷包"。

第四,国民经济发展的重要支柱。电动车作为一种环保节能的新型交通工具,其对传统管理体制产生的冲击不言而喻。由于其旺盛的需求,使各国电动车市场一直保持长足、跨越式增长,由此带动了一系列相关产业的发展,如电机产业、控制器产业、模具产业、电池产业、再生资源利用产业等,从整个电动车产业链条的规模来估算,其产值将超过数百亿元甚至数千亿元,已经构成了国民经济发展的一个重要组成部分。

因此,电动自行车的兴起具有其必然性和必要性。

三、电动自行车管理存在的突出问题

一方面,电动自行车以其经济、便捷等特点,成为市民出行方式的主要选择之一,电动自行车产业快速发展,出行量迅猛增长。

但另一方面，电动自行车在生产、销售、驾驶等方面存在严重问题，大量"超标"电动自行车上路行驶，道路交通安全隐患突出。主要包括以下几个方面的隐患：

第一，混淆概念致使超标电动车大量存在。一些生产商凭借国家大力支持的"尚方宝剑"，不顾国家标准，故意混淆电动车和电动自行车之间的差别，打"擦边球"。在销售上，为迎合消费者心理，将不符合《电动自行车通用技术条件》的超标电动车，以蒙骗形式随心所欲地以电动自行车名义出售，再加上个别地方政府只为税收而忽略监督管理，大量企业不顾后果地生产各类超标电动车，致使电动自行车泛滥成灾。

第二，管理失控致使交通安全隐患突出。在日常监管中，由于公安机关交通管理部门对超标电动车没有相应的注册登记目录，无法正常挂牌发证，驾驶人很大一部分也未取得驾驶资格，造成驾驶技能和安全意识良莠不齐，导致大量违法电动车违法上路，电动车管理处于尴尬的"盲区"境地，交通安全隐患异常突出。同时，当发生交通事故时因无牌无证而难以查证，无疑加大了交通事故处理难度。

第三，随意违法致使交通事故多发高发。由于电动车管理的"漏洞"和无证驾驶的现状，导致电动车驾驶人缺乏应有的交通安全意识，交通违法现象屡禁不止，突出表现为肆无忌惮地无牌无证上路行驶、占用机动车道行驶、违法载人、超速行驶、抢道行驶、随意变更车道、闯红灯，甚至酒后和醉酒驾驶，严重影响了道路交通秩序。同时，因电动车速度快、音量小、不易察觉等特点和一些驾驶人的不良交通陋习，极易引发各类交通事故，成为马路"杀手"。

为规范电动自行车生产、销售和使用管理，更好地加强电动自行车、残疾人机动轮椅车上路的管理，保障市民的人身安全和财产安全，有必要要求电动自行车和残疾人机动轮椅车须登记挂牌后才能上路。《江西省实施〈中华人民共和国道路交通安全法〉办法》第二十一条规定，电动自行车等非机动车应当实行登记管理。具体登记管理办法由省人民政府规定。实行登记的非机动车应当符合国家有关非机动车安全技术标准，并经县（市、区）公安机关交通管理部门登记挂牌后，方可上道路行驶。具体来说，电动自行车、残疾人机动轮椅车经公安机关交通管理部门登记挂牌后才能上路行驶，有利于公安机关交通管理部门对城市中的电动自行车、残疾人机动轮椅车等进行有序的管理，营造稳定的交通秩序。经过公安机关交通管理部门登记挂牌的电动自行车和残疾人机动轮椅车，可以排查出一定数量的非法或是不符合交通车辆管理要求的车辆设备，减少交通事故的发生、保障车辆驾驶人和其他市民的交通出行安全。另外，对电动自行车进行登记挂牌，即使出现了电动自行车被偷盗、丢失的情况，电动自行车的驾驶人通过报案，公安机关交通管理部门也能够根据登记挂牌的相关数据信息更好地对被盗窃或是丢失的电动自行车进行查找，提高结案效率，早日帮助失主寻回车辆，有利于保障市民的财产安全。

第十二条【电动车、轮椅车登记】

电动自行车、残疾人机动轮椅车所有人自购车之日起 30 日内，应当向住所地的县级公安机关交通管理部门申请登记，现场交验车辆并提交下列材料：

（一）所有人身份证明；

（二）购车发票等合法来历证明；

（三）出厂合格证明。

申请残疾人机动轮椅车登记的，还应当提交有效的下肢残疾证明。

本规定实施前购买的、尚未办理登记的电动自行车、残疾人机动轮椅车，应当在本规定实施后三个月内依照第一、二款规定申请登记。

电动自行车、残疾人机动轮椅车在申请办理登记期限届满前，可以凭购车发票等合法来历证明和出厂合格证明，临时上道路行驶。

【条文释义】

本条是关于电动自行车、残疾人机动轮椅车所有人前往住所地的公安机关交通管理部门申请登记、交验车辆以及临时上路行驶所需提交材料的相关规定。本条通过规定登记挂牌需要提交的材料，以保障车辆所有者的合法权益、车辆自身的合格性，同时作出临时上路的规定，便利市民基本出行要求。

《江西省非机动车管理办法》第九条第一款规定，申请非机动车登记的，应当自购车之日起30日内向非机动车所有人住所地的县（市、区）公安机关交通管理部门交验车辆，并提交下列材料：（1）非机动车所有人身份证明；（2）购车发票等非机动车来历证明；（3）非机动车出厂合格证明。本条也列明了电动自行车、残疾人机动轮椅车登记挂牌所需提交的材料，电动自行车、残疾人机动轮椅车登记挂牌后方可上路行驶，必须对车辆所有人申请登记的过程和相关材料进行详细规定和检查，以此保障车辆所有人的相关权利，这也是加强交通道路秩序管理的必然要求。

具体来说，要求现场交验车辆是为了检验车辆本身的质量问题，以免出现不符合相关质量要求的电动自行车、残疾人机动轮椅车上路行驶造成交通事故，伤害车辆驾驶人或其他市民人身安全；要求车辆申请人提供所有人身份证明是为了证明申请人的身份及申请人对车辆的所有权，以免车辆所有人的权利受侵害；购车发票等合法来历证明及出厂合格证明则是为了保证申请车辆本身来源的合法性及车辆质量的合格性，以防非法车辆的流通、质量不达标的车辆日后发生交通事故对车辆所有人或其他公民造成伤害。申请残疾人机动轮椅车登记的，应该提交有效的下肢残疾证明，这是为了防止正常人冒充残疾人申请残疾人机动轮椅车进行登记，侵占不属于自己的利益，作出该规定也能更好地保障正常的交通管理秩序。

本条还规定，本规定实施前购买的、尚未办理登记的电动自行车、残疾人机动轮椅车，应当在本规定实施后三个月内依照第一款、第二款规定申请登记。强制要求现行已经上路的暂未登记挂牌的所有电动自行车和残疾人机动轮椅车都不能上路行驶是不合情理、也不符合本规定保障车辆所有人合法权益、便利市民基本出行要求的立法目的。这是在本规定实施后给电动自行车、残疾人机动轮椅车的驾驶人一定的缓冲时间和宽限期，三个月的时间足够让相关电动自行车驾驶人熟知相关规定并准备好相关材料前往公安机关交通管理部门进行申请登记，以免出现驾驶未登记的电动自行车上路而被处罚的情况。

同时，电动自行车、残疾人机动轮椅车在申请办理登记期限届满前，可以凭购车发票等合法来历证明和出厂合格证明，临时上道路行驶。市民购买电动自行车、残疾人机动轮椅车都是为了出行的便利，强求电动自行车、残疾人机动轮椅车驾驶人在购买车辆后立刻就进行申请登记，否则不能上路行驶，这也是不人性化的。为了方便市民在购买车辆后、进行车辆登记申请前的出行，设立临时上路行驶规定是十分必要的。

第十三条【如实提供真实、有效信息】

车辆所有人办理登记挂牌或者申请机动车驾驶证时，应当提供真实、有效的信息。信息发生变化的，应当及时向公安机关交通管理部门备案。

【条文释义】

本条是关于车辆驾驶信息管理的规定。此规定是保障车辆所有人对登记车辆的所有权，加强公安机关交通管理部门对相关车辆及所有人信息的管理工作，推动便民利民政策。

所有人一般指权利人。权利人是一个法律术语，与"义务人"相对应，是权利主体中享有权利的一方，指依法享有某物品所有权、占有权、使用权的法人、其他组织或自然人。权利人具有在法律范围内实施某种行为的积极行为的权利，也有请求义务人履行法律义务的请求权，在义务人违反法律要求其承担的义务时，还具有诉诸国家要求协助保护其权利的要求保护权。车辆所有人，指实际上拥有全部处分权能的人，对其所有的车具有占有、处分、分配、收益的权利。

《江西省实施〈中华人民共和国道路交通安全法〉办法》第二十二条规定，申请机动车驾驶证应当提供真实、合法、有效的证明、凭证，并符合国家规定的条件。本条规定，车辆所有人办理登记挂牌或者申请机动车驾驶证时，应当提供真实、有效的信息，以确保车辆所有人的身份信息和车辆本身的相关信息合法、真实、有效，便于公安机关交通管理部门工作的进行，利于精确的推送各类交通管理服务，增强管理服务效率，推进城市交通管理建设的发展。同时，收集、备案好车辆所有人办理登记挂牌或者申请机动车驾驶证时真实、有效的信息，当车辆所有人出现交通违法事由或是发生道路交通事故时，合法、真实、有效的个人信息和车辆信息有利于处理道路交通事故，减少事故处理时间和处理成本、提高事故处理效率。如果车辆所有人在办理登记挂牌或者申请机动车驾驶证时，没有提供真实、有效的信息，一方面，会造成公安机关交通管理部门信息管理系统内部信息的错误，无法把相关交通管理类服务提供、推送给车辆所有人。另一方面，可能会导致非法或不符合质量标准的车辆上路行驶，更容易造成交通事故伤害车辆驾驶人或是其他行人出行的人身安全。

《道路交通安全法》第十二条规定，有下列情形之一的，应当办理相应的登记：（1）机动车所有权发生转移的；（2）机动车登记内容变更的；（3）机动车用作抵押的；（4）机动车报废的。《江西省实施〈中华人民共和国道路交通安全法〉办法》第二十二条规定，机动车驾驶证档案记载的机动车驾驶人信息发生变化的，机动车驾驶人应当在信息变化后的十五日内向公安机关交通管理部门备案。本条同时规定，信息发生变化的，应当及时向公安机关交通管理部门备案。根据《道路交通安全法实施条例》第六条第一款的规定，其信息范围包括：改变机动车车身颜色的；更换发动机的；更换车身或者车架的；因质量有问题，制造厂更换整车的；营运机动车改为非营运机动车或者非营运机动车改为营运机动车的；机动车所有人的住所迁出或者迁入公安机关交通管理部门管辖区域的。及时向公安机关交通管理部门备案车辆所有人的相关信息和车辆信息，可以保障道路交通管理的时效性、保证行驶证和驾驶证的正常审验，大大增强便民服务的效果。

第十四条【临时通行标志】

不符合国家标准的电动自行车上道路行驶必须悬挂临时通行标志。尚未办理临时通行标志的，车辆所有人应当持本人身份证、购车发票或者车辆合法来历的其他证明、出厂合格证明等相关材料，在 2019 年 6 月 30 日前向住所地的县级公安机关交通管理部门申请办理。2019 年 7 月 1 日之后，不再办理临时通行标志。

临时通行标志有效期截止至 2023 年 12 月 31 日。有效期届满后，不符合国家标准的电动自行车不得上道路行驶。

临时通行标志管理的具体措施由市级公安机关交通管理部门会同有关部门制定，并向社会公布。

【条文释义】

本条是关于不符合国家标准的电动自行车上路临时通行的相关规定，包括办理临时通行标志需要的相关材料、办理临时通行标志的起始时间和禁止办理临时通行标志的时间。旨在加强不符合国家标准电动自行车的管理，在保证出行安全的前提下保障这类电动自行车的出行权利，同时逐步将不符合国家标准的电动自行车清理出城市可上路车辆行列，真正保障城市道路交通安全、秩序。

本条对不符合国家标准的电动自行车的临时通行标志管理作出了相关规定，以更好地管理不符合国家标准的电动自行车，保障市民的出行安全。在实施电动自行车管理规定前，没有严格实行对不符合国家标准电动自行车的管理和禁止上路规定，因此赣州市中心城区不符合国家标准的电动自行车数量巨大，对道路交通产生了严重影响，这类电动自行车比符合国家标准的电动自行车更容易造成交通事故，对这类不符合国家标准的电动自行车进行严格管理是十分必要的。

2018 年 5 月 15 日，国家市场监督管理总局、国家标准化管理委员会以《中华人民共和国国家标准公告（2018 年第 7 号）》批准发布了《电动自行车安全技术规范》，并明确为强制性国家标准，自 2019 年 4 月 15 日正式实施。该标准主要规定了电动自行车的整车安全、机械安全、电气安全、防火性能、阻燃性能、无线电骚扰特征和使用说明书的主要技术要求及相应的试验方法。2019 年 3 月 14 日，国家市场监督管理总局、工业和信息化部、公安部联合下发了《关于加强电动自行车国家标准实施监督的意见》。对电动自行车生产管理、销售监管、登记使用管理、不符合新标准的电动自行车的过渡问题、长效监管机制、消费者权益保护问题及宣传引导工作进行了规定。按照《关于加强电动自行车国家标准实施监督的意见》的规定，为了解决在用电动自行车不符合规范的问题，把电动自行车分为两部分：

一是符合《电动自行车安全技术规范》要求且获得 CCC 认证的电动自行车，《电动自行车安全技术规范》对电动自行车的概念进行了明确的界定，即指以车载蓄电池作为辅助能源，具有脚踏骑行能力，能实现电助动或电驱动功能的两轮自行车。《电动自行车安全技术规范》要求电动自行车应当符合下列要求：具有脚踏骑行能力；具有电驱动或电助动功能；电驱动行驶时，最高设计车速不超过 25 km/h；电助动行驶时，车速超过 25 km/h，电动机不得提供动力输出；装备完整的电动自行车的整车质量小于或等于 55 kg；蓄电池标称电压小于或等于 48 V；电动机额定连续输出功率小于或等于 400 W 等。此即为电动自行车的国家标准。

二是在用的不符合《电动自行车安全技术规范》的电动自行车，也就是我们平常所说的超标电动车。根据上级文件精神，不符合新标准的电动自行车指以车载蓄电池作为辅助能源，既不符合《电动自行车安全技术规范》要求，又未列入工信部摩托车目录，不具备摩托车依法登记条件的，具有两个车轮的电动车。

按照不同类别采取不同的管理措施，对符合《电动自行车安全技术规范》要求且获得 CCC 认证的电动自行车，实行登记上牌管理制度，纳入非机动车管理，必须经过登记发放号牌后才能上路行驶；对不符合《电动自行车安全技术规范》要求的电动自行车，发放临时号牌，实行过渡期政策，过渡期内，允许领取临时号牌的电动自行车在过渡期内上路行驶，未领取临时号牌的电动自行车不得上路行驶，过渡期后，所有不符合《电动自行车安全技术规范》要求的电动自行车均不得上路行驶。本条中规定，过渡期政策，即在2019年6月30日前向住所地的县级公安机关交通管理部门申请办理，2019年7月1日之后，不再办理临时通行标志。此过渡期是从2019年6月30日至2023年12月31日，采取发放临时号牌的方式，允许在2019年6月30日之前购买的不符合《电动自行车安全技术规范》标准的电动自行车在办理临时注册登记并取得临时号牌（赣州市已办理物联网防盗号牌登记的不需重新申请临时注册登记和取得临时号牌）后上道路行驶。临时号牌有效期至2023年12月31日终止。有效期终止后，所有不符合《电动自行车安全技术规范》标准的电动自行车不得继续上道路行驶。

本条要求不符合国家标准的电动自行车上道路行驶必须悬挂临时通行标志，尚未办理临时通行标志的，车辆所有人应当持本人身份证、购车发票或者车辆合法来历的其他证明、出厂合格证明等相关材料向住所地的县级公安机关交通管理部门申请办理。临时通行标识仅作为过渡期内车辆纳入登记的标识，不是对车辆属性予以认定的依据，若发生交通事故或其他事件，以司法鉴定结果区分机动车或非机动车并承担相应的法律责任。设置临时通行标志可以有效地掌握赣州市不符合国家标准的电动自行车的具体情况，加强管理，并且在相关不符合国家标准的电动自行车出现交通违法事由或是发生交通事故后更迅速地对涉案车辆进行追踪，提高工作效率。此外，对这类车辆采取临时通行标志管理，设定挂牌期限、临时通行有效期，有效期届满后，该类车不得上道路行驶，有效避免"劣币驱逐良币"现象的发生，为公安机关交通管理部门加强道路交通管理，引导该类车逐步退出提供法律依据。这样的规定既可以维护市民的合法利益，合理地保障市民的出行要求，又可以逐步响应国家相关政策的要求和号召，在临时通行标志有效截止期后杜绝不符合国家标准的电动自行车上路行驶，保障市民的出行安全，促进道路交通管理工作的顺利开展。

第十五条【免费发放车牌证、通行标志】

公安机关交通管理部门发放非机动车牌证、临时通行标志，不收取任何费用。

【条文释义】

本条是关于免费发放非机动车牌证、临时通行标志的规定。主要目的是在政府实施加强非机动车管理工作的同时不随意增加市民的负担，保障市民的正当权益。

本条规定，公安机关交通管理部门发放非机动车牌证、临时通行标志，不收取任何费用。

电动自行车以灵活、方便的优点成为市民的主要出行交通工具，也使得电动自行车的保有量迅速上升。大量电动自行车的增加，给城市道路交通带来了巨大的压力，存在大量不符合国家标准的电动自行车在道路上行驶，大部分的电动自行车驾驶人没有像考取机动车驾驶证一样接受系统的交通安全常识和技术培训，因此，存在大量违法改造、逆行超速超载等现象。因此，加强电动自行车的管理成为公安机关交通管理部门必须重视的问题。要加强电动自行车的有效管理，首先就要对上路的电动自行车进行登记挂牌，以便加强管理。

第一，关于发放非机动车牌证。基于本市非机动车管理所存在的保有量大且相关驾驶人信息不明的困境，以发放牌照的方式进行管理是机动车管理等相似行业的成熟经验。因此，赣州市采用发放牌照的方式管理非机动车。但是，由于对赣州市内的非机动车保有情况知晓情况不甚明确，牌照规定虽然是强制性的。但是牌照发放需要当事人依申请进行。依申请必然潜在地耗费非机动车保有者的时间成本，管理混乱的现状又要求非机动车牌照覆盖应当是全方位的、无死角的。为了减少相对人因经济成本规避牌照的情形，结合免费发放的成本及其收益。据此，本条规定，非机动车牌照不收取任何费用。

第二，关于电动自行车牌照不收取任何费用。《江西省非机动车管理办法》第十四条规定，公安机关交通管理部门发放非机动车牌证和临时通行标志，不收取工本费。办理残疾人机动轮椅车登记不收取工本费。《江西省财政厅、江西省发展和改革委员会关于清理规范、取消、停征和免征一批行政事业性收费的通知》为进一步减轻企业特别是小微企业负担，根据《财政部、国家发展改革委关于取消、停征和免征一批行政事业性收费的通知》的要求，经请示省政府同意，决定清理规范、取消、停征和免征一批行政事业性收费。现将有关事项通知如下：取消省级设立的行政事业性收费项目第十一项：非机动车牌证和临时通行标志工本费。对电动自行车牌照不收取任何费用，一方面，减轻了市民的财产负担，保障了市民的正当权益；另一方面，政府也可以加强对非机动车的管理工作。

第十六条【拼装、改装车辆禁止上路行驶】

拼装、擅自改装的车辆不予办理登记挂牌，不得上道路行驶。

【条文释义】

本条是关于拼装、擅自改装的车辆管理的规定。这是为了维持正常的车辆管理秩序，防止发生因拼装、擅自改装的车辆质量问题而导致的交通事故，以保障车辆驾驶人和其他市民的人身安全和财产安全。

一、有关拼装车的相关概述

拼装车，是指违反国家关于生产车辆方面的有关规定，私自拼凑零部件装配的机动车，是未经国家机动车产品主管部门许可生产的机动车。20 世纪 50 年代，我国汽车工业诞生之前，由于国民经济发展需要，当时的政策是允许"拼装"汽车的。1950 年公布的《汽车管理暂行办法实施细则》中规定，凡发动机、底盘或外壳任何一种不属同一厂牌者，均称拼装车。进入 20 世纪 60 年代，随着我国汽车工业的发展，政府有关部门发布了严禁拼装汽车的有关规定。1972 年公安部、交通部颁发的《城市和公路交通管理规则（试行）》中规定"严禁拼装汽车"。1976 年国家计委（今国家发展和改革委员会）、一机部（今工业和信息化部）、交通部、公安部联合发布了《关于不得用维修配件拼装汽车的联合通知》。1985 年国家经委、国家计委发布的《关于进一步做好老旧汽车更新改造工作的通知》都规定：严禁拼装汽车。

有关部门又对拼装车的认定标准作了较为明确的表述，大致内容如下：第一，列入国家年度车辆生产企业目录及产品目录内的车辆生产厂，另外又生产未经有关主管部门鉴定批准生产的基本车型，或在已鉴定的车辆产品基础上，未经国务院有关部门或省、自治区、直辖市车辆工业主管部门鉴定批准，并报国家有关部门备案所生产的变型车和专用车。第二，国家年度车辆生产企业目录及产品目录以外生产的，未经主管部门质量监督检验中心（所）检验合格并开具证明的各种车辆。第三，无论目录内外，以各种不同类型零部件擅自组装的车统属于"拼装车"，擅自组装的一类、二类、三类底盘也按"拼装车"对待。拼装车多是使用报废、走私、事故后整车理赔机动车的发动机（驱动电机）、方向机（转向器）、变速器、车架等组装，零部件涉及不同厂家、不同品牌、不同的质量标准，一般都存在质量差、成本高、大多不符合安全检验及运行技术标准的问题，行驶过程中很容易出现控制器失灵、车架断裂等突发情况，有的还因装配技术问题造成事故，危险可想而知。因此，拼装车是国家禁止的一种非法生产的汽车。

二、有关改装车的相关概述

由于汽车的广泛应用和赛车文化的普及，汽车消费的理念已经从"代步"向"个性""时尚"转变，致使车辆改装市场也同步提升。车辆改装源起于国外的赛车文化，现在国内大多数人热衷的车辆改装，并非完全是出自对车辆运动的热爱，而是出于标新立异的时尚思维。

（一）改装车的定义

"改装"是指改变原来的结构，"改装车"是指改变已经登记的结构、构造、特征的机动车。"结构"是指各个组成部分的搭配和排列。"构造"是指各个组成部分的安排、组织和相互关系。特征是指可以作为事物特点的象征、标志等。我们所说的"机动车登记的结构、构造和特征"主要是指机动车在注册时的相关数据、技术资料和外观特征。机动车注册登记时的相关数据、技术资料是指车辆型号、车辆品牌、外扩尺寸、车长、车宽、车高、轴数、轴距、轮距、车身颜色、总质量、载质量、整备质量、乘坐人数、轮胎规格、载货汽车的钢板弹簧数量、货箱高度、燃料种类、发动机排量、功率、转向方式、最高车速、接近角、离去角、前悬、后悬等，外观特征是指机动车公告和机动车行驶证中照片记载的特征。

国内改装车包括以下两种情况：一是指专门生产改装汽车的厂家，用国家鉴定合格的发动机、底盘或总成，重新设计、改装与原车型不同的汽车；二是已领有牌照的汽车，为了某种使用目的，在原车总成的基础上，做一些技术改造。改装出来的汽车，统称改装车。但是需要注意的一点是，已领牌照的汽车进行改装时，应向车管所登记申报，其改装技术报告经车管所审查同意后，方可进行改装。

改装完毕，还要到车管所办理改装变更手续；改变车辆的外观要去车辆管理部门申请，及时变更行驶证。这样改装车辆才能合法行驶。

（二）改装车的特征及可能造成的危害

一般来说，对乘用车的改装可以分为外观、进气系统、点火系统、排气系统、制动系统、悬挂系统、涡轮增压改装、车灯改装等几个方面。一些改装只改变了车辆外观，如车身颜色改变；一些改装既改变了外观又改变了车辆性能，如加装下扰流板，可能造成车辆接近角变化，影响车辆通过性；还有一些改装目的是改变车辆性能，如发动机改装，但是有一些不当的改装会产生一些潜在的危害。例如，排气系统改造，改变发动机的排气系统，可能造成噪声严重增大，干扰自身或其他车辆驾驶员驾驶注意力，产生事故隐患，也可能因改装排气系统，造成尾气排放不合格，对环境污染增大；制动系统改造，机动车在设计制造时，制动系统的配置是经过反复实验和计算完成的，改造制动系统，简单地看是增加了单个车轮的制动性能，但改动不当，可能会改变前后轮之间的制动力分配和制动动作顺序，可能影响车辆制动时的稳定性，造成制动时甩尾等现象，存在的安全隐患是相当大的。又如，如果制动液使用不当，容易造成制动气阻现象，制动突然失效，引发事故。相关法律法规对改装汽车作出了限制，即汽车的型号、发动机型号、车架号不能改，不能破坏车身结构；汽车改变颜色，更换发动机、车身或者车架的，必须交验汽车，更换发动机、车身或者车架的还要提交机动车安全技术检验合格证明；车贴面积不能超过车身总面积的30%，超过了就必须去相关部门报批。《道路交通安全法》第十六条规定，任何单位或者个人不得有下列行为：（1）拼装机动车或者擅自改变机动车已登记的结构、构造或者特征；（2）改变机动车型号、发动机号、车架号或者车辆识别代号；（3）伪造、变造或者使用伪造、变造的机动车登记证书、号牌、行驶证、检验合格标志、保险标志；（4）使用其他机动车的登记证书、号牌、行驶证、检验合格标志、保险标志。因此，车辆改装要按照法律规定进行改装，不得擅自改装车辆。

本条规定，拼装、擅自改装的车辆不予办理登记挂牌，不得上道路行驶。其目的是维护正常的道路交通秩序，保障车辆驾驶人和其他公民的出行人身安全和财产安全。一方面，拼装、擅自改装的车辆本身在法律层面就违反了车辆管理的相关规定，如果放任拼装、改装车辆不管，造成这类车辆在市场随意流通，容易滋生其他相关交易类犯罪，更可能导致山寨车辆配件市场的泛滥。另一方面，从保障车辆驾驶人人身安全的角度来说，经拼装、擅自改装的车辆，对比起原厂车辆，拼装、改装的车辆没有经过专业、系统的检测，在性能和安全系数方面都可能不符合道路通行标准，如果放任这类车辆上路行驶，极易造成交通事故，给车辆驾驶人和其他公民带来人身安全和财产安全隐患，给道路通行造成危害，给交通管理工作带来极大困扰，因此对拼装、擅自改装的车辆不予办理登记挂牌，在这类车辆上路前就对其作出禁止登记挂牌、禁止上道路行驶的规定，可以减少交通事故发生的概率，保障公民的人身安全和财产安全。

第十七条【鼓励电动车、轮椅车投保】

鼓励电动自行车、残疾人机动轮椅车、不符合国家标准的电动自行车所有人投保第三者责任险、人身意外伤害险和财产损失险。

【条文释义】

本条是关于鼓励购买电动车辆保险的规定。鼓励从保险层面保障车辆驾驶人的相关利益，在发生交通事故后为受害人提供资金方面的保障。

随着电动自行车的日益普及、市区内电动自行车保有量的增长，加之因大部分电动自行车驾驶人没有像考取机动车驾驶证一样接受系统的交通安全常识和技术培训，因此存在大量违法改造、逆行超速超载等现象，电动自行车发生交通事故的比例也日益增多。面对这类高发的交通事故时，投保第三者责任险、人身意外伤害险和财产险是保障驾驶人权益的有效措施。

一、车险的定义

车辆保险，即机动车辆保险，简称车险，它是指对机动车辆由于自然灾害或意外事故所造成的人身伤亡或财产损失负赔偿责任的一种商业保险。车险是财产保险的一种，在财产保险领域中，车险属于一个相对年轻的险种，这是由于汽车保险是随着汽车的出现和普及而产生和发展的。同时，与现代机动车辆保险不同的是，汽车保险的初期以汽车的第三者责任险为主险，逐步扩展到车身的碰撞损失等风险。

车险是我国广泛开展的一项险种，是以汽车、电车、电瓶车、摩托车、拖拉机等机动车辆作为汽车保险标的的一种保险。车辆保险可分为商业险和交强险。商业险又包括车辆主险和附加险两部分。商业险主险包括车辆损失险、第三者责任险、车上人员责任险、全车盗抢险。机动车辆损失险承保被保险车辆遭受保险范围内的自然灾害或意外事故，造成保险车辆本身损失，保险人依照保险合同的规定给予赔偿的一种保险。机动车辆第三者责任险，对被保险人或其允许的合格驾驶人员在使用保险车辆过程中发生意外事故，致使第三者遭受人身伤亡或财产损坏，依法应由被保险人支付的金额，也由保险公司负责赔偿。附加险包括玻璃单独破碎险、车辆停驶损失险、自燃损失险、新增设备损失险、发动机进水险、无过失责任险、代步车费用险、车身划痕损失险、不计免赔率特约条款、车上货物责任险等多种险种。

二、车险的起源与发展

（一）车辆保险的起源

国外汽车保险起源于 19 世纪中后期。当时，随着汽车在欧洲一些国家的出现与发展，因交通事故而导致的意外伤害和财产损失随之增加。尽管各国都采取了一些管制办法和措施，汽车的使用仍对人们的生命安全和财产安全构成了严重威胁。因此引起了一些精明的保险人对汽车保险的关注。

1896 年 11 月，由英国的苏格兰雇主保险公司发行的一份保险情报单中，刊载了为庆祝《1896 年公路机动车辆法令》的顺利通过，而于 11 月 14 日举办伦敦至布赖顿的大规模汽车赛的消息。在这份保险情报中，还刊登了"汽车保险费年率"。最早开发汽车保险业务的是英国的"法律意外保险有限公司"，1898 年该公司率先推出了汽车第三者责任保险，并可附加汽车火险。到 1901 年，保险公司提供的汽车保险单，已初步具备了现代综合责任险的条件，保险责任也扩大到了汽车的失窃。

（二）我国车辆保险的发展进程

（1）试办时期。新中国成立以后的 1950 年，创建不久的中国人民保险公司就开办了汽车保险。但是因宣传不够和认识的偏颇，不久就出现了对此项保险的争议，有人认为汽车保险以及第三者责任保险对肇事者予以经济补偿，会导致交通事故的增加，对社会产生负面影响。于是，中国人民保险公司于 1955 年停止了汽车保险业务。直到 20 世纪 70 年代中期为了满足各国驻华使领馆等外国人拥有汽车保险的需要，开始办理以涉外业务为主的汽车保险业务。

（2）发展时期。我国保险业恢复之初的 1980 年，中国人民保险公司逐步全面恢复中断了近 25 年之久的汽车保险业务，以适应国内企业和单位对汽车保险的需要，适应公路交通运输业迅速发展、事故日益频繁的客观需要。但当时汽车保险仅占财产保险市场份额的2%。人保集团现时已发展成综合保险企业，以规模保费计仍以财产保险业务占多。集团财产保险产品丰富涵盖不同范畴，其中以汽车保险业务最为重要。以原保险保费收入计，汽车保险业务约占财产保险业务的七成。

随着改革开放形势的发展，社会经济和人民生活也发生了巨大的变化，机动车辆迅速普及和发展，机动车辆保险业务也随之得到了迅速发展。1983年将汽车保险改为机动车辆保险使其具有更广泛的适应性，在此后近20年的过程中，机动车辆保险在我国保险市场，尤其在财产保险市场中始终发挥着重要的作用。到1988年，汽车保险的保费收入超过了20亿元，占财产保险份额的37.6%，第一次超过了企业财产险（35.99%）。从此以后，汽车保险一直是财产保险的第一大险种，并保持高增长率，我国的汽车保险业务进入了高速发展的时期。2014年上半年，人保财险车险营业额达907.75亿元，同比增长14.4%

与此同时，机动车辆保险条款、费率以及管理也日趋完善，尤其是中国保监会的成立，进一步完善了机动车辆保险的条款，加大了对费率、保险单证以及保险人经营活动的监管力度，加速建设并完善了机动车辆保险中介市场，对全面规范市场，促进机动车辆保险业务的发展起到了积极的作用。

具体到本条规定中，本条规定鼓励电动自行车、残疾人机动轮椅车、不符合国家标准的电动自行车所有人投保第三者责任险、人身意外伤害险和财产损失险。

一是第三者责任险。第三者责任保险，责任保险险种之一，是指被保险人由于自身的过错、疏忽等给第三方造成人身伤害和财产损失，依法或依惯例须被保险人承担的经济赔偿责任由保险人承担的保险。在机动车辆第三者责任保险中，指被保险人或其允许的驾驶人员在使用保险车辆过程中发生意外事故，致使第三者遭受人身伤亡或财产直接损毁，依法应当由被保险人承担的经济责任，保险公司负责赔偿。同时，若经保险公司书面同意，被保险人因此发生仲裁或诉讼费用的，保险公司在责任限额以外赔偿，但最高不超过责任限额的30%。2006年3月国务院公布《机动车交通事故责任强制保险条例》规定我国境内机动车实行交通事故责任强制保险，并将投保此险作为机动车上牌年检的必要条件，并在车辆前挡张贴保险标志，交通警察有权检查。另外，与交强险不同，保险企业商业性的机动车辆第三者责任保险是一种自愿保险，车主可以自由选择购买或是不购买，第三者责任险可以给车主提供更大更全面的保障，可以作为交强险的补充保障，受到广大车主的欢迎。

二是人身意外伤害险。人身意外伤害保险是指被保险人在保险有效期内，因遭受非本意的、外来的、突然发生的意外事故，致使身体蒙受伤害而残废或死亡时，保险公司按照保险合同的规定给付保险金的保险。人身意外伤害险是人身保险的一种，简称意外伤害保险，指在保险有效期间内，如果被保险人遭受意外伤害而因此在责任期限内不幸残疾或身故，由保险公司给付身故保险金或残疾保险金。

按实施方式划分，可以分为自愿性的人身意外伤害保险和强制性的人身意外伤害保险。自愿性的人身意外伤害保险是投保人根据自己的意愿和需求投保的各种人身意外伤害保险。比如，我国现开办的中小学生平安险、投宿旅客人身意外伤害保险就是其中的险种。这些险种均采取家长或旅客自愿投保的形式，由学校或旅店代收保费，再汇总交保险公司。强制性的人身意外伤害保险是由政府强制规定有关人员必须参加的一种人身意外伤害保险，它是基于国家保险法令的效力构成的被保险人与保险人的权利和义务关系。具体到本条之中，本条规定鼓励电动车所有人购买人身意外伤害险，所以其属于自愿性的人身意外伤害保险。

三是财产损失险。财产损失保险是以各种有形的物质财产、相关的利益以及其责任为保险标的的保险。财产保险又可以分为广义的财产保险和狭义的财产保险。广义的财产保险包括各种财产损失保险、责任保险、信用保证保险等业务。狭义的财产保险仅是对有形的物质财产的保障。其主要包括的业务种类有企业财产保险、家庭财产保险、运输工具保险、货物运输保险、工程保险、特殊风险保险和农业保险等。

鼓励购买电动车辆保险是为了体现"安全为本，生命至上"原则，在车辆驾驶人发生交通事故后，通过车辆所有人投保的第三者责任险、人身意外伤害险和财产损失险提供的资金来支付因交通事故造成的人身伤害医疗费、车辆损害修理费或其他赔偿费用，以此来为车辆所有人的人身财产安全提供一定的资金保障。另外，通过鼓励电动自行车、残疾人机动轮椅车、不符合国家标准的电动自行车所有人投保第三者责任险、人身意外伤害险和财产损失险，也可以一定程度上在发生交通事故后缓解交通事故处理困难的情况，通过走保险的方式来解决交通事故双方之间财产赔偿纠纷，提高交通事故处理效率，维护正常的道路交通秩序，促进公安机关交通管理部门工作完成。现阶段，电动自行车、残疾人机动轮椅车、不符合国家标准的电动自行车等非机动车暂不适宜像机动车一样强制投保，一方面，非机动车本身在车身性能方面和法律规定方面都不支持其以太高的车速在城市道路行驶，因此发生交通事故的概率比机动车更小，事故造成的伤害一般情况下也更低；另一方面，这类非机动车价格较低，如果强制驾驶人投保价格与非机动车价格持平甚至更高的第三者责任险、人身意外伤害险、财产损失险等保险，不利于推动驾驶人投保的积极性，因此现阶段规定鼓励驾驶人投保相关保险。

第四章　通行管理

第十八条【交通限行管理】

公安机关交通管理部门根据城市区域的道路状况和交通流量的变化，可以对车辆采取疏导、限制通行、禁止通行、临时交通管制等措施。具体限制、禁止和管制的道路、时间、车辆种类等，由公安机关交通管理部门确定，提前向社会公告，并在醒目位置设置告示牌。

需要在限制通行道路上临时通行的，车辆所有人或者管理人应当向公安机关交通管理部门申请办理临时通行手续。

【条文释义】

本条是关于城市道路交通限制性管理的规定。旨在保障正常的城市道路通行，防止交通堵塞导致的效率低下、交通事故，保证市民的人身安全，加强城市交通管理工作。

随着经济和社会的发展，我国各大城市机动车保有量快速增长，而相关基础设施建设和交通管理经验的相对滞后，导致了日益严重的交通拥堵和环境污染问题，交通限行措施即在这样的背景下为"路更畅、天更蓝"应运而生。

一、交通限行政策的起源及发展

限行政策起源于19世纪70年代的阿根廷，以尽量减少对公民出行的影响为出发点，旨在控制道路车辆行驶数量。随后19世纪

80年代，法国引入相似的限行政策。20世纪末，限行政策逐渐被普遍实施，1985—1991年雅典采取限行政策，圣保罗、圣地亚哥等地为减少机动车行驶量引入限行政策。1989年，墨西哥城开始实行按尾号限行，每天限2个尾号数字。印度首都新德里因堵车严重，于2016年1月1日至15日试运行单双号限行政策。近几年，我国开始在大型国际性活动期间利用限行政策来缓解交通拥堵、保证活动顺利进行。如2007年"好运北京"奥运会测试赛和随后的2008年奥运会期间对车辆进行单双号限行。2010年上海世博会会展期间车辆限行，2015年北京APEC峰会期间的限行，2016年杭州G20峰会期间车辆限行等。在大型国际活动期间，人们愿意改变自己部分出行方式，并从中感受到国家荣誉感及道路畅通的快感，这使得绿色交通出行的理念逐渐被人们所接受。这是实施交通控制措施，特别是尾号限行，需具备的基本条件和最佳时机。例如，北京抓住奥运会的时机，在2009年将短期的交通限行政策扩展成为每周停驶一天的"五日制"常态化尾号限行政策。根据北京市的民意调查，市民对"每周少开一天车"政策的支持率达到85%以上。

与限制购买车辆相比，限行措施是当下地方政府更为倾向的治理城市交通拥堵的主要策略。随着绿色出行理念和限行政策逐渐被人们所接受，我国的一些城市，包括北京、天津、上海、杭州、成都等，相继实行限行政策并形成较为成熟的实施方案和操作手段。其中，有的城市只针对部分主干路和重点区域限行，有的则针对中心和外围城区时间的过渡区域；限行时间从早晚高峰时段到全天不等。具体实施方案包括单双号限行、按尾号与对应日期限行等，前者限制50%的机动车出行，因其力度大、削峰效果明显，故常被用在大型活动或节假日期间，较少被常态化。不同方案的限制程度也不同，禁行的机动车数量也不同。由于各个城市的具体情况不同，限行政策的效果也不尽相同。

二、交通限行政策的实施条件

国内外的许多经验表明，只有采取这种双管齐下的战略措施，才能缓解城市交通问题。另外，人们对绿色交通出行的理念和政策实施的时机也非常重要。可以从已施行交通限行政策中归纳出以下几方面的基本实施条件。

（一）机动车保有量大，道路平均运行水平低

车辆限行是为了缓解交通压力，机动车保有量和道路平均运行水平是衡量交通压力的重要指标。根据公安部发布的数据，截至2021年年底，2021年全国机动车保有量3.95亿辆，比2020年增加2350万辆，增长6.32%。全国新注册登记机动车3674万辆，同比增长10.38%；新领证驾驶人2750万人，同比增长23.25%。全国79个城市汽车保有量超过100万辆，同比增加9个城市；35个城市超200万辆；20个城市超300万辆，其中，北京、成都、重庆超过500万辆，苏州、上海、郑州、西安超过400万辆，武汉、深圳、东莞、天津、杭州、青岛、广州、宁波、佛山、石家庄、临沂、济南、长沙13个城市超过300万辆。正是由于这些城市的实际上路汽车数量巨大导致了交通拥挤，严重影响了交通运行速率，运行成本大幅提高，不得不实行限行措施。

（二）城市公共交通较发达

治理交通拥堵如大禹治水，宜疏不宜堵，发达的公共交通是实行限行政策的基础。当交通拥堵造成越来越多的时间成本和不良情绪时，人们需要便捷、低价的公共交通代替私家车。北京在采取尾号限行措施前，已建成运营的8条地铁成为市民出行的首选，总长度共计200公里，基本覆盖了主城区。实施限行政策后，北京、上海等地仍大力发展公共交通，推出磁悬浮列车、线上购票等提高列车运行速度、减少排队时间的一系列配套措施。

（三）绿色出行理念深入人心

限行政策这一交通管理措施，不仅能够缓解交通堵塞，由于减少车辆行驶数量，尾气排放量也有所下降，减轻了空气污染，因而受到人们的广泛关注。一切政策的执行者为人民，只有将低成本、环保的绿色出行理念深入人心，人们才会自愿遵守交通法律、法规。

本条规定，公安机关交通管理部门根据城市区域的道路状况和交通流量的变化，可以对车辆采取疏导、限制通行、禁止通行、临时交通管制等措施。城市道路的不断扩大和居民生活水平的提高，使得市民的出行选择变得多元化，也让市区道路上增加了大量各类车辆，使得道路交通压力增大，降低了市民的出行效率，增加了交通事故的发生概率，对市民的出行安全造成了较大隐患，因此有必要对城市道路的交通流量进行必要管理或是采取限制措施，以维持正常的道路交通秩序，保障市民出行安全。《道路交通安全法》第三十九条规定，公安机关交通管理部门根据道路和交通流量的具体情况，可以对机动车、非机动车、行人采取疏导、限制通行、禁止通行等措施。遇有大型群众性活动、大范围施工等情况，需要采取限制交通的措施，或者作出与公众的道路交通活动直接有关的决定，应当提前向社会公告。对车辆采取疏导、限制通行、禁止通行、临时交通管制等措施，可以在一定程度上减轻道路交通压力，促进道路通行效率。

规定具体限制、禁止和管制的道路、时间、车辆种类等，由公安机关交通管理部门确定，提前向社会公告，并在醒目位置设置告示牌，可以机动的调整交通道路管理工作，根据不同情况作出不同调整，以最大化的促进道路通行效率。

需要在限制通行道路上临时通行的，车辆所有人或者管理人应当向公安机关交通管理部门申请办理临时通行手续，这是为了方便临时出行的居民，以防限制通行、禁止通行、临时交通管制等措施给临时出行的居民带来不必要的不便，此款条文告知确有需要从限行道路通行的，需要办理临时通行手续，使得条文更加人性化，便利市民出行。

第十九条【运输渣土等物体的车辆通行规定】

运输渣土（含建筑垃圾、余土、流散物体和其他废弃物）、预拌混凝土、预拌砂浆等物体的车辆上道路行驶时，应当遵守下列规定：

（一）按照规定悬挂号牌、保持号牌清晰；

（二）符合限高、限宽、限长和限载的要求；

（三）行驶速度不得超过每小时四十公里，路段限速低于每小时四十公里的，按照道路实际限速规定行驶；

（四）按照指定的路线和时间通行。

【条文释义】

本条是关于运输渣土等物品的车辆通行的规定。主要目的是通过加强对运输渣土（含建筑垃圾、余土、流散物体和其他废弃物）、预拌混凝土、预拌砂浆等物体车辆的特殊规定，保障这类车辆的安全行驶，减少交通事故的发生，保障车辆驾驶人和其他市民的人身安全和财产安全。

改革开放初期，渣土等物体的运输多用个体户小型农用车，随着我国城市化的飞速发展，目前的渣土等物体运输业务基本由运输企业使用大型土方车进行承运。由于行业发展参差不齐，渣土等物体运输承运单位规模有大有小，小规模居多，运营车辆普遍存在污染道路路面、超高超载、车身不洁等问题，甚至有些运输车辆无资质上路、污染牌照、非法改装、超载超速、闯红灯等，渣土车造成重大交通事故频发，给城市居民生活带来很大的安全隐患和困扰。虽然承运单位内部管理在不断加强，各地交管部门也拿出各种解决方案，但始终无法有效根治。因此，渣土等物体的运输管理也成为城市管理的难点，成为社会管理的热点，是全国普遍性的管理难题。本条对运输渣土（含建筑垃圾、余土、流散物体和其他废弃物）、预拌混凝土、预拌砂浆等物体的特殊车辆上道路行驶作出特别的规定，对比起一般私家车辆或是载客车辆，运输渣土（含建筑垃圾、余土、流散物体和其他废弃物）、预拌混凝土、预拌砂浆等物体的车辆由于运送建筑材料、建筑废料等原因，往往更易发生超载超速、号牌污染、闯禁行路段等违禁现象，因此有必要对这类车辆作出更为严格的规定和管理，以加强对道路交通秩序的管理，保障车辆驾驶人自身安全以及其他车辆、行人的人身安全和财产安全。运输渣土（含建筑垃圾、余土、流散物体和其他废弃物）、预拌混凝土、预拌砂浆等物体的车辆上道路行驶时，应当遵守下列规定。

一、按照规定悬挂号牌、保持号牌清晰

车辆号牌是机动车的标识，对上道路行驶的机动车在悬挂车牌方面作出规范性要求，是为了便于道路交通管理部门依法管理，便于群众监督。《道路交通安全法》第十一条第一款和第二款规定，驾驶机动车上道路行驶，应当悬挂机动车号牌，放置检验合格标志、保险标志，并随车携带机动车行驶证。机动车号牌应当按照规定悬挂并保持清晰、完整，不得故意遮挡、污损。另外，根据交通安全法实施细则等的规定，一些重型、中型的车辆，在车身或者车厢后部也应当按照要求喷涂放大的牌号，字样也应当端正并保持清晰。如果机动车号牌因故污损的，应按照规定及时修复或更换，以便于对其进行管理和监督。实践中，一些机动车所有人故意遮挡、污损机动车号牌，使交通警察或自动监测装置无法识别车辆身份，比如，故意将机动车号牌用车牌套遮挡，或是用泥巴等涂抹遮盖，

抑或将机动车号牌的字母、数字部分涂抹、遮盖起来。这样做的目的，有的是为了逃避道路交通管理，有的是为了逃避监督，但是无论行为人是出于何种目的，其遮挡、毁损车辆号牌的行为都是道路交通违法行为，违反了《道路交通安全法》第十一条的规定，应当依法责令其改正并予以处罚。

二、符合限高、限宽、限长和限载的要求

《道路交通安全法》第四十八条规定，机动车载物应当符合核定的载质量，严禁超载；载物的长、宽、高不得违反装载要求，不得遗洒、飘散载运物。机动车运载超限的不可解体的物品，影响交通安全的，应当按照公安机关交通管理部门指定的时间、路线、速度行驶，悬挂明显标志。在公路上运载超限的不可解体的物品，并应当依照公路法的规定执行。机动车载运爆炸物品、易燃易爆化学物品以及剧毒、放射性等危险物品，应当经公安机关批准后，按指定的时间、路线、速度行驶，悬挂警示标志并采取必要的安全措施。

《道路交通安全法实施条例》第五十四条规定，机动车载物不得超过机动车行驶证上核定的载质量，装载长度、宽度不得超出车厢，并应当遵守下列规定：重型、中型载货汽车，半挂车载物，高度从地面起不得超过 4 米，载运集装箱的车辆不得超过 4.2 米；其他载货的机动车载物，高度从地面起不得超过 2.5 米；摩托车载物，高度从地面起不得超过 1.5 米，长度不得超出车身 0.2 米。两轮摩托车载物宽度左右各不得超出车把 0.15 米；三轮摩托车载物宽度不得超过车身。载客汽车除车身外部的行李架和内置的行李箱外，不得载货。载客汽车行李架载货，从车顶起高度不得超过 0.5 米，从地面起高度不得超过 4 米。

《江西省实施〈中华人民共和国道路交通安全法〉办法》第三十九条规定，机动车载物不得超过机动车行驶证上核定的载质量，

载物的长、宽、高不得违反装载要求，严禁超限超载。货运站场应当按规定对车辆配载，不准超限超载的货车驶出站场。对这类车辆设置限高、限宽、限长和限载的要求，是保证车辆安全行驶的重要因素，其在超高、超载的情况下比起一般车辆更容易造成严重的交通事故。

三、行驶速度不得超过每小时 40 公里，路段限速低于每小时 40 公里的，按照道路实际限速规定行驶

《道路交通安全法实施条例》第四十五条规定，机动车在道路上行驶不得超过限速标志、标线标明的速度。在没有限速标志、标线的道路上，机动车不得超过下列最高行驶速度：没有道路中心线的道路，城市道路为每小时 30 公里，公路为每小时 40 公里；同方向只有 1 条机动车道的道路，城市道路为每小时 50 公里，公路为每小时 70 公里。

《江西省实施〈中华人民共和国道路交通安全法〉办法》第四十三条规定："下列机动车在道路上行驶，应当遵守相应的限速规定：（一）手扶拖拉机最高时速为二十公里，其他拖拉机最高时速为四十公里；（二）三轮汽车、轮式专用机械车、轻便摩托车最高时速为四十公里；（三）全挂拖斗车、低速载货汽车、摩托车和公交车最高时速为六十公里；（四）运载危险物品的机动车在高速公路上行驶时最高时速为八十公里，在其他公路上行驶时最高时速为六十公里。前款规定的机动车限速高于道路实际限速的，按照道路实际限速规定行驶；低于道路实际限速的，按照前款规定的限速行驶。"

对这类车辆设置限速规定，规定行驶速度不得超过每小时 40 公里，路段限速低于每小时 40 公里的，按照道路实际限速规定行驶，这是基于运输渣土（含建筑垃圾、余土、流散物体和其他废弃物）、预拌混凝土、预拌砂浆等物体的车辆本身具有体积、质量较大的特点，其刹车时难以立刻停下，在超速的情况下较容易发生交

通事故。

四、按照指定的路线和时间通行

规定这类车辆需按照指定的路线和时间通行是因为运输渣土（含建筑垃圾、余土、流散物体和其他废弃物）、预拌混凝土、预拌砂浆等物体的车辆质量过大，容易造成一些承重不够的路面损害，因此需要按照规定行驶在指定的路线；再者，因为这类车辆更容易造成交通事故，一般将其通行时间与一般车辆的通行高峰期错开，减少高峰期交通事故的发生率，保障公民的人身财产安全。

第二十条【巡游出租车通行规定】

在设有停靠点的道路上，巡游出租汽车应当在停靠点靠右侧按照顺序单排停车上下乘客，但不得等待乘客；暂时不能进入停靠点的，应当在最右侧机动车道单排等候进入停靠点。在未设置停靠点的道路上，应当遵守机动车临时停车规定，不得占用公交站台。

【条文释义】

本条是关于巡游出租汽车通行的规定。旨在规范巡游出租车停靠、拉客的相关规定，以保障城市道路交通的正常通行秩序，维护城市公共车辆的正常运行，保证市民出行合法权益。

2016 年 7 月，国务院办公厅在《关于深化改革推进出租汽车行业健康发展的指导意见》中明确指出：要坚持优先发展公共交通、适度发展出租汽车的基本思路，推进出租汽车行业结构改革，切实提升服务水平和监管能力，努力构建多样化、差异化出行服务体系，促进出租汽车行业持续健康发展，更好地满足人民群众出行需求；要深化巡游车改革。

一、我国出租车行业的发展背景

计划经济体制下，出租车运行模式以公有制为主要载体，用车手续繁杂，跟现代意义的出租车运行模式截然不同。改革开放后，城市物质生活质量明显提升，人们普遍追求出行便利、迅捷，生活方式的根本性变革催生了出租车行业的发展，逐渐形成出租车市场。特别是随着民间资本的介入，非公有制出租车开始成为行业主体并迅速发展。出租车市场的蓬勃发展，使得城市交通承载能力持续增强，但出租车公司之间恶性竞争，市场失灵问题也不断涌现。政府为维护公共利益，不得不在城市出租车行业实行特许经营制度，通过对城市出租车总体数量的宏观管控，保证该行业的稳定发展。

随着共享经济的出现，"网约车"这一新生事物应运而生并瞬间遍布中国大地。我国交通部突破性地将出租车划分为巡游出租车和预约出租车，其中，《网络预约出租汽车经营服务管理暂行办法》第二条在服务提供平台依托以及接待客人的方式层面界定出网约车所属法律概念。由此，出租车行业被进一步细化为巡游出租车和网约车两大分支。我国出租车行业法律规范随着社会发展而动态调整和变迁，越来越贴合行业市场需求，顺应时代发展步伐。法律层面虽然未曾明确提及巡游出租车这一概念，现阶段巡游出租车的规范条款更多散见于行政规章、地方性法规以及地方政府规章。1998年，当时的建设部会同公安部联合颁发的《城市出租汽车管理办法》（已废止），对出租车运营所应具备的企业承接资质、驾驶员所具备的必要条件、申请进入行业的程序作了相应的规定。该办法以部门规章形式为日后出租车行业制定统一的规范奠定了法律基础，租价管制时代由此诞生。

二、巡游出租车的属性及其功能定位

巡游出租车属于城市公共交通的一部分，但相对于大型公共交通运输系统其具有不经济性，同时其出行会对交通造成压力。虽然出租车具有便捷、舒适的特点，但由于其共享程度不及大众容量公交广泛，而且具有更接近于私人物品的性质，现阶段绝大多数城市将其定义为非公益性公交方式。由于公益性"弱"，出租车的运营完全由市场机制主导。又因其囿于公交范畴，行政干预充斥于行业发展的各个领域，市场主体（出租车经营者）的非市场性特征浓重，而且出租车行业内部已形成顽固的利益格局，在位者的阻力成为扩大市场供给的主要障碍。与此同时，部分巡游的出租车为了更快更多地拉客、实现自身经济利益的最大化，往往会做出挤占道路、随意停车拉客的不良行为。

以巡游出租车本质属性及其他显著或特殊特征为依据，明确巡游出租车在城市交通运输系统中的作用和定位。出行选择根据出行目的和出行者消费能力而定，一般出行目的分为工作性和非工作性。收入较高的群体对于出行所产生的费用并不敏感，更在乎出行私密性和舒适性，会选择驾车或出租车。而收入较低的群体更注重价格高低，对出行的便捷性、舒适性并不在乎，故更依赖大型公交系统（除特殊情况外）。因此，对于出行者，出租车定位为主要满足具有一定消费能力的个性化出行、社会大众化特殊出行需求的交通方式。

出租车在城市中还具有以下功能：

（1）出租车是城市大型公共交通的补充。大型公共交通为大众提供公众享用、出行方便、价格低下的交通运输工具，出租车则作为大型公共交通系统的补充，承担小部分人的出行，提供出行快捷、服务舒适的交通工具。

（2）出租车能抑制低效率车辆的增长。出租车具有私家车的特性，能满足出行者对于交通工具要求私密性、舒适性、便捷性的特点，其成本比私家车低很多。出租车发展得越符合乘车人的要求，越能降低私家车的购买，从而缓解道路交通拥堵问题和环境压力。

（3）展示城市形象。出租车的城市交通出行分担率不高，但所行驶的时间和里程不容小觑。在客流量较大的机场、火车站、客运站等地,不少外地乘客会选择出租车。而发达城市或旅游业较发达的城市接纳的不仅是外地人,还有国外乘客,可以说出租车及其驾驶员是一座城市的名片。因此,有必要通过设置法律规范的方式来规范巡游出租车停靠、拉客,以保障城市道路交通的正常通行秩序,维护城市公共车辆的正常运行,提升城市形象。

《江西省实施〈中华人民共和国道路交通安全法〉办法》第五十一条第三项规定,在设有出租汽车停靠点的道路上,出租汽车在停靠点靠右侧路边按顺序停车上下乘客,但不得等待乘客;在没有设置出租汽车停靠点的道路上,出租汽车遵守机动车临时停车的规定。本条规定,在设有停靠点的道路上,巡游出租汽车应当在停靠点靠右侧按照顺序单排停车上下乘客,但不得等待乘客,暂时不能进入停靠点的,应当在最右侧机动车道单排等候进入停靠点,严格规定了巡游出租车不能因为拉客而做出乱停乱靠的行为,不能出现在停靠点等待乘客的现象而造成交通秩序混乱的情况。同时,本条还规定到在未设置停靠点的道路上,应当遵守机动车临时停车规定,不得占用公交站台,表明出租车在进行载客作业、临时停车时不能占用公交站台扰乱公交秩序,影响公交车的停靠和公交车乘客上下车。城市公共载客车辆关系到更多市民的出行便利,城市道路交通管理规定应该坚持绿色交通理念,优先发展公共交通,坚持交通协调发展,合理配置道路资源,坚持以人为本,为公众提供便捷、高效的服务。

第二十一条【合标电动车通行规定】

电动自行车、残疾人机动轮椅车上道路行驶时,应当遵守下列规定:

(一)驾驶人应当年满十六周岁。

（二）设有非机动车道或者二轮车道的，应当在非机动车道或者二轮车道内行驶，未设非机动车道和二轮车道的，应当从靠车行道的右侧边缘算起1.5米范围内行驶，不得逆向行驶；行驶受阻不能正常通行时，可以借道行驶，并在通过后迅速驶回原车道。

（三）通过有交通信号灯控制的交叉路口，在二轮车等候区或者停止线以外等候放行时，设有非机动车信号灯的，按照非机动车信号灯的表示通行；未设非机动车信号灯的，按照机动车信号灯的表示通行。

（四）通过未设交通信号灯控制的交叉路口，在进入路口前慢行或者停车瞭望，应当让右方道路的来车先行。相对方向行驶的右转弯的车辆应当让左转弯的车辆先行。

（五）车辆转弯时，应当提前开启转向灯。夜间行驶时，应当开启前照灯和后位灯。

（六）与相邻行驶的车辆保持安全距离，在与行人混行的道路上应当避让行人。

（七）在人行道上的车辆应当就近驶入车行道。

（八）电动自行车限载一名十二周岁以下未成年人，搭载学龄前儿童的，应当使用安全座椅；残疾人机动轮椅车不得载人。

（九）驾驶人不得以手持方式使用手机。

（十）不得醉酒驾驶。

（十一）禁止加装遮阳遮雨、电瓶、高音喇叭等影响交通安全的装置。

（十二）法律法规规定的其他情形。

【条文释义】

本条旨在确定电动自行车、残疾人机动轮椅车在道路行驶过程中应当遵守的相关规定。

本条通过对电动自行车、残疾人机动轮椅驾驶人资格条件限制、上路驾驶规则、禁止性措施三个方面加以明晰。旨在规范电动自行车、残疾人机动轮椅车驾驶人的驾驶行为，以降低交通事故发生率，并维护驾驶人自身与他人的生命健康、财产安全，提升交通运输整体效率，促进城市交通畅通、有序、高效、安全。

本条是关于电动自行车、残疾人机动轮椅车上道路行驶的规定。

规范电动自行车、残疾人机动轮椅车的通行秩序，是摆在公安机关交通管理部门面前的重大课题。我们通过对上述车辆通行实践中存在的问题进行梳理，并加以规定，遵循"以问题为导向"的立法原则和"安全至上"的立法宗旨，为车辆驾驶人规范行驶和交通警察规范管理提供行动指南。

一、驾驶人应当年满十六周岁

第一项是对驾驶人的年龄这一条件所设立的规定。针对第一项规定而言，其准确表达应为年满十六周岁对于电动自行车、残疾人机动轮椅车有相应操作能力的自然人。从当下社会实际来看，年满十六周岁的自然人对于驾驶一般的电动自行车、残疾人机动轮椅车已具备相应的操作能力，其认识能力、辨别能力对于掌控电动自行车、残疾人机动轮椅车并无现实困难。另外，城市道路交通情况复杂，易发生交通事故，规定驾驶电动自行车、残疾人机动轮椅车的驾驶人应年满十六周岁体现了对未成年人的保护，同时也是对道路交通安全、效率整体考量下的结果。《道路交通安全法实施条例》第七十二条第二项规定，在道路上驾驶自行车、三轮车、电动自行车、残疾人机动轮椅车应当遵守下列规定：驾驶电动自行车和残疾人机动轮椅车必须年满十六周岁。

二、电动自行车、残疾人机动轮椅车的车道范围规定

本项规定的是电动自行车、残疾人机动轮椅车应位于哪一类车

道内行驶以及在仅设有机动车道的情况下的行驶规则。根据《道路交通安全法》的规定，二轮车道主要指的是由相关单位划设，用于电动自行车、残疾人机动轮椅车、不符合国家标准的电动自行车、摩托车等车辆通行的车道。因此，若正常设有非机动车道或是二轮车道，电动自行车、残疾人机动轮椅车应当在二轮车道或非机动车道上行驶。《道路交通安全法》第三十六条规定，根据道路条件和通行需要，道路划分为机动车道、非机动车道和人行道的，机动车、非机动车、行人实行分道通行。没有划分机动车道、非机动车道和人行道的，机动车在道路中间通行，非机动车和行人在道路两侧通行。但也存在例外情况，《江西省实施〈中华人民共和国道路交通安全法〉办法》第三十五条第一款规定，车辆、行人应当各行其道。没有划分机动车道、非机动车道和人行道的，机动车在道路中间通行，非机动车靠右侧通行，行人应当靠边通行。从道路右侧边缘线算起，行人通行路面宽度不超过一米，自行车、电动自行车通行路面宽度不超过 1.5 米，其他非机动车通行路面宽度不超过 2.2 米。本项规定未设非机动车道和二轮车道的，应当从靠车行道的右侧边缘算起 1.5 米范围内行驶。通过设置电动自行车、残疾人机动轮椅车的行驶范围，来实现非机动车安全通行的目的。

三、电动自行车、残疾人机动轮椅车在交叉路口时的通行规则

交叉路口是指平面交叉路口，即两条或者两条以上道路在同一平面相交的部位。这里的道路，就是指《道路交通安全法》附则中解释的所有道路，包括城市道路、胡同、里巷和公路。但是，胡同、里巷与城市街道两侧人行道平面相交的不属于交叉路口；公路与未列入公路范围的乡村小路的平面交叉点，也不属于交叉路口；铁路与道路平面交叉的也不属于这里规范的交叉路口。对于铁路道口的机动车通行，《道路交通安全法》和《道路交通安全法实施条例》还有专门规定。随着车辆保有量的迅速增加，城市交叉路口拥

堵问题、安全问题已经成为全社会聚焦问题。交叉路口是城市道路拥堵的主要因素，也是容易发生交通事故的地区，需要设置科学合理的通行规则来规范交叉路口的车辆通行。

《道路交通安全法实施条例》第六十八条规定，非机动车通过有交通信号灯控制的交叉路口，应当按照下列规定通行：转弯的非机动车让直行的车辆、行人优先通行；遇有前方路口交通阻塞时，不得进入路口；向左转弯时，靠路口中心点的右侧转弯；遇有停止信号时，应当依次停在路口停止线以外。没有停止线的，停在路口以外；向右转弯遇有同方向前车正在等候放行信号时，在本车道内能够转弯的，可以通行；不能转弯的，依次等候。《道路交通安全法实施条例》第六十九条规定，非机动车通过没有交通信号灯控制也没有交通警察指挥的交叉路口，除应当遵守第六十八条第一项、第二项和第三项的规定外，还应当遵守下列规定：有交通标志、标线控制的，让优先通行的一方先行；没有交通标志、标线控制的，在路口外慢行或者停车瞭望，让右方道路的来车先行；相对方向行驶的右转弯的非机动车让左转弯的车辆先行。

四、电动自行车、残疾人机动轮椅车上路行驶中灯光的使用规则

《江西省实施〈中华人民共和国道路交通安全法〉办法》第五十二条第一款第三项规定，驾驶非机动车应当遵守下列规定：设有转向灯的，转弯时应当提前开启转向灯。不按照规定使用灯光，尤其是在夜间，会对道路交通安全造成很大隐患。例如，夜间滥用远光灯，会严重影响其他驾驶人的视线，尤其是迎面而来的刺眼的远光，使得对面方向驾驶人几乎相当于"盲人"，虽然很亮但什么也看不见。除此之外，不规范使用灯光的情形还包括变道、起步、转向不打转向灯、停车不开警示灯、雨雾天气不开雾灯、示廓灯等行为。

不规范使用灯光容易引发交通事故，远光灯致盲、起步不打转向灯等是城区交通事故的常见诱因。除此之外，还容易引发社会矛盾。例如，相向而行的驾驶人，在遇到对方车辆远光灯时，也会违规使用远光灯表示不满，这显然有引发交通事故的可能，导致双方矛盾扩大。因此，规范使用远光灯不仅能够避免、减少发生交通事故，也是人们文明出行的体现。根据《道路交通安全法实施条例》第四十七条、第四十八条、第五十一条、第五十八条、第五十九条等规定，规范使用灯光应当注意以下情形：

（1）超车时应当提前开启左转向灯、变换使用远、近光灯或者鸣喇叭示意。在没有道路中心线或者同方向只有一条车道时，前方车辆在条件许可情况下应当降速靠右让行，后车在超车后应当在与被超车辆拉开必要距离后驶回原车道。

（2）在没有中心隔离设施或者中心线的道路上，夜间会车应当在距对面来车 150 米外使用近光灯，与非机动车会车应当使用近光灯。

（3）在夜间没有路灯等照明不良的情况下或者遇有雨雾天气等能见度较低的情况，应当开启前照灯、示廓灯和后位灯，与同方向前车近距离行驶时不得使用远光灯。雾天行驶应当开启雾灯和危险报警闪光灯。

（4）在夜间通过急弯、坡路、拱桥、人行道或者没有交通控制信号灯的路口时，应当交替使用远光灯示意。

五、与相邻行驶的车辆保持安全距离，在与行人混行的道路上应当避让行人

第六项规定了电动自行车、残疾人机动轮椅车与临车和行人之间的关系，电动自行车、残疾人机动轮椅车同临车之间应保持合理的安全距离以防止突发情况导致交通事故的发生，在人行道中行人的路权最大，电动自行车、残疾人机动轮椅车在人行道借道行驶的过程中，应当避让行人。

六、在人行道上的车辆应当就近驶入车行道

第七项规定了电动自行车、残疾人机动轮椅车在人行道借道过程中的规则，电动自行车、残疾人机动轮椅车在借道人行道通行的过程中应就近驶入车行道，减少对于人行道的影响，保障人行道畅通有序。

七、电动自行车、残疾人机动轮椅车的禁载、限载事项

第八项规定了电动自行车、残疾人机动轮椅车的禁载、限载事项。电动自行车除驾驶人以外限载一名十二周岁以下的未成年人，若搭载的未成年人为学前龄（六周岁以下）儿童的，应当使用儿童座椅，以防止儿童在行驶的过程中发生意外摔落的情况。残疾人机动轮椅车使用的主要目的在于为残疾人的出行提供相应的便利条件，以满足残疾人自身的使用为首要功能，残疾人机动轮椅车在上路使用的过程中，具有一定安全隐患，易造成交通事故，根据《江西省实施〈中华人民共和国道路交通安全法〉办法》第五十二条第二款的规定，残疾人机动轮椅车是否准许载人由设区的市人民政府根据当地实际情况制定，报省人民政府批准。赣州市根据实际情况，考虑到道路交通整体安全性要求，规定驾驶残疾人机动轮椅车禁止载人。

八、驾驶人不得以手持方式使用手机

第九项规定电动自行车、残疾人机动轮椅车的驾驶人在驾驶过程中不得以手持方式使用手机。电动自行车、残疾人机动轮椅车多以双手手持握把的方式操控方向、控制车速，在驾驶的过程中以手持方式使用手机一方面会影响驾驶人难以双手把控方向、控制车辆；另一方面也会造成驾驶过程中分心走神，易导致交通事故的发生。《江西省实施〈中华人民共和国道路交通安全法〉办法》第五十二条第五项规定，驾驶非机动车应当遵守下列规定：不得以手持

方式使用电话。

九、不得醉酒驾驶

醉酒驾驶（醉驾）是指因饮酒而完全丧失或部分丧失个人意志，在这种状态下驾驶机动车的交通违章行为。每百毫升血液酒精含量大于 20 毫克就算酒后驾驶，大于等于 80 毫克即为醉酒驾驶。醉酒之后会导致人的触觉能力、判断能力和操作能力降低，同时易导致发生视觉障碍，产生疲劳感，必然会导致对于电动自行车、残疾人机动轮椅车操作能力的降低，随着城市交通情况日趋复杂，驾驶人醉酒后对于道路交通突发情况难以获取准确、及时的认知并采取相应的规避措施，易造成严重后果。醉酒后仍进行驾驶既是对自己生命的不负责、也是对他人生命健康、财产安全的潜在威胁。

我国《道路交通安全法》第九十一条第二款、第三款明文规定：醉酒驾驶机动车的，由公安机关交通管理部门约束至酒醒；饮酒后驾驶营运机动车的，处十五日拘留和吊销机动车驾驶证。根据 2011 年 4 月 22 日第十一届全国人民代表大会常务委员会第二十次会议《关于修改〈中华人民共和国道路交通安全法〉的决定》修正的《道路交通安全法》第九十一条第一款、第二款、第五款规定：饮酒后驾驶机动车的，处暂扣六个月机动车驾驶证，并处一千元以上二千元以下罚款。因饮酒后驾驶机动车被处罚，再次饮酒后驾驶机动车的，处十日以下拘留，并处一千元以上二千元以下罚款，吊销机动车驾驶证。醉酒驾驶机动车的，由公安机关交通管理部门约束至酒醒，吊销机动车驾驶证，依法追究刑事责任；五年内不得重新取得机动车驾驶证。饮酒后或者醉酒驾驶机动车发生重大交通事故，构成犯罪的，依法追究刑事责任，并由公安机关交通管理部门吊销机动车驾驶证，终生不得重新取得机动车驾驶证。《中华人民共和国刑法》第十八条第四款明确规定：醉酒的人犯罪，应当负刑事责任。行为人明知酒后驾车违法、醉酒驾车会危害公共安全，却无视法律醉酒驾车，特别是在肇事后继续驾车冲撞，造成重大伤亡，说明行为人主观上对持续发生的危害结果持放任态度，具有危害公共安全的故意。对此类醉酒驾车造成重大伤亡的，应依法以以危险方法危害公共安全罪定罪。

十、禁止加装遮阳遮雨、电瓶、高音喇叭等影响交通安全的装置

《道路交通安全法实施条例》第七十二条第九项规定，在道路上驾驶自行车、三轮车、电动自行车、残疾人机动轮椅车应当遵守下列规定：自行车、三轮车不得加装动力装置。使用中的电动自行车、残疾人机动轮椅车禁止加装遮阳遮雨装置，该类装置虽能在驾驶人使用的过程中为其带来更好的驾驶感受，但是遮阳遮雨装置在一定程度上都必然会对驾驶人的视线产生一定干扰、带来视觉障碍、不利于交通安全保障；电动自行车、残疾人机动轮椅车主要动力来源为充电式电瓶，私加电瓶会使电压增大，很可能会烧坏电机或者控制器，对电动车造成损伤，加大了电动自行车、残疾人机动轮椅车的安全风险，故禁止电动自行车、残疾人机动轮椅车加设电瓶；电动自行车、残疾人机动轮椅车加设高音喇叭在使用过程中易产生噪声污染扰民，易对他人正常驾驶造成不合理干扰，故禁止电动自行车、残疾人机动轮椅车加装高音喇叭。除此之外，其他可能会影响到交通安全的装置也在禁止加装的类别之中。

第二十二条 【非标电动车通行规定】

不符合国家标准的电动自行车上道路行驶时，除应当遵守本规定第二十一条第二至七项、第九项、第十一项的规定外，还应当遵守以下规定：

（一）驾驶人应当年满十八周岁；

（二）限搭载一人；

（三）驾驶人及乘坐人员应当佩戴安全头盔；

（四）不得酒后驾驶。

【条文释义】

本条旨在规定非标电动车在城市道路通行的规定。

非标电动车作为当下赣州市内占有一定比例的交通运输工具，需要通过相关法律规制的方式对其现存上路行驶问题加以明确和限制以保障城市交通安全，维护人民生命财产安全。规范驾乘行为，避免事故发生。本条主要规定了非标电动车在城市内的通行规定和驾乘规范。同时通过对非标电动车上路行驶提出更为严格的标准以促进非标电动车逐步退市，提倡并推动符合国标的新型安全系数较高、可靠性较强的电动车入市。

非标电动车也称超标电动车，指的是在 2019 年 4 月 15 日之前，不符合 1999 年出台的《电动自行车通用技术条件》的俗称老国标的电动车以及在 2019 年 4 月 15 日以后，不符合《电动自行车安全技术规范》的国家强制标准的俗称新国标的电动车。此外，不在工信部《道路机动车辆生产企业及产品目录》公告中的电动摩托车和轻便电动摩托车，也属于超标电动车。

本条规定了驾驶非标电动车上路时，驾驶人必须符合本规定第二十一条第二项至第七项以及第九项、第十一项的规定，这些规定是对非标电动车上路后如何行驶等具体问题做出的规定，合标电动车与非标电动车存在是否符合国家制定的相关产品质量标准、技术要求等方面的差异，但无论是合标电动车还是非标电动车在城市道路行驶中均应遵守相同的具体行驶规则。同时，基于非标电动车具有较于合标电动车更为严重的安全问题，在上路行驶的过程中更易造成交通安全事故，故对于非标电动车而言除了要符合第二十一条中的相关规定，同时还应满足本条中所单独列举的四项要求。这四项要求并不涉及具体的行驶规则，仅是对驾驶人主体条件、驾驶过程中的搭乘规则等内容做出了较之于本规定第二十一条的相关款项更为严格的规定。

一、驾驶人应当年满十八周岁

第一项规定非标电动车的驾驶人须年满十八周岁，这里的十八周岁同样要做进一步的理解，其含义是指年满十八周岁具有相应操作、辨识能力的自然人，要求行为人为完全行为能力人，对于非标电动车的操作并无主观障碍也不存在身体缺陷等因素导致客观操作不能。同样针对驾驶人年龄的限制条件，与第二十一条第一项相比而言，本条对于驾驶人年龄的要求提升至年满十八周岁，从实际来说是合理且必要的。非标电动车相较于电动自行车、残疾人机动轮椅车而言危险系数较高，这就对驾驶人提出了更高程度的操作要求和注意义务，根据这一特点，对于驾驶非标机动车的驾驶人年龄理应作出更为严格的限制条件。

二、限搭载一人

第二项的内容为非标电动车的载人规定。非标电动车在上路过程中除驾驶人以外还可以再搭乘一人。对于搭乘者并无年龄限制，既可以搭载十二周岁以下的未成年人，也可以搭载十二周岁以上十八周岁以下的未成年人，甚至对于已年满十八周岁的成年人也允许搭乘。本项规定与本规定中第二十一条第八项相比放宽了搭乘者的年龄限制，这一规定符合赣州市目前电动车使用的实际情况，在道路交通整体安全与交通运输效率两者之间做出了平衡。

三、驾驶人及乘坐人员应当佩戴安全头盔

第三项的内容为针对驾驶人及搭乘者在驾驶、搭乘非标电动车过程中的规定。非标电动车在使用的过程中虽允许搭乘，但要求驾驶人、搭乘人在驾驶、乘坐非标电动车的过程中必须佩戴安全头

盔。一方面头盔显眼醒目，在超车、令车时可以引起对方驾驶人的注意；另一方面，头盔在事故发生时可以使冲击力分散并吸收一部分冲击力，头盔的变形、裂纹、护垫也可以吸收一部分冲击力，以起到缓冲作用，从而减少对于头部的冲击损害，进而达到在突发交通事故中避免、减少头部遭受致命损伤致使自身生命健康受到重大损害的可能。科学实验和之前发生过的现实实例都表明了安全头盔对于降低驾驶人、搭乘人受伤的风险，有效保障生命安全起着极为重要的作用。《道路交通安全法》第五十一条规定，机动车行驶时，驾驶人、乘坐人员应当按规定使用安全带，摩托车驾驶人及乘坐人员应当按规定戴安全头盔。《江西省实施〈中华人民共和国道路交通安全法〉办法》第四十七条规定，摩托车行驶时，驾驶人及乘坐人员应当按规定戴摩托车专用安全头盔，并系扣牢固。驾驶人不得在乘坐人员未按规定使用安全头盔和不正向骑坐的情况下驾驶摩托车。

四、不得酒后驾驶

第四项规定了饮酒的人不得驾驶非标电动车。本项是对非标电动车驾驶主体的另一方面限制，本条第一项是对驾驶主体的年龄的规制，本项是在第一项之上的进一步要求，即驾驶人在驾驶时既要符合年满十八周岁这一基本条件，还要符合不得饮酒后驾驶这一更高层次的要求。根据《车辆驾驶人员血液、呼气酒精含量阈值与检验》规定：饮酒驾车是指车辆驾驶人员血液中的酒精含量大于或者等于 20 mg/100 ml，小于 80 mg/100 ml 的驾驶行为。此时的驾驶人虽未达到醉酒的程度，但是饮酒后对于人的反应力、判断力、控制力都会造成或大或小的影响，在复杂的道路交通环境下有时一秒钟的反应迟钝或操作不到位都会造成难以挽回的严重后果。非标电动车与合标电动车相比危险系数更高，所以对驾驶人必须设以更为严格的标准以弥补车辆条件的短板，以此达到避免、减少交通事故的目的。《道路交通安全法》第九十一条第一款规定，饮酒后驾驶机动车的，处暂扣六个月机动车驾驶证，并处一千元以上二千元以下罚款；醉酒驾驶机动车的，由公安机关交通管理部门约束至酒醒，吊销机动车驾驶证，依法追究刑事责任；五年内不得重新取得机动车驾驶证。

第二十三条 【滑行工具通行规定】

禁止在城市道路上使用滑板、旱冰鞋、平衡车等滑行工具滑行。

【条文释义】

本条旨在确立滑板、旱冰鞋、平衡车等滑行工具在城市道路中的通行规定。

滑板、旱冰鞋、平衡车属于以人力或电力作为主要动力的辅行工具或运动娱乐器材，在城市道路中使用容易造成突发事故，不利于保护使用者和其他人员的人身财产安全，本条以禁止的方式对滑板、旱冰鞋、平衡车等滑行工具的使用加以限制，禁止其在城市道路内使用，以达到避免交通事故隐患、维护城市道路交通整体安全的目的。

城市道路指的是城市内供车辆、行人通行，具备一定技术条件的道路、桥梁及其附属设施，属于单位管理但允许社会机动车通行的道路，包括广场、公共停车场、厂矿道路、机场道路、港区道路等，凡是社会机动车可以自由通行的，也按照道路进行管理。除定义的"道路"以外的其他道路，如矿区、厂区、林区、农场等单位自建的，不通行社会车辆的专用道路、乡间小道、田野机耕道、城市楼群或排房之间的甬道以及机关、学校、住宅小区内的甬道等均不属于规定的道路范畴。

　　现在，城市道路中出现了越来越多的滑板车、独轮车、电动平衡车等工具，电动滑板车、电动平衡车具有速度快、体积小的优点，作为路面上时尚酷炫的短途代步工具，受到一些追逐潮流的年轻人的喜爱。但这些滑行工具既不属于机动车，也不属于非机动车，依法不能上路行驶。在使用的过程中出现了与各种车型、车速不一的非机动车和行人混行在一起，甚至直接在机动车道内行驶的情况，严重影响了道路通行秩序，增加了交通安全隐患。禁止滑板、旱冰鞋、平衡车等滑行工具上路行驶主要考虑的因素还是出于对使用者和他人的安全考虑，将危险扼杀在萌芽，以禁止性措施防范事故发生。

　　首先，滑板、旱冰鞋等滑行工具主要是作为一种运动娱乐器材，在使用的过程中以人力作为行驶动力，同时也以人力作为制动措施，这样就导致在使用这类器材时对使用者自身提出了较高的要求，在城市交通状况日渐复杂，城市机动车、非机动车保有量、城市道路车流量日益增多的当下，其相对于机动车、非机动车而言安全系数较低，允许其在城市道路中使用不仅会对使用者的安全造成较大风险，不利于对使用者自身的保护，同时也会影响到其他驾驶人的安全。以电力作为主要动力的平衡车、滑板车其行驶、制动、转向等技术性能并不符合国家有关机动车和非机动车的标准，本身存在很大的安全隐患。只能作为在非道路中的辅行工具或一种娱乐器材，并不属于机动车与非机动车的范畴，若将电动平衡车作为滑行工具，根据《道路交通安全法》的规定也是不能上路的。

　　其次，电动平衡车、滑板车没有物理刹车装置，仅靠人体重心的改变来控制刹车是非常危险的，遇到突发事故只能跳车，但若突然减速或者撞上障碍物，车上的人很难立刻反应。况且绝大多数产品的运行速度都能达到每小时十几公里，有的甚至超过每小时二十公里，与自行车的正常骑行速度相当，但由于在平衡车上人是站立状态，遇到突发状况时身体惯性也很难控制，存在较大的安全风险，对骑行者本人和其他交通参与者都存在极大的危险性。此外，其本身没有任何安全保障措施，一旦发生交通事故，很容易造成骑行人员受伤或者死亡，同时大量电动平衡车没有明显反光标识，却随意在夜间使用，稍有不慎或遇到紧急状况就可能发生倾覆事故导致危险，造成人员伤亡。目前尚未将电动平衡车明文规定为交通工具，其仅作为行人在非道路区域内日常代步、娱乐健身的一项工具。在大多数城市，电动平衡车不具有路权。

最后，在现实中各地均发生过多起在城市道路中使用滑板、旱冰鞋、平衡车等滑行工具而造成损害的实例。导致损害发生的原因在于，这类滑行工具本身安全存在问题。质量情况参差不齐，在使用的过程中缺乏对使用者有效的安全保障措施，主要依靠"人"自身的作用来起到行驶、转向、制动等操作，要求使用者自身具有较高的熟练程度，可靠性不高。此外，城市道路交通中突发状况日益增多，交通情况日益复杂，使用者有时就算尽到了较高的注意义务也难以避免突发性的损害的发生，若事故发生，上述滑行工具对使用人自身人身安全难以起到有效保护。目前出于对使用者的保护这一目的，故禁止在城市道路上使用滑板、旱冰鞋、平衡车等滑行工具滑行。

但针对平衡车当下存在的问题，可以参考电动车发展历程，从最初的混乱状况，到现在的交通法律、法规修订和国家标准的出台，电动车逐渐找到了自身的法律定位，得以有限地在城市道路上行驶。故而，对于平衡车，立法部门应尽快制定和修改交通法律、法规，通过法律定位赋予其路权同时对上路后交通法规的规制，管理部门也应尽早研判与发觉问题，尽早出台平衡车代步上路的国家标准，对车速、制动、配套设备等明确规范，把规矩立在前面。对于监管部门而言，怎样平衡平衡车的安全、应用需求，推动人性化监管是主要问题。

第二十四条【城市快速路通行规定】

城市快速路禁止下列车辆通行：

（一）非机动车；

（二）危险化学品运输车；

（三）摩托车、不符合国家标准的电动自行车、三轮汽车、拖拉机、低速载货汽车、中型（含）以上载货汽车；

（四）牵引车、轮式自行机械车、专项作业车；

（五）设计最高时速低于六十公里的其他车辆。

【条文释义】

本条旨在明确城市快速路的行驶规则。

城市快速路作为提升城市交通运输效率，扩大城市圈发展半径，缓解城市交通运输压力，降低出行时耗，整体上提高城市交通可达性的重要举措。在客观上形成了快速大容量的交通走廊，以满足城市内部中长距离机动车交通、对外交通之需求。对于城市快速路的相关通行规定需要加以明确，以保证更好发挥其应有功效。

城市快速路属于快速路的一种，也是快速公路的主体，位居城市道路四个等级中的顶端，是城市道路中设有中央分隔带，具有双向四车道以上的规模、全部或部分采用立体交叉与控制出入、供车辆以较高速度行驶的道路。主要作用是保证汽车畅通连续地行驶，提高城市内部的运输效率。城市快速路的一个主要原则，即快速路没有红绿灯，可以连续通行。因此需要在所有的路口形成一个立交，或者是一个简单的立交，或者是大型的立交，这个立交的设置主要跟相关道路有关。城市快速路的另一个重要特点是它只服务于城市内部。如果一条快速路联结着其他城市，则不能叫城市快速路，应该叫城际快速路。而快速公路不仅包含城市快速路和城际快速路，还包括超长距离（跨省）的高等级公路。

2019 年，赣州市迎宾高架快速路（含文明大道、迎宾大道、飞翔路快速路）正式开通，赣州市拥有了首条高架快速路。根据《赣州市中心城区 2020 年城市建设项目计划》城市道路规划方面计划新建沙河大道快速路、东江源大道快速路北延等 7 个快速路项目，快速路成为提升赣州市市内交通运输效率，建立快速交通体系，为城市空间结构的形成和老城功能的疏解创造条件。调整、完善路网结构，提升道路交通设施的服务功能，加强区域交通设施与城市交通设施的良好衔接。城市快速路建设采取"内疏""外联""强心"的规划策略。"内疏"即加强中心城区各组团内部交通疏解功能，增加中心城区对外快速集散通道，实现中心城区各组团快速进出城；"外联"即提升中心城区各组团的快速交通联系，构建组团间快速联系通道，加强组团间的联系，提高城市交通可达性；"强心"即以黄金机场、赣州西站为中心，强化交通枢纽对外快速集散通道，打造与机场、高铁一体化综合交通枢纽相匹配的城市交通系统。形成"四横六纵"快速路网大格局，为城市空间扩展提供支撑与引导。通过快速路与城市主干道衔接实现"10、30、40"畅达性目标，"10"即中心城区各组团 10 分钟内可进入快速路系统；"30"即中心城区 30 分钟内可到达黄金机场、高铁西站、高速公路出入口；"40"即中心城区任意两点可在 40 分钟内实现相互联系。目前赣州市快速路建设工作正加速推进。为确保快速路投入使用后更加精准、有效管理，结合中心城区货车限制性管理工作，在立法中将快速路管理措施进行了细化。

本条主要规定的内容为禁止驶入快速路的交通运输工具类别，具体包括以下几种交通工具：

一、禁止非机动车通行

第一项规定，非机动车禁止驶入城市快速路，非机动车是指以人力或者畜力为驱动，在道路上行驶的交通工具，以及虽有动力装置驱动但设计最高时速、空车质量、外形尺寸符合有关国家标准的残疾人机动轮椅车等交通工具。非机动车的行驶速度较慢，在城市快速路上行驶会影响整个快速路的通行效率，同时快速路上车辆行驶速度较快，驾驶非机动车于城市快速路中行驶，对驾驶人潜在的危险较大，故禁止非机动车在城市快速路上通行。《江西省实施〈中华人民共和国道路交通安全法〉办法》第五十二条第一款第一项规定，驾驶非机动车应当遵守下列规定：不得进入高速公路、城市快速路或者其他封闭的机动车专用道。

二、禁止危险化学品运输车通行

第二项规定，危险化学品运输车禁止在城市快速路上通行。危险化学品运输车是指一种货箱顶部不封闭，排气管前置并装有防火花装置，运送石油化工、炸药、鞭炮等危险品的专用载货车辆。危险化学品运输车辆较普通的交通运输车辆而言其危险系数较大，发生交通事故后易引发危险品泄漏，有造成二次危害的可能性。城市快速路其主体大部分设置在人员密集的城市核心区，若危险品在城市核心区、人员密集区发生泄漏，其造成的次生危害相较于交通事故本身往往要严重得多。故禁止危险化学品运输车辆驶入城市快速路。《危险化学品安全管理条例》第四十九条规定，未经公安机关批准，运输危险化学品的车辆不得进入危险化学品运输车辆限制通行的区域。危险化学品运输车辆限制通行的区域由县级人民政府公安机关划定，并设置明显的标志。

三、禁止摩托车、不符合国家标准的电动自行车、三轮汽车、拖拉机、低速载货汽车、中型（含）以上载货汽车通行

第三项规定，摩托车、不符合国家标准的电动自行车、三轮汽车、拖拉机、低速载货汽车、中型（含）以上载货汽车禁止驶入城

市快速路。摩托车不仅包括传统意义上以汽油为主要动力来源的内燃机摩托车，还包括符合国家标准以电能作为主要动力来源的电动轻便摩托车和电动摩托车。不符合国家标准的电动自行车是指不属于获得CCC证书认证的电动自行车，也不符合2019年4月15日之前购买的"旧标准"的电动自行车，同时也未获得工信部轻便摩托车、摩托车批准的电动自行车。这类电动自行车具有较高安全隐患。三轮汽车是载货汽车的一种，其载货部位为栏板结构，具有三个车轮的货车。以小型柴油机为动力，主要用于载货，整备质量超过400 kg的不带驾驶室的三轮车以及整备质量超过600 kg的带驾驶室的三轮车属于低速车号牌，不超过该范围的是摩托车号牌。三轮汽车行驶速度较慢、安全保护措施较弱，在城市快速道路上行驶潜在危险较大。低速载货汽车（原四轮农用运输车）：与三轮汽车是C3驾驶证规定的驾驶车型。指以柴油机为动力，最高设计车速小于或等于70 km/h，最大设计总质量小于或等于4500 kg，长小于或等于6 m，宽小于或等于2 m，高小于或等于2.5 m，具有四个轮的货车。该类车辆行驶速度较慢、安全隐患较大，不易在城市快速路中行驶。中型（含）以上载货汽车，车辆载重较大，车速较慢，车辆长度长，宽度宽，重心高，行驶所占的路面宽，转弯半径大，操控性差，驾驶难度大，危险性更大。出于对整体安全的考虑，禁止其驶入城市快速路。《江西省实施〈中华人民共和国道路交通安全法〉办法》第四十九条规定，摩托车、低速载货汽车、三轮汽车不得进入高速公路、城市快速路通行。高速公路、城市快速路、设区的市中心城区内的道路，禁止拖拉机通行。其他禁止拖拉机通行的道路，由省人民政府公安机关和农业（农业机械）主管部门根据实际情况提出意见，报省人民政府批准。

四、禁止牵引车、轮式自行机械车、专项作业车通行

第四项规定，牵引车、轮式自行机械车、专项作业车禁止驶入

城市快速路，这几类车辆体型较大，操作难度较高，行驶速度较慢，且都属于特种车辆，并不是用于载人或运货的机动车辆。出于道路交通整体安全和效率等方面因素考量，禁止其驶入城市快速路。《道路交通安全法》第六十七条规定，行人、非机动车、拖拉机、轮式专用机械车、铰接式客车、全挂拖斗车以及其他设计最高时速低于七十公里的机动车，不得进入高速公路。高速公路限速标志标明的最高时速不得超过一百二十公里。

五、禁止设计最高时速低于六十公里的其他车辆通行

第五项规定，设计最高时速低于六十公里的其他车辆禁止驶入城市快速路，其主要考量的为城市快速路肩负着提升城市交通整体效率的重要职责，最高设计时速在六十公里的车辆其行驶速度过于缓慢，长期占用快速路内某一车道易造成压车、拥堵，影响其他车辆正常通行。

第二十五条【车辆让行规定】

有下列情形之一的，机动车驾驶人应当减速行驶，或者停车让行：

（一）行经人行横道；

（二）通过未设交通信号的路口；

（三）经过泥泞、积水道路；

（四）经过学校门口或者遇学生上、下校车；

（五）法律法规规定应当减速、让行的其他情形。

【条文释义】

本条旨在规定车辆让行的具体情况。

全国交通事故数量居高不下，其中极大一部分属于机动车与行人两方之间的交通事故，这类交通事故中酿成惨剧的主要原因之一

在于机动车驾驶人在行驶的过程中疏忽大意、超速行驶、未按规定让行，进而造成行人受伤、死亡的情况。树立机动车礼让行人的规则就是在驾驶人心中树立"宁慢三分，不抢一秒"的安全意识，这在一定程度上对于降低交通事故发生率有着积极促进作用，另外，机动车礼让行人也体现了一个城市的文明程度，对于形成谦礼和善的社会大氛围有着积极的促进作用。车辆让行是长期规范之下形成的驾驶习惯，是对路上行人的一种尊重，更是促进城市道路交通整体安全的必要举措。

本条主要规定了机动车驾驶人应当减速缓行、停车礼让行人。

"斑马线前礼让行人"这条文明交通标语成为社会关注的热点之一。文明与畅通时时相伴，礼让和平安息息相关。礼让不仅是一种法律约束，更是一种价值导向。"礼让行人"渐成一种常态，不仅体现在个人内在素质的升华，让人们收获了文明、尊重和快乐，而且保障了驾驶人自己和路人的安全，是一个城市文明程度的体现。"车让人，让出一分文明；人让车，让出一分安全；车让车，让出一分秩序；人让人，让出一份友善。"现代城市交通文明的涵养需要全社会的共同努力，需要广大交通参与者悉心实践，使交通观念、素养、行车规范与文明追上时代的车轮。机动车驾驶人应当减速行驶，或者停车让行的情况包括以下几种：

一、行经人行横道

第一项规定，机动车在行经人行横道时应当减速行驶或停车让行。人行横道是指在车行道上用斑马线等标线或其他方法标示的规定行人横穿车道的步行范围。是防止车辆快速行驶时伤及行人而在车行道上标线指定需减速让行人过街的地方。行人在人行横道中路权最大。其设置的作用就在于规范行人过街行为，通过设置人行横道，集中规制一段道路内行人的过街行为，一方面是可以避免因行人穿越马路的随意性导致机动车驾驶人面对突发情况，反应不及、操作不当造成人员损伤的情况发生。另一方面避免了机动车在上路行驶的过程中需要不时地避让行人影响通行效率这一情况的发生。人行横道的设置对于提升道路通行效率、缓解驾驶人疲劳也有着较大的作用。故驾驶人在行经至人行横道前需要集中注意力，事先观察左右路况，减速慢行防止突发状况，已有行人正在通过人行横道或正准备通过人行横道的，机动车驾驶人应停车礼让。《道路交通安全法》第四十七条第一款规定，机动车行经人行横道时，应当减速行驶；遇行人正在通过人行横道，应当停车让行。《江西省实施〈中华人民共和国道路交通安全法〉办法》第三十八条规定，机动车行经人行横道时，应当减速行驶；遇行人正在通过人行横道，应当停车让行。机动车行经没有交通信号的道路时，遇行人横过道路，应当避让；遇儿童、孕妇、老人、抱婴者以及盲人和其他行动不便的残疾人横过道路，应当停车让行。

二、通过未设交通信号的路口

第二项规定，在通过未设置交通信号的路口应当减速行驶或停车礼让。本项规定不仅适用于未设置交通信号的路口，同样也适用于虽设有交通信号灯，但因交通信号设施故障、停电等原因导致交通信号设施不能正常使用的情形。未设有交通信号或交通信号难以正常发挥功能的路口其交通秩序往往处于无序或混乱的状态，易发生突发状况或交通拥堵，在这种情境下，机动车驾驶人理应降低行驶速度或停车使行人先通过后再驶过。这对机动车驾驶人一方和行人一方都起到了相应的保护作用，能够有效避免、减少在这种情况下交通事故的发生，是有效缓解拥堵的措施之一。

三、经过泥泞、积水道路

第三项规定，在经过泥泞、积水道路时机动车驾驶人应当减速缓行或停车礼让行人。本项规定意在避免行人与机动车驾驶人之间不必要的民事争纷、维护和谐的社会关系、形成良善社会风气。机动车在泥泞、积水道路快速通行时泥浆和积水可能飞溅至一旁行人的身上，对他人造成了不便与麻烦，容易引起不必要的纠纷。出于相互理解、相互尊重的基础，要求机动车驾驶人在通过这类道路的过程中礼让行人。《道路交通安全法实施条例》第六十四条规定，机动车行经漫水路或者漫水桥时，应当停车察明水情，确认安全后，低速通过。

四、经过学校门口或者遇学生上、下校车

第四项规定，机动车驾驶人在经过学校路段或遇到学生上、下校车时应当减速缓行或停车礼让。孩子的随意性较于成人来说更大，所以开车经过学校路段时，要提前减速，其目的是防范有孩子突然冲出，导致自己反应不及而酿成惨祸。提前减速也是对驾驶人自身的一种保护。机动车驾驶人在行驶的过程中遇到校车上、下学生时，若校车在同方向有两条以上机动车道的道路上停靠时，校车停靠车道后方和相邻机动车道上的机动车应当停车等待，其他机动车道上的机动车应当减速通过。校车后方停车等待的机动车不得鸣喇叭或者使用灯光催促校车。让校车享有优先权，饱含着成人对孩子的特护，饱含着家长对儿女的呵护，饱含着社会对弱小的保护，是一种文明的体现，是对下一代、对未来的生命尊重与安全承诺。《校车安全管理条例》第三十三条规定，校车在道路上停车上下学生，应当靠道路右侧停靠，开启危险报警闪光灯，打开停车指示标志。校车在同方向只有一条机动车道的道路上停靠时，后方车辆应当停车等待，不得超越。校车在同方向有两条以上机动车道的道路上停靠时，校车停靠车道后方和相邻机动车道上的机动车应当停车等待，其他机动车道上的机动车应当减速通过。校车后方停车等待的机动车不得鸣喇叭或者使用灯光催促校车。

五、法律法规规定应当减速、让行的其他情形

第五项作为补充性条款，包含了我国法律法规中其他机动车应当减速缓行、停车礼让的情形。例如，《道路交通安全法》第五十三条第一款规定：警车、消防车、救护车、工程救险车执行紧急任务时，可以使用警报器、标志灯具；在确保安全的前提下，不受行驶路线、行驶方向、行驶速度和信号灯的限制，其他车辆和行人应当让行。《道路交通安全法实施条例》第六十七条规定：在单位院内、居民居住区内，机动车应当低速行驶，避让行人；有限速标志的，按照限速标志行驶。第七十条第二款规定：因非机动车道被占用无法在本车道内行驶的非机动车，可以在受阻的路段借用相邻的机动车道行驶，并在驶过被占用路段后迅速驶回非机动车道。机动车遇此情况应当减速让行。除上述列举的相关规定外，相关法律还规定了其他机动车驾驶人应当减速缓行或停车让行的情况。其核心原则在于机动车驾驶人在路况不明、路况不好或驾驶环境复杂等可能造成驾驶事故、危害自身或他人安全的情况下需要尽到更高的注意义务，需要通过减速缓行或者停车待可能造成危险的因素消失或影响可控后再重新行驶，以此避免交通事故的发生。

第二十六条【限时停车管理】

在禁止停车路段，时段性临时停车需求突出的，公安机关交通管理部门可以根据道路条件和交通流量变化情况实行限时停车措施，并设置告示牌。机动车驾驶人应当按照告示牌的要求，在规定时间内有序临时停车。

【条文释义】

本条在于规范城市内限时停车管理制度。

根据赣州市政府公布的统计数据，2018 年赣州市机动车保有

量达到了 94 万辆，目前保守估计赣州市机动车保有量达到百万级别，但是在机动车保有量、城市交通飞速发展的境况下，其配套设施发展状况并不容乐观，在某些区域会出现特定时间段内停车需求激增，造成停车难而导致出现机动车乱停乱放影响正常交通秩序的状况。在特定时段经过后停车需求回归平常，已有车位足以满足正常停放需求。在特定区域、特定时段内的机动车临时性停放问题如何有效解决是对城市精细化管理的考验。

一、我国停车问题的现状

汽车保有量快速增长，停车资源有限，停车难已成为我国城市普遍存在的"城市病"。赣州市也深受停车难问题的困扰，私家车迅猛增长，停车供需矛盾日益加剧。中国大城市小汽车与停车位的平均比例为 1.0∶0.8，中小城市约为 1.0∶0.5，全国停车位缺口超过 5000 万个。在严峻的机动车保有量和车位的供需矛盾背景下，违停车辆占用消防通道、慢行空间和公共空间的现象极为严重。

当前存在的停车问题：第一，附属道路车辆停放过多、停放时间过长。在各种车位类型中，路内停车位是使用最方便，却对道路交通资源占用最大的类型。对停车管理不善，大多未对路内停车的停放数量、位置和停放时长进行有效管控，导致大量车辆长时占用，并且机动车道宽度往往不符合消防要求。第二，路内停车制约通行效率、恶化出行品质。大量长时停放的路内停车，严重制约通行效率，加剧交通拥堵。此外，为了设置路内停车位，存在压缩甚至取消慢行空间的做法，导致居民步行和自行车出行"走不通、不安全、不舒适"等突出问题，严重降低出行品质。

赣州市存在的停车问题目前主要体现在，城区学校、医院、场站、商业区等周边的停车位数量不足或周期性停车困难而引发交通拥堵的现象，且随着城市经济发展、机动车保有量日益增多这类问题会日益严重。具体表现为，一是中小学校、幼儿园上学、放学高峰期，接送学生的车辆乱停乱放，不仅造成了交通拥堵，同时对交通安全也造成了较大隐患；二是由于医院规划建设时期对内部停车位设置不足造成难以满足当下就诊人员停车需求的情况，再者出现了停车场管理不善的情况，最终导致在医院门前大量私家车辆排队长时间等候，经常造成交通拥堵；三是在汽车站、火车站等人流量密集区域，出租车长时间占道候客、挤占公交站台等，严重影响出行畅通；四是在商业密集区内车位设置难以满足顾客的泊车需求，易发生无序的占道停车，进而引发拥堵的情况。

二、实行临时停车管理是解决因停车导致道路拥堵问题的关键措施

城市停车系统应以"配建停车场为主，社会公共停车场为辅，路内停车作为有效补充"成为共识。在短时间内或实际条件不允许的情况下，可以在道路内设置临时停车位。路内停车是停车系统的重要组成部分，其优势在于效率高、设置方式灵活、使用方便。但城市道路的首要功能是满足动态交通需求，路内停车泊位设置的前提必须是城市道路允许临时性停车后在投入使用时仍具有一定的剩余通行能力，临时性路内停车位的设置不会对动态交通流产生重大影响。

当路内停车泊位占有率较高时，驾驶人寻找车位会导致绕行增加，产生无效交通量，甚至造成局部交通拥堵。当路内停车资源长时间饱和，驾驶人只能行驶到较远的停车位，并且步行较远的距离才能到达目的地。这种低效和不便的经历导致公众对城市停车系统不满。为提高路内停车泊位周转率和缓解城市中心区交通拥堵，发达国家和地区广泛采用城市中心区 0.5—2 小时限时停车模式，效果显著，在其他区域设置的临时性停车位的停车时长限制应依据本区域内的实际差异化进行。

"限时停车位"在国外发展较早，我国北京、天津等一些大中

城市也已逐步开始探索实践。通过设置限时停车标志，先告知后处罚，杜绝长时间占道停车的现象，有助于减少和消除交通安全隐患，确保重点路段车辆通行有序、安全、畅通。限时车位对驾车者来说无疑解了燃眉之急。设置"限时停车位"，体现了"人民至上"的行政理念与"便民利民"的公益情怀。事实上靠贴罚单来整治停车乱象，并未从根本上解决车辆违停问题。"限时停车位"这一人性化举措，为接送孩子的家长、临时有事的司机提供了极大便利，同时也极大地疏解了城市交通压力，缓解了停车难的尴尬，减少了拥堵状况的发生，短时间内停车办事不再担心被贴罚单，既方便了司机的实际需求，又规范和保障了道路的正常通行秩序。还提高了停车位资源使用率，从而有助于降低市民的生活成本，提高其幸福指数。

三、建立限时停车管理制度的注意事项

建立限时停车管理制度，要同步研究相关配套管理措施。研究完善和细化限时停车管理的具体制度、办法和流程，限时停车管理设施及标志标线的相关标准，认真听取群众意见，切实满足人民群众所需所求。组织专业人员，参考优秀案例，补充和细化限时停车标志、标线标准。

首先，在开展限时停车管理制度时，一定要满足设置临时停车位后城市道路仍存在相应的运输能力，停车位数量、区域的设置应根据该路段的交通流量灵活设置，尽量将对该路段内正常的交通影响降到最小。其次，限时停车制度要把握不同区域内停车时长的特点后合理设置。如在学校周边设置临时停车位，这片区域内产生停车需求的原因在于学生上学、放学时家长开车接送，其临时停车的时间段主要集中于学校的上学、放学时，停放时长也不会过久，将其临时停放时段规定于学校的上学、放学时间段内，时长设置为0.5小时之内就足以满足该区域内临时停车需求。最后，在进行临

时停车管理过程中一定要事先精准把握该区域内的实际情况，不可"一刀切"式地加以规定。针对限时停车位是否收费、收费标准如何，可参照已有优秀实例进行，分阶段、分区域、分时间，开展与实际相适应的收费制度。

越是发达的城市，管理就应该越精细，越为精细的管理越能体现管理者的智慧。"限时停车位"考验着城市管理与执法智慧，这些精细化的管理和服务，必须有章有法，有秩序、守规矩。城市管理应该像绣花一样精细才能形成良性循环。

第二十七条【二轮车停放管理】

在不影响行人通行的情况下，城市管理主管部门可以在人行道上合理划设二轮车停放区域；在车站、码头、商场、集贸市场、步行街、影剧院等客流量大的场所，以及学校、医院、企事业单位、住宅小区等，管理者应当设置二轮车停放专用场地，落实专人管理或者委托专业服务机构管理。

二轮车停放和临时停车不得占用盲道、机动车道、机动车临时停车泊位和妨碍行人、其他车辆通行，不得堵塞建筑物的消防通道、疏散通道、安全出口和楼梯口。

【条文释义】

本条旨在规范城市内二轮车的停放状况，在制度层面解决二轮车停放乱象。

二轮车在赣州市目前总体数量较大，作为广大市民出行的主要交通工具，其承担着缓解城市机动车交通压力，弥补公共交通短板，为市民出行提供便利条件的重要作用。在二轮车使用过程中，合理划归二轮车停放区域、完善二轮车停放规则，满足市民二轮车停放实际需求，形成和谐、有序的二轮车停车环境对城市交通整体发展和美化市容市貌都十分重要。

一、二轮车的停放现状

赣州市城区基础公共交通发展总体情况欠佳，具有较大短板，在短时间内难以补全，日常公共交通难以满足居民的正常通勤需求，市区内公交车数量少、运行线路少、覆盖范围窄、等待时间长等问题虽有逐步改进发展，但长期内仍将存在。这一现状导致二轮车业已成为当下赣州市居民日常通勤、短途出行的首选交通方式。赣州市二轮车数量巨大，伴随而生的二轮车停放问题亦处于突出位置，亟待加强统筹规划、精细管理。二轮车停放区域的设置问题尤为重要，针对二轮车停放区域的划定，应由县级以上人民政府牵头，遵循"集中停放、方便群众、保障畅通"原则开展，协调相关职能部门科学规划，根据道路条件和交通状况设置。

当下赣州市二轮车停放问题突出显露在火车站、学校、医院、商业区、住宅区、企事业单位等区域，这些区域具有人员密集程度高，二轮车流量较大，可供二轮车停放的面积较少，但现实停放需求过大等相同特点，现有二轮车停放规划区域难以满足日益增多的二轮车停放需求，导致二轮车停放混乱、无序进而对市容市貌、城市交通造成诸多不利影响。通过合理设置二轮车停放区域对上述问题在一定程度上加以缓解。在设置二轮车停放区的过程中，根据设置二轮车停放区域的不同，其设置主体的要求也存在差异。在人行道路内设置二轮车停放区域的，应当由城市管理主管部门即城市管理行政执法局或城市管理综合行政执法局进行，城市管理主管部门应秉持着利民、为民、人民至上理念将问题落在实处。通过实地调研、细致规划，充分结合设置区现实情况后在相应区域内为二轮车划定停车区。

在车站、码头、商场、集贸市场、步行街、影剧院等客流量大的场所内，以及学校、医院、企事业单位、住宅小区等非人行横道区域内设置二轮车停放区域的，应当由该区域内的管理者加以设置。这里所指的管理者是该区域内的物业服务企业或主管单位。对于有物业服务企业或者主管单位的区域，物业服务企业、主管单位应当依据《物业管理条例》等有关规定，对管理区域内电动车停放、充电实施消防安全管理；对于没有物业服务企业或者主管单位的，辖区乡镇人民政府、街道办事处应当按照《中华人民共和国消防法》和国务院办公厅印发的《消防安全责任制实施办法》等规范性文件，指导帮助村民委员会、居民委员会确定电动车停放区域和充电消防安全管理人员，落实管理责任。有条件的住宅小区、楼院，应当结合实际设置电动车集中停放及充电场所。但管理人不得在公共区域内设置电动车停放或充电区域。

二、二轮车停放的注意事项

（一）不得占用盲道、机动车道、机动车临时停车泊位和妨碍行人

城市道路规划是一个城市发展建设的重要组成部分，每一部分的道路划分都是道路设计工作人员根据城市道路中路面的实际情况、车辆的行驶速度以及交通规则等因素进行合理、科学的计算，最终确定出盲道、机动车道、机动车临时停车泊位以及人行道的范围，能够确保道路设计的科学性和合理性。所以，每一个行驶人或使用者都应当遵循法律规定规范使用盲道、机动车道、机动车临时停车泊位以及人行道，不得占用其他车道。

盲道作为专门帮助盲人出行的无障碍设施，是在人行道上铺设一种固定地砖，使视残者产生不同的脚感，诱导视残者向前行走和辨别方向以及到达目的地的通道，其目的就是使视残者安全顺畅地通行，是一个城市注重人文关怀的重要标志，也是社会无障碍设施是否健全的重要部分。盲道可分为两种：一种是行进盲道，是使视残者通过脚感和盲杖的触感，指引视残者可直接向正前方行走，表

面成条形状；另一种是提示盲道，是用在盲道的拐弯处、终点处和表示服务设施的位置等，具有提醒注意的作用，表面成圆点形状。盲道作为无障碍设施，是盲人参与社会生活的纽带。失去了畅通盲道的支持，盲人参与社会的概率就大大降低。"社会排斥理论特别关注多层次的不利条件如何使社会内的弱势群体与主要的社会及就业环境脱离，也就是关心是哪些个体难以控制的因素阻止了个体或群体的社会参与。"盲道被占用就是盲人个体甚至整个盲人群体都难以控制的因素，这一因素给盲人群体社会生活制造了障碍。进而，导致盲人群体参与主流社会的纽带断裂，逐渐被主流社会边缘化。

机动车道作为城市道路的重要组成部分，主要用途在于提升城市道路交通运输效率，保障机动车正常通行，在机动车道内设置二轮车停车区并不合理。机动车临时停车位旨在缓解城市内机动车泊车难的困境，在已划定的机动车泊车区内停放二轮车不利于城市道路交通整体性规划发展。同样出于对交通运输整体性的考量，二轮车停放区的设置不得妨碍行人、其他车辆通行。《道路交通安全法》第五十九条规定，非机动车应当在规定地点停放。未设停放地点的，非机动车停放不得妨碍其他车辆和行人通行。

（二）不得堵塞建筑物的消防通道、疏散通道、安全出口和楼梯口

消防通道是指消防人员实施营救和被困人员疏散的通道，比如楼梯口、过道，那里都安有消防指示灯。消防通道在各种危险情况下发挥的作用不容小觑，是确保及时救助的有效方法，居民和物业管理人员都不应低估它的作用。当前，由于旧居民区中缺乏停车位，在居民区中出现了很多"混乱停车"的违规行为，例如停车车辆破坏绿化带。"乱停车"不仅占用消防通道，还干扰消防车的正常通过，严重影响居住区的消防安全，留下安全隐患。安全疏散通

道是引导人们向安全区域撤离的专用通道。例如发生火灾时，引导人们向不受火灾威胁的地方撤离的专门通道。安全出口是指符合规范规定的疏散楼梯或直通室外地平面的出口。为了在发生火灾时能够迅速安全地疏散人员和搬出贵重物资，减少火灾损失，在设计建筑物时必须设计足够数目的安全出口。

消防通道、疏散通道、安全出口和楼梯口作为人员进出、安全疏散、应急逃生的关键处，在紧急情况发生时，这些关键区域对于应急救援、人员疏散有着极为重要的作用，二轮车停放于这些区域内造成关键区域拥堵，若发生紧急事故，会对救援、疏散工作造成较大影响，甚至造成严重后果。因此要禁止二轮车在消防通道、疏散通道、安全出口和楼梯口等关键区域内停放。

二轮车的停放管理，是一项制度设置，更是一项技术实施，相关主体在设置停放区域的过程中，一定要符合人民的利益，从客观实际出发，以客观事实为依据；结合赣州市二轮车停放现状，切合实际设立合理、有效的停放制度。同时加强宣传号召，向市民提倡将二轮车规范停放在相应区域内，不得乱停乱放。共同维护城市交通秩序，共建良好市容市貌。

第二十八条【共享车辆管理】

城市管理主管部门、公安机关交通管理部门等应当对共享车辆投放实行动态监测。

共享车辆运营企业应当科学投放、规范管理共享车辆，遵守车辆管理相关规定。投放的共享车辆应当符合国家标准，并按照规定办理登记挂牌。及时清理违规停放的车辆，避免影响道路交通安全和市容环境卫生。

共享车辆使用人应当遵守道路交通安全、城市管理等相关法律法规及服务协议约定，文明用车、安全骑行、规范停放，爱护车辆和停放设施等财物，遵守社会公德。

【条文释义】

本条旨在对城市内共享车辆的管理加以规范。

随着"共享经济"的概念迅速普及，共享电动车、共享汽车也随之悄然进入了人们的视野。2017年，赣州市陆续出现了共享电动车、共享汽车，从目前来看，共享汽车在赣州市运行、使用的情况远不如共享电动车普及。作为新兴事物，如何合理规制共享车辆的使用、停放成为摆在我们面前难以回避的问题。

一、共享单车的源起及其发展

随着我国城市化水平的快速发展，各种"城市病"日益蔓延，交通拥堵、出行时间成本过高、空气污染等问题引起社会广泛关注。而且，许多城市由于区域布局和交通规划对快速发展的公共服务需求预判不足，慢行交通与公共交通等不同交通方式之间的衔接不够紧密，如何解决城市公共交通"最后一公里"问题，成为紧迫需求。于是，便捷、环保的公共自行车成为解决这一难题的有效方式，尤其是近年来随着智能网络技术的兴起，越来越多的中国城市引入了互联网租赁自行车（简称共享单车）。

所谓共享单车，是指企业与政府合作，在校园公共空间、地铁站点、公交站点、居民区、商业区、公共服务区等提供自行车（单车）共享服务，是共享经济的一种新形态。共享单车属于公共自行车的最新发展形态。公共自行车的发展历史经过四个阶段，从早期的第一代、第二代技术，再到目前的第三代、第四代技术，公共自行车计划的技术日臻成熟。中国的共享单车经历了三个发展阶段，2007—2010年开始引进国外兴起的公共单车模式，为政府主导式，多为有桩单车；2010—2014年专门经营共享单车市场的企业开始出现，但仍以有桩单车为主；2014年以来，随着移动互联网的快速发展，兴起移动互联网共享单车，开始大量出现便捷的无桩单车。目前，装备了卫星定位装置 GPS 和其他智能技术的共享单车已成为"智慧自行车"，通过对自行车使用情况而收集的海量数据，借助于不断优化的算法，就可以通过借还站点的布局和车辆调配，而不断提升公共自行车的使用率和满意度。虽然共享单车可以有效解决城市公共交通"最后一公里"难题，但是与此同时也带来大量棘手问题，比如乱停乱放、交通安全、停车空间不足、损坏车辆、上私锁、二维码诈骗，等等。这类新型的城市社会问题的问题属性和治理过程都表现出明显的棘手性与跨界性，这对原有的城市治理模式提出了严峻的挑战。

二、共享单车管理政策的发展历程

在管理部门还在纠结名字定为"商业单车""租赁自行车""互联网单车"时，深圳、成都、北京、上海、南京等城市率先出现单车运营，先后摸索出台了相对简单、粗线条的政策，基调基本为"支持和鼓励"，行业管理显露雏形。

2017 年，交通运输部等部委发布《关于鼓励和规范互联网租赁自行车发展的指导意见》（行业内称为 10 部委意见），确定名称为："互联网租赁自行车"，以及"鼓励"和"规范"行业发展的总体基调。10 部委意见发布后，国内大中城市先后跟进发布具体落地的政策文本。从 2018 年开始，各地在行业精细化管理上进行了许多有益的尝试。一是杭州、南京、成都、深圳等城市针对政策形成总量评测、服务质量考核、份额调整等完善的动态管理体系；二是上海启动地方立法程序，于 2017 年印发上海市《鼓励和规范互联网租赁自行车发展的指导意见（试行）》的通知，并广泛地征求社会各界意见；三是部分相对包容的城市，例如，杭州、合肥、长沙等地，政府已看到了共享电动自行车在打击超标电摩、提升城市电动自行车监管水平等方面的巨大优势，拟从政策面明确鼓励共享电动自行车的企业运营。

2019 年 5 月，交通运输部、人民银行、国家发展改革委、公安部、市场监管总局、银保监会印发了《交通运输新业态用户资金管理办法（试行）》，从制度上对消费者的押金安全进行保障，提升了运营企业主体责任理念，落实了对消费者押金、预付金的金融管理要求，对消费者关切的"退押金难""退预付金难"等问题进行规范。通过用户资金管理措施的具体界定，特别是提倡信用免押金的模式，既保障了企业的有序运营，也能够防范消费者押金形成的押金池这类型"定时炸弹"的威胁，打消了企业挪用押金的念头，从根源上预防消费者资金存管的潜在风险。

三、共享单车管理存在的问题

（一）大规模收车和单车破坏

共享单车已经成为城市中居民出行不可或缺的一部分。它方便了市民的日常出行需求，进一步繁荣了城市的商业，部分化解了城市中小汽车出行的拥堵。它不仅是新经济时代的智慧创举，而且成为提升民生福祉的宝贵社会资源。然而在现实中，一方面，用户破坏、私占车辆，违规停放等不文明用车行为屡禁不止；另一方面，存在着大量对共享单车的不文明执法行为。例如，在创建全国文明城市、卫生城市期间，有关部门收缴各家企业的共享单车，长期无理由大批量扣押单车，有些地方超过一年时间，严重侵害了企业的物权，影响了企业的正常经营行为。据媒体披露，2018 年，全国被扣单车在城管仓库发生 300 多起因保管不善导致的单车严重变形、报废的事件。部分城市单车扣车场地甚至出现推土机掩埋，福州、长沙部分扣车场地出现挖掘机碾压、拍扁等行为，合肥某停车场单车被大面积过火烧毁，昆明、上海市宝山区的被扣单车未经企业允许、未走法律程序，直接被变卖等。这些都是对社会资源的严重浪费、对企业合法权益的侵害。

（二）慢行交通系统建设滞后

慢行交通系统包括非机动车道、步行道、自行车专用道等形式，是城市公共交通的重要组成部分，是城市交通体系可持续发展的载体，是串联地铁站、公交站台、商场、写字楼、居民区、公园、学校的重要工具。它还具备提升短程出行效率、提高道路并发通行效率等，并具有低碳、环保、健身、休闲等提升城市居民健康水平的优势。慢行交通系统与机动化交通、公共交通所形成的综合出行网络，是城市发展中出行的重要保障，共同构成城市文明依托的公共交通服务网络。随着城市的发展，自行车、电动自行车呈现逐渐回归的趋势。一直以来，我国在城市规划中为了保障机动车出行，非机动车道的规划逐步减少，导致城市中出现大量的交通拥堵。大多数城市很早就意识到慢行交通系统建设滞后的问题，特别是伴随着共享单车的投放，城市中的自行车停车位、停车区非常缺乏，国内慢行交通出行的比例大大低于全球平均水平，慢行交通系统基础设施仍无法满足快速增长的自行车、电动自行车出行和停放需求。

（三）废弃共享单车回收困难

共享单车企业宣传的单车设计寿命为 5 年。由于共享单车常年在路面为市民提供服务，风吹、日晒、雨淋等天气状况以及市民在热点区域的大批量、高强度的骑行，其经济寿命（包括后期维修的成本）在 2 年左右，企业确定的报废期限为 2—3 年。共享单车的投放量巨大，遍布城市的角角落落，要形成共享单车在产业链、供应链、服务链的全生命周期闭环状态，确保共享单车全生命周期的绿色、环保，对破旧共享单车的环保回收显得尤为重要。从 2017 年开始，共享单车企业跟国内一些再生能源公司逐步开展业务合作，在一些城市试点报废零部件和报废整车的回收，减少城市中的废旧单车、报废单车形成的固体垃圾。但由于我国的回收行业存在发展滞后、回收渠道少、收费高等诸多问题，给企业和地方政府部门造成很大的回收成本和负担。例如，小鸣单车（已倒闭）的整车回收价格为 12 元，但政府回收的成本需要 16 元，也就是说，每回收一辆已经成为城市垃圾的废旧单车的成本是 4 元，已经倒闭的共享单车企业无力承担这个成本，造成大量单车仍然在街头巷尾。

四、政府、企业、共享车辆使用者的管理义务

共享车辆目前主要分为共享单车与共享汽车，共享单车是指企业在校园、地铁站点、公交站点、居民区、商业区、公共服务区等公共场所提供自行车共享服务，是一种分时租赁的工作模式。共享单车是基于一种新型环保共享经济，是一种新型的交通工具租赁业务——自行车租赁业务，其主要依靠载体为自行车，符合低碳出行理念，同时也能起到锻炼身体的作用。根据共享单车动力来源的不同又可以划分为共享自行车和共享电动车。共享汽车同共享单车相似，指的是对于汽车的分时租赁，消费者在使用过程中需前往指定的停车点通过网上实时预约，随到随开，使用结束后将其停放至固定网点即可。在 2017 年，由交通运输部会同住房和城乡建设部制定的《关于促进汽车租赁业健康发展的指导意见（征求意见稿）》向社会公开征求意见，明确表示，鼓励分时租赁汽车发展，并针对运营企业、用户都提出了相应的监管要求以及鼓励政策。表明了国家政策对于共享汽车的发展是支持的、鼓励的。但是出现的一些如运营企业过度投放、管理不规范，以及使用人乱停乱放、恶意损坏共享车辆等问题，需要制定地方性法规来予以规范。

（一）城市管理主管部门、公安机关交通管理部门等部门的管理义务

共享单车作为一种准公共物品，在市场化运营模式下产生的外部效应作用下，产生了仅靠市场自身调节机制难以克服的问题，陷入"市场失灵"困境，因此，需要政府介入来对共享单车进行管

理，以解决负外部性问题。一方面，政府可以准确把握共享单车的发展特点及趋势，敏锐感知共享单车的创新本质及其产生的经济与社会价值，同时在为运营商营造创新氛围，激发创新活力，充分发挥共享单车在优化行业内资源配置、提升公众利益、增进经济与社会福利等方面发挥着重要作用。另一方面，在积极保护共享单车创新特质的基础上，对共享单车的发展施以针对性的规范性措施，削减行为不确定性和交易环境不确定性带来的负外部性及高额交易成本，以进一步提高共享单车的市场化供给效率，同时规避"市场失灵"与"监管陷阱"，既防止"一放就乱"，又防止"一管就死"，实为有效治理的可行路径。

因此，对于城市共享车辆的动态监测应由城市管理主管部门、公安机关交通管理部门进行，对于共享车辆投放的位置、数量、停放区域等相关事项要由城市管理主管部门、公安机关交通管理部门结合赣州市实际，与共享车辆投放者之间进行商议，根据各区域的不同情况划分可投放区、禁止投放区、限制投放区等。以满足人民群众日常出行、提升赣州市交通整体运输效率，保证市区正常交通秩序正常运行为原则，科学、客观、合理的对待共享车辆投放。

（二）共享车辆运营企业的管理义务

共享车辆运营企业应当科学投放、规范管理共享车辆，遵守车辆管理相关规定。投放的共享车辆应当符合国家标准，并按规定办理登记挂牌。及时清理违规停放的车辆，避免影响道路交通安全和市容环境卫生。

随着共享车辆的投放，在方便了市民出行的同时，其带来的次生问题仍难以忽视。首先，针对共享单车而言，出现了城市内共享单车投放数量远超于实际需要，多家共享单车经营企业为扩大自身市场占有率完全不顾市场实际需求，一味地投放单车入市，导致城市内共享单车出现了荒置的状况。共享单车投放企业对于投放车辆的管理无序、摆放混乱对于城市环境、市容市貌造成了损害。投放企业对违规停放的共享车辆应当及时清理以维护城市市容市貌。其次，共享单车在使用的过程中容易发生因投放、管理方调度不当，导致一处无车可用，另一处却车满为患的状况发生，这就违背了其缓解交通压力的本意，造成了资源的浪费。最后，共享单车在上路行驶的过程中易发生安全事故。投放者对于其所投放的众多共享单车中某一辆的质量问题并不能及时发现并加以修理；同时针对使用者而言，共享单车毕竟不是经常被使用者使用的自家车，使用者对于其所使用的这辆共享单车的性能、质量如何并不了解，对于车辆的质量隐患难以及时发现，这样的"问题车"在使用者上路行驶的过程中对使用者自身安全和整体交通安全都具有较大潜在危险。因此投放企业投放入市场内的共享车辆须符合国家相关标准，以防止因投放车辆存在安全隐患而造成交通事故的可能。

针对共享汽车来说，其与共享单车在运营模式上极为相像。二者皆为共享经济的衍生物，通过提供一个"共享平台"，给大众出行带来便利。但在其运行的过程中也发生了一系列的衍生问题。共享汽车的发展目前仍处于市场的起步摸索阶段，在城市运营中面临着网点布局、车辆维护等问题。相比公共汽车、地铁等大容量公共交通，共享汽车单独出行占用道路资源多，能源消耗大。因此，在城市发展中应鼓励坚持公交优先发展战略的前提下，积极探索共享汽车在赣州市城市交通中的合理定位，与城市公共交通、出租汽车等方式形成科学、合理的出行体系。共享汽车要想稳步发展，离不开政府的扶持。政府相关管理部门也要加快研究出台配套的公共政策，加强对于投放企业的监管，制定完善统一的标准，引导公众对共享汽车的合理使用，缓解城市面临的交通压力。共享车辆运营企业应当科学投放、规范管理共享车辆，遵守车辆管理相关规定。投放的共享车辆应当符合国家标准，并按规定办理登记挂牌。及时清理违规停放的车辆，避免影响道路交通安全和市容环境卫生。

（三）共享车辆使用人的管理义务

对于使用者而言，在使用共享车辆的过程中要事先仔细检查车辆状况，确保使用安全；作为城市道路交通的重要参与元素，共享车辆使用者应遵守交通法规，文明礼让，正确骑乘单车、驾驶车辆，杜绝不文明的骑乘、驾驶行为，保障使用安全，维护良好的道路交通秩序；做到绿色出行、文明共享，彰显优秀公民素养，共享社会便捷服务，自觉遵循共享车辆消费规则，按照正确的操作方法使用，不恶意喷涂、破坏车辆，不加装私锁、不藏匿、损毁车辆自觉爱护共享单车。在使用共享车辆后，应将车辆有序停放到就近的自行车停放区或不妨碍车辆、行人通行的其他路侧区域，共享汽车应停放至划定的还车网点，并按照正确的锁车步骤对车辆进行锁止，以利于其他消费者的正常使用，维护城市文明形象。

第二十九条【事故处置】

在道路上发生交通事故，仅造成轻微财产损失，并且基本事实清楚的，当事人应当在确保安全的情况下对现场拍照或者标划车辆位置后，将车辆移至不妨碍交通的安全地点，自行协商处理或者报警等候公安机关交通管理部门处理。

有下列情形之一的，当事人应当保护现场并立即报警：

（一）驾驶人未持有有效机动车驾驶证的；

（二）驾驶人有饮酒、服用国家管制的精神药品或者麻醉药品嫌疑的；

（三）机动车未悬挂号牌的；

（四）当事人不能自行移动车辆的；

（五）一方当事人离开现场的；

（六）车辆载运爆炸物品、易燃易爆化学物品以及具有毒害性、放射性、腐蚀性等危险物品或者传染病病原体的；

（七）碰撞建筑物、公共设施或者其他设施，并造成设施损坏的；

（八）有证据证明事故是由一方故意造成的；

（九）造成人身伤亡的；

（十）法律法规规定的其他情形。

【条文释义】

本条旨在规定城市道路内轻微事故的处理规则。

随着城市交通机动化步伐的不断加快，赣州市各类交通工具保有量、上路量日益增多，交通事故总量也呈上升趋势。虽采取了多种措施旨在避免或减少事故的发生，但始终难以起到完全杜绝的效果，事故发生难以全然避免，发生之后如何处置，成为摆在城市交通管理面前的又一问题。通过建立道路交通事故快处机制，有利于提高城市道路车辆通行效率，缓解交通拥堵。

我国道路交通的快速发展，随着车辆保有量的增多和车速的提高，道路运行的效率也成倍增加，推动着国民经济快速增长。然而，道路交通快速发展的同时，交通事故也在成倍地增长，全国每年要发生几十万起交通事故，给人民群众造成了大量的损失。建立道路交通事故快处机制，是提高城市道路车辆通行效率，缓解交通拥堵的重要措施。

轻微交通事故是指机动车在道路上发生的，不涉及人员伤亡，仅造成轻微财产损失的交通事故，对于城市交通中发生轻微事故的，当事人应当在确保安全的情况下对现场拍照或者标划车辆位置后，将车辆移至不妨碍交通的安全地点，在事故发生后第一时间拍照或标划停车位置主要是为了后期双方当事人就事故问题产生争议而提供证据依据，防止后期因证据不清，事故责任认定不明而导致的纠纷。在事故现场拍摄的照片应当包括事故现场全景照片、事故现场中心照片、事故细节照片以及其他对于事故责任认定、定损具有重要意义的照片。在轻微事故发生双方拍照取证或标划车辆位置后应当及时将车辆移至不妨碍交通的安全地点，以减少因事故而引发的道路拥堵、妨碍交通的情况发生，保障城市道路交通的运行效率。允许轻微事故当事人之间自行协商处理或者报警等候公安机关交通管理部门处理，允许轻微交通事故自行协商解决对于节约行政资源，提升城市交通运行效率都起着重要的作用。《道路交通安全法》第七十条规定，在道路上发生交通事故，车辆驾驶人应当立即停车，保护现场；造成人身伤亡的，车辆驾驶人应当立即抢救受伤人员，并迅速报告执勤的交通警察或者公安机关交通管理部门。因抢救受伤人员变动现场的，应当标明位置。乘车人、过往车辆驾驶人、过往行人应当予以协助。在道路上发生交通事故，未造成人身伤亡，当事人对事实及成因无争议的，可以即行撤离现场，恢复交通，自行协商处理损害赔偿事宜；不即行撤离现场的，应当迅速报告执勤的交通警察或者公安机关交通管理部门。在道路上发生交通事故，仅造成轻微财产损失，并且基本事实清楚的，当事人应当先撤离现场再进行协商处理。

本条中还规定了九项具体的禁止当事人自行协商解决的交通事故事由。

一、驾驶人未持有有效机动车驾驶证的

驾驶证全称为机动车驾驶证，依照法律机动车辆驾驶人员所需申领的证照，是指依法允许学习驾驶机动车的人员，经过学习，掌握了交通法规知识和驾驶技术后，经管理部门考试合格，核发许可驾驶某类机动车的法律凭证。驾驶机动车需要一定的驾驶技能，缺少这种技能的如果随意驾驶机动车，就有可能发生交通事故，无证不能上路行驶。但对于已具备安全驾驶技术的人，他们在道路上驾

驶车辆，这种允许的证件就是驾驶证。这说明驾驶证是一种"许可证明"。驾驶人未持有有效机动车驾驶证的，发生事故后就算是轻微交通事故也禁止当事人之间自行协商解决。机动车上路驾驶要求驾驶人通过相应的资格考试，取得相应的驾驶证书，未通过资格考试，没有取得相应驾驶证书的不得驾驶许可以外的车型上路。未持有有效机动车驾驶证上路的，对于整个城市的交通安全都具有较大隐患，不仅是对自身的不负责，也是对他人生命财产安全的漠视，发生交通事故后禁止当事人自行协商解决。

二、驾驶人有饮酒、服用国家管制的精神药品或者麻醉药品嫌疑的

驾驶人有饮酒、服用国家管制的精神药品或者麻醉药品嫌疑的，禁止当事人自行协商解决。醉驾是指在醉酒状态下驾驶机动车的行为，醉驾行为人因醉酒在驾驶过程中通常会丧失或部分丧失个人意志，以至于对驾驶行为失去合理的判断力和控制力，因此，醉驾行为对自身及公共安全危害极大。2022 年，最高人民检察院发布指导性案例，其中明确：对于醉酒驾驶机动车被司法机关依法追究刑事责任的，应当由公安机关交通管理部门依法吊销行为人持有的所有准驾车型的机动车驾驶证。毒驾是指未戒断毒瘾的患者和正在使用毒品的驾驶员驾驶机动车的行为，存在安全驾驶的隐患。司机在吸食冰毒等毒品后，会出现亢奋、幻觉等症状；而在吸食海洛因等传统毒品时，则会出现嗜睡、颓废等症状。毒瘾发作时产生的身体无力、行为异常、意识障碍、人格改变等，会严重影响司机驾车时的判断，进而引发交通事故。研究表明，司机毒驾时的反应比酒驾还要慢 9%。酒后驾车比正常反应时间慢 12%，"毒驾"则比正常反应时间慢 21%，吸毒后人往往会出现幻象，驾驶能力严重削弱，为恶性交通事故的发生埋下隐患。《道路交通安全法》第二十二条第二款规定，饮酒、服用国家管制的精神药品或者麻醉药品，

或者患有妨碍安全驾驶机动车的疾病，或者过度疲劳影响安全驾驶的，不得驾驶机动车。毒驾和酒驾都是机动车驾驶员上路前绝对禁止的行为，该行为涉嫌构成犯罪，在造成交通事故后，出于对城市交通整体安全的考量，防止酒驾、毒驾者再次抱有侥幸心理非法驾驶，应对该行为加以严厉打击、严格处理，故禁止当事人自行协商解决。

三、机动车未悬挂号牌的

机动车未悬挂号牌的禁止当事人自行协商解决，机动车号牌是机动车上路行驶的法定证件。通过机动车号牌可以准确定位机动车所有人、驾驶人等相关人员信息，未悬挂机动车号牌的机动车当事人自行协商解决易发生后期难以找到事故责任人，导致事故处理难以做到及时、准确、有效。故在此种情况下禁止当事人自行协商解决。

四、当事人不能自行移动车辆的

当事人不能自行移动车辆的，当事人不能自行移动车辆可能存在着机动车因事故发生故障导致移动不能，或当事人因事故受到了人身损害导致机动车移动不能等情况，出于对事故现场的保护，防止后期事故责任认定时纠纷的产生，故禁止当事人自行协商解决。

五、一方当事人离开现场的

一方当事人离开事故现场的不得通过协商解决交通事故。轻微事故当事人协商制度建立在双方当事人对于事故事实、成因、责任划分、赔偿数额等事项达成初步共识的基础之上，当事人一方离开事故现场的，难以推断其内心所想，可以认定为双方并未达成共识或离开现场一方以其行为表示拒绝进行就事故问题与另一方当事人进行自行协商。在此种情况下不适用自行协商，应当报警等候公安机关交通管理部门处理。

六、车辆载运爆炸物品、易燃易爆化学物品以及具有毒害性、放射性、腐蚀性等危险物品或者传染病病原体的

车辆载运爆炸物品、易燃易爆化学物品以及具有毒害性、放射性、腐蚀性等危险物品或者传染病病原体的发生交通事故后禁止自行协商，这类车辆具有较高的危险性，发生事故后当事人难以自行确定危险品是否发生泄漏，是否会导致二次损害的发生，对于城市交通安全隐患较大，需要有专业人员对于事故进行处理，故禁止当事人之间自行协商。

七、碰撞建筑物、公共设施或者其他设施，并造成设施损坏的

广义的建筑物是指人工建筑而成的所有东西，既包括房屋，又包括构筑物。狭义的建筑物是指房屋，不包括构筑物。房屋是指有基础、墙、顶、门、窗，能够遮风避雨，供人在内居住、工作、学习、娱乐、储藏物品或进行其他活动的空间场所。公共设施是指由政府或其他社会组织提供的、给社会公众使用或享用的公共建筑或设备，按照具体的项目特点可分为教育、医疗卫生、文化娱乐、交通、体育、社会福利与保障、行政管理与社区服务、邮政电信和商业金融服务等。碰撞建筑物、公共设施或者其他设施，并造成设施损坏的，这类交通事故并非城市交通运输参与者之间发生的交通事故，可能涉及与建筑物、公共设施所有人的法律关系，所以需要报警后等待交警取证后才可离开，禁止当事人双方自行协商。

八、有证据证明事故是由一方故意造成的

有证据证明事故是由一方故意造成的情形下禁止当事人自行协商，轻微事故自行协商快速离场制度适用于一般的交通事故，而一般的交通事故往往是由于当事人的过失而导致，若一方当事人故意引发事故的发生，可能构成犯罪，对于此类行为当然不适用自行协商解决制度。

九、造成人身伤亡的

造成人身伤亡的事故首先需要做的是及时将伤者送医并报警交代相关情况，不能适用当事人自行协商解决，在交通事故中造成人身损害的不属于轻微事故。往往事故成因比较复杂，当事车主很难判断具体责任情况。需要交警就事故发生情况调查后就事故责任加以划分。

第三十条【非标电动车属性认定】

在道路交通违法处理或者道路交通事故责任认定时，当事人对不符合国家标准的电动自行车属性有异议的，公安机关交通管理部门应当委托具备资格的鉴定机构进行鉴定。

【条文释义】

本条强调对非标电动车的属性认定并明确鉴定主体，旨在发生交通违法情形和交通事故时，按照法定程序根据车辆的属性来处理交通事故、认定事故责任。

首先，该条文指出了在处理交通违法和发生交通事故时，对电动自行车的属性认定不明确时的处理情况。《道路交通安全法》第一百一十九条规定下列用语的含义："车辆"，是指机动车和非机动车；"机动车"，是指以动力装置驱动或者牵引，上道路行驶的供人员乘用或者用于运送物品以及进行工程专项作业的轮式车辆；"非机动车"，是指以人力或者畜力驱动，上道路行驶的交通工具，以及虽有动力装置驱动但设计最高时速、空车质量、外形尺寸符合有关国家标准的残疾人机动轮椅车、电动自行车等交通工具。非标电动车也称超标电动车，2019 年 4 月 15 日以后凡是不符合《电动自行车安全技术规范》的国家强制标准（俗称新国标），都算超标电动车。非标电动车的认定与其在发生事故时是否需承担责任以及承担责任的大小密切相关。根据新国标的相关规定，涉及电动自行车的交通事故，对不符合国标的电动自行车（非标电动车）都按机动车进行事故责任认定，这就说明了超过国家强制性标准的电动车在发生交通事故时，其被视为机动车来确定其交通事故，而机动车与非机动车在事故责任及责任赔偿等方面的确定上存在很大区别。

根据《道路交通安全法》第七十六条的规定，机动车发生交通事故造成人身伤亡、财产损失的，由保险公司在机动车第三者责任强制保险责任限额范围内予以赔偿；不足的部分，按照下列规定承担赔偿责任：

（1）机动车之间发生交通事故的，由有过错的一方承担赔偿责任；双方都有过错的，按照各自过错的比例分担责任。

（2）机动车与非机动车驾驶人、行人之间发生交通事故，非机动车驾驶人、行人没有过错的，由机动车一方承担赔偿责任；有证据证明非机动车驾驶人、行人有过错的，根据过错程度适当减轻机动车一方的赔偿责任；机动车一方没有过错的，承担不超过10%的赔偿责任。

交通事故的损失是由非机动车驾驶人、行人故意碰撞机动车造成的，机动车一方不承担责任。

综上可知，"超标车"一旦造成交通事故，由于其部分关键技术指标超出了电动自行车标准的规定，且动力性能明显高于其他非机动车，在司法实践中会被判定为机动车，从而使驾驶人在事故责任认定以及后续赔偿等方面承担更多的责任，应着重强调电动自行车的属性认定问题。

其次，该条文指出机动车的属性鉴定的负责主体是公安机关交通管理部门。这个主体的设置是根据实际情况来设置的，当发生交通事故和违法事项时，一般都是由公安机关交通管理部门来负责处理的，公安机关交通管理部门，就是公安机关的交警部门、车管所和路政部门，其主要职责之一就是依法查处道路交通违法行为和交通事故，所以交通事故发生时的电动自行车的属性认定工作应由该部门负责。

最后，具体的鉴定工作应委托给具备相关资格的鉴定机构进行。机动车属性认定的工作具有专业性与特殊性，并不是任意一个机关就能独立完成的，公安机关交通管理部门在这方面并不具有相应的资质与专业性，因此，这个鉴定工作不能直接交由公安机关交通管理部门进行，而是应当让具有相应资质的专业机构来完成这项工作，即当公安机关交通管理部门在处理交通违法与交通事故时存在非标电动车的属性不确定的情况下，应委托专业机构进行鉴定，只有这样才能确保鉴定工作的准确性和效率性，以便更准确地认定事故责任、作出处罚结果等工作。《江西省实施〈中华人民共和国道路交通安全法〉办法》第六十一条规定，对交通事故车辆及其行驶速度、痕迹、物品以及现场的道路状况等需要进行一般性认定的，公安机关交通管理部门可以指派本部门专业人员进行。需要进行检验、鉴定的，应当在勘验、检查现场之日起三日内委托具备相关资格的鉴定机构进行鉴定。

该条文说明当事人如果对车辆属性提出异议，则需要公安机关交通管理部门提供有力证据。通过立法规定不符合国家标准的电动车属性认定依据，遵循了执法讲法律、讲证据的原则，保障了执法公平公正，减少了事故矛盾冲突。

第五章　法律责任

第三十一条【设置处罚原则】

违反本规定的行为，法律法规已作出行政处罚规定的，从其规定。

【条文释义】

本条是关于设置处罚原则的规定。

根据法律位阶，上位法优于下位法，指出下位法应遵从其上位法的原则，同时体现本规定的立法理念，即不做另外的法律法规的汇编，重在查找上位法中没有规定的条文、进行补充，并且将上位法的相关规定进行细化，使该规定能够更好地在其适用范围内贯彻落实。

从法理上而言，所谓法律位阶是指在统一的法律体系内，确定不同类别规范性法律文件之间的效力等级与适用顺序的制度。这种效力等级的形成同该国立法体制有直接的关系。立法的国家机关越高，其制定的法的效力等级就越高。这一制度的确立有利于明确不同类型的法律渊源之间在调整事项上的权限范围，从而保证法律体系内部的和谐与统一。法的效力冲突产生的原因是多方面的，归纳起来，它主要涉及两个方面：一方面，随着经济和社会的发展，需要不断制定新法，这就容易引发新法与旧法的效力冲突；另一方面，有些国家由于实行多层次的立法体制，这也容易引发不同国家机关制定的法之间的效力冲突。

解决法律冲突的一般原则包括以下几个方面：

第一，根本法优先普通法。在成文宪法国家，宪法是国家根本法，具有最高的法律效力，普通法必须以宪法为依据，不得同宪法相抵触。这是国家法治统一的必然要求。第二，上位法优于下位法。不同位阶的法之间发生冲突，就应按照上位法优于下位法的原则，适用上位法。第三，新法优于旧法。统一国家机关在不同时期颁布的法产生冲突时，应按照新法优于旧法的原则处理。第四，特别法优于一般法。这一原则的适用是有条件的，这就是要求必须是同一国家机关制定的法，并包括以下两种情况：一是指在适用对象上，对特定主体和特定事项的法，优于对一般主体和一般事项的法；二是指在适用空间上，对特定时间和特定区域的法，优于平时和一般地区的法。

本条的规定是，违反本规定的行为，法律法规已作出行政处罚规定的，从其规定，即强调下位法要遵守上位法的原则。下位阶的法律必须服从上位阶的法律，所有的法律都必须服从最高位阶的法律。《赣州市城市道路车辆通行管理规定》作为地方政府规章，其法律效力是要低于法律和行政法规的。根据《立法法》的相关规定，下位法在制定时不能与上位法相抵触，要以服从上位法为前提，不得违背上位法，一旦下位阶的法律制定机关制定了与上位阶的法律相冲突的规定，那么该规定不发生法律效力，所以，《赣州市城市道路车辆通行管理规定》也不能与法律、行政法规等上位法发生冲突，并且要遵守上位法的相应规定，但是，在地方政府制定相应规章时，也不能完全照搬上位法，要根据当地自身的情况，凸显出自己的地方特色和立法创新色彩，这就说明下位法在大方向上应遵守上位法的规定，但可在种类、范围、幅度进一步细化。该条文指出在对违反本规定的行为进行处罚时，法律法规若有相应规定,则应遵守其规定,言外之意就是,若没有相应规定或规定不明时,则按照本规定来进行处罚,前提是本规定与相应法律法规不抵触。

该原则有利于《赣州市城市道路车辆通行管理规定》这一下位法与《道路交通安全法》等上位法更好地保持一致,各个位阶之间的法律不会发生冲突,使整个法律体系更加系统有序。同时,也保留了下位法制定主体的相应权利,让下位法能够根据地方的情况进行进一步规定,在适用的时候也能更加具体、更有针对性和可操作性。

第三十二条【依法处罚】

驾驶人违反道路通行规定,公安机关交通管理部门应当依据事实和相关法律法规予以处罚。违法行为轻微并及时纠正,没有造成危害后果的,可以免予处罚。

【条文释义】

该条指出公安机关交通管理部门在处理违反道路通行规定的行为和交通事故时应当遵循的原则,为公安机关交通管理部门的工作人员的职务行为提供了立法依据和指导性规定。

一、依据事实和相关法律法规予以处罚

这一原则性的规定实质上是对"以事实为依据、以法律为准绳"的具体性规定,该规定属于行政性法规,《中华人民共和国行政诉讼法》第五条就规定:人民法院审理行政案件,以事实为根据,以法律为准绳。

(一)以事实为根据

人民法院审理行政案件应当查明下列事实:

第一,行政机关调查认定的事实。人民法院调查这种事实时,

首先要查明行政机关自身所调查的证据是否合法、客观和充分，查明行政机关的认定方法和结论是否正确。依照行政程序法理，行政机关在作出具体行政行为之前就必须调查收集到足够的证据，在被起诉后不能也无须补充收集证据。因此，查明行政机关所调查认定的事实就成为作出正确判决的关键所在。

第二，与本案有关的其他事实。人民法院在必要时还应当进一步查明行政案卷没有真实反映有关案件情况。人民法院此时可以自行收集证据，采取询问证人、勘验检查、调取书证和物证、鉴定以及证据保全等措施，也可以要求原告或者其他诉讼参加人提供证据，甚至指令行政机关补充提供证据。

第三，行政诉讼程序事实。人民法院作出裁判，不仅要实体合法，而且要程序合法。裁判本身也需要事实来证明，其中最为重要的是有关行政诉讼程序进展情况的事实。必须注意的是，行政诉讼以审查具体行政行为合法与否为重点，所以，法院要审查的不是原告行为是否合法的事实，而是具体行政行为认定的事实，这与刑事诉讼、民事诉讼中法院依据的事实有一定区别。

（二）以法律为准绳

人民法院审理行政案件，应当正确适用法律，对具体行政行为合法性进行判断。具体来说，应当依据以下三类法律规定：

第一，行政实体法。包括有关行政机关设立的行政组织法，有关行政机关行使职权的单行的部门行政法律法规，以及有关公民、法人或者其他组织具体权利义务的法律、法规。

第二，行政程序法。包括有关行政机关行使职权的程序法和规定公民、法人或者其他组织程序上的权利义务的程序法。

第三，行政诉讼法。人民法院审理行政案件还必须遵守《中华人民共和国行政诉讼法》。违反《中华人民共和国行政诉讼法》规定的裁判无效。

人民法院适用法律必须遵守《中华人民共和国行政诉讼法》第六十三条的规定，即以法律、行政法规、地方性法规和自治条例、单行条例为依据，参照行政规章，在遇到法律冲突时，还应当遵守有关的法律冲突选择适用规则。

这是在程序法上的规定，而该条文是在实体法上的规定，是对行政人员执法行为的规范，但从本质上看，其法律精神与理念是一致的，即公安机关交通管理部门的工作人员在处理违反交通道路通行规定的行为和交通事故时，必须调查清楚相关事实，根据真实的事实情况来处理违法行为和交通事故，并且要遵守相关规定，要依据法律的规定来对违反交通法规的行为进行处罚、对交通事故进行处理。

公安机关交通管理部门在对驾驶人进行处罚时应当依据事实和相关法律法规，不能随意行使处罚权。对于违法情节轻微，能及时改正且没有造成危害后果的，可以不给与驾驶人处罚。规定了违法行为轻微并及时纠正，没有造成危害后果的，可以免予处罚。这一款是对违法行为轻微并及时纠正的行为人的一种特殊规定，即当行为人的行为同时满足行为轻微、及时纠正、没有造成危害后果这三个条件的，可以对其免除处罚。这是法定的不进行处罚的一种情形，是对这类违法主体的宽恕。

驾驶人违反道路通行规定，不仅要给予处罚，还要对他进行教育，让他知道什么是违法的，违法的后果是怎样的。如果驾驶人虚心接受教育，可以考虑对其从轻处罚。只有这样处罚与教育相结合，才能让人们更加愿意遵守交通规则，达到最好的效果。

二、违法行为轻微并及时纠正，没有造成危害后果的，可以免予处罚

行政处罚是国家对于人民违反行政法上的义务的制裁手段，其必须具备两项基本要素。可罚性和可归责性。可罚性指违反了行政法上的义务，包括做了不该做的事和没有做该做的事。行政处罚的

对象是应受行政处罚的行为，即行政相对人实施的违反行政法上的义务，依法应当受到处罚的作为或者不作为，它是行为人承担行政处罚责任的基础，在行政处罚的设定或实施中占据核心地位。因此，只有一个违反了行政法上的义务从而具备了可罚性的行为才是该罚的。而行政法的可罚性是由国家明确规定的，并非基于某一行为的伦理可非难性。国家对人民之制裁，系国家以实力性的措施，加诸人民违反法规范义务的一种处罚，处罚事由必须与公共事务有关，且必须经由具有正当性的规范事先规定始可。而处罚事由的公共事务性，本质上不再是以私德为出发点的行为之恶性；反而应该是，行为之外部效果，对国家机能、行政效益及社会大众而言，所造成不利益的效果。立法者将与公共事由有关的、对国家机能和社会大众造成不利益的行为划入行政法所禁止的范畴正是基于此。因此反推，对于轻微的、已及时纠正并且没有造成危害后果的违法行为，因其并未对"国家机能、行政效益及社会大众"带来不利益的效果，那么不予处罚也就因此被赋予了正当化的理由。

（一）违法行为轻微

轻微，从词性上来讲是一个副词，通常用来修饰某一个动词或者名词数量少或者程度浅，判断一个违法行为是否轻微需要从违法行为的事实、性质、情节和社会危害性几个方面着手。

（1）数量。数量通常包括金额、次数等。《中华人民共和国刑法》中有一些条文就明确将数量规定为入罪条件之一。《中华人民共和国刑法》第一百四十九条第一款规定："生产、销售本节第一百四十一条至第一百四十八条所列产品，不构成各该条规定的犯罪，但是销售金额在五万元以上的，依照本节第一百四十条的规定定罪处罚。"这种明确入罪金额的规定无疑具有非常强的可操作性。在作出行政处罚决定的过程中，违法行为的次数有时候也是行政机关考量的一个因素。

（2）主观恶意。在行政处罚中，对于主观过错是否应当作为行政处罚的构成要件这一问题，无论是学理上抑或实践中，都存在争议。认为行政处罚不应考虑主观要件的学者所给出的理由大多是"行政处罚的目的在于迅速恢复已被破坏的行政管理秩序"，因而不以违法行为人的主观状态为必要条件。而持相反意见的学者给出的理由大多是认为刑法上的"罪过"原理可以并且应当适用于行政违法行为的认定。在司法实践中，是否具有主观恶意往往是判断违法行为是否轻微的一个要素。

（3）行为仅违反程序性规定的。

（二）及时纠正违法行为

（1）及时。对于及时的判断，关键在于采取纠正措施的时间节点的确定。即实施违法行为尚未造成危害后果时及时采取纠正措施以防止危害结果的发生。倘若是危害结果已经发生之后积极采取措施及时纠正的，虽然能够反映违法行为人的悔罪态度，但此时仅能将其作为一个量罚因素考虑。

（2）纠正。这里的及时纠正仅指违法行为人主动纠正，还是亦包括行为人是出于"被迫"来纠正自己的违法行为的呢？从客观表现来看，无论是主动纠正抑或被动纠正均有相同的行为外观，而差别仅在于行为实施的心理状态的不同。结合《中华人民共和国行政处罚法》第一条"为了规范行政处罚的设定和实施，保障和监督行政机关有效实施行政管理，维护公共利益和社会秩序，保护公民、法人或者其他组织的合法权益，根据宪法，制定本法"的立法目的来看，即使行为人是出于"被迫"纠正，只要能够避免危害结果的发生，就不会对公共利益和社会秩序造成损害，因此，行为人在主观的这种"不情愿"的心理状态支配下的"纠正"行为并不影响"维护公共利益和社会秩序"这一立法目的的实现。《中华人民共和国行政处罚法》规定的从轻减轻处罚的条件之一是"主动消除或者减轻违法行为危害后果的"，由此规定可以明显看出，对于危害后果的消除或减轻是在"主动"这一主观状态的支配下完成的。此条的规定也体现了处罚公正原则，同时有助于"保护公民、法人和其他组织的合法权益"这一立法目的的实现。如此看来，依照目的解释和体系解释得出的结论是相悖的。但是，由于行政违法行为不具有道义或者伦理上的非难性，对某一行为是否处罚主要取决于该行为对行政秩序的影响是否达到应当给予处罚的程度。因此，本着有利于行政相对人的解释原则，对于轻微的违法行为，只要其纠正后没有对公共秩序造成危害，哪怕行为人是在"被迫"的主观状态下及时纠正的，也应当认为其是符合"及时纠正"这一要件的。

（三）未造成危害后果

危害后果是指违反行政法义务的行为在实施之后对法律所保护的利益产生的损害状况。行政处罚通常并不以损害结果的发生为基本要件，以行为人不履行行政法上的义务为基础。但是某个行为所产生的危害后果通常能够反映出该行为社会危害性的大小。这里的关键在于，后果的范围必须以违反行政法义务的行为所指向的利益是否受到法律保护为标准，利益未受到法律保护，就没有所谓的后果。

第三十三条【未办理登记处罚】

违反本规定第十一条规定，驾驶应当登记而未登记的电动自行车、残疾人机动轮椅车上道路行驶的，由公安机关交通管理部门处三十元罚款，并责令当事人限期补办相关手续。

【条文释义】

该条文指明应当登记的电动自行车、残疾人机动轮椅车在未登记的情况下上路行驶的，要处以罚款并责令限期补办手续，通过该规定合标电动车更好地进行有效管理。

本条是关于合标电动车未登记上路行驶的处罚规定。

首先，该规定的上位法《道路交通安全法》第八条就明确做出电动车要进行登记的规定，达到机动车标准的各类车辆都要进行备案登记，在取得了相应的牌照之后才能上路；没有来得及进行备案登记的车辆也应取得临时通行牌证方可上路，否则，将受到相应的处罚。机动车注册登记，是指公安机关交通管理部门车辆管理所依据法律、法规对机动车所有人所有的未领取机动车号牌、《机动车行驶证》和《机动车登记证书》的机动车辆进行安全检测、手续审核后予以核发号牌、《机动车行驶证》和《机动车登记证书》所做的登记备案。机动车注册登记是机动车登记中的首要内容，是其他各项机动车登记的前提与保证，是车辆管理工作的基础，机动车注册登记的意义主要体现在以下几个方面：一是有利于车辆管理机关掌握车辆的各种基本状态。通过办理机动车注册登记，可以直接掌握车辆的分布区域、行驶范围、行驶状况，从而为各项交通决策提供重要的参考。二是有利于打击日益增长的各种涉及机动车的犯罪活动。随着经济的发展，车辆增多，各种涉车犯罪也不断增多，通过机动车注册登记可以有效地配合刑侦、治安部门侦察、打击各式各样的涉及机动车的犯罪活动。三是有利于保障人民生命财产的安全和社会主义经济的建设发展。通过机动车注册登记可以加强对车辆的行驶以及安全管理，可以最大限度地减少因机动车造成的各种经济、财产损失。因此，合标电动自行车、残疾人机动轮椅车作为机动车的种类之一，也必须进行备案登记，这是出于对合标电动车更好的秩序管理而作出的规定，是十分有必要的一项行政化管理措施。

其次，该条文规定了违反登记管理规定并上路行驶的车辆应当受到的处罚方式，即由公安机关交通管理部门处三十元罚款，并责令当事人限期补办相关手续。《江西省非机动车管理办法》第二十三条规定,驾驶应当登记而未登记的非机动车上道路行驶的,由公安机关交通管理部门处三十元罚款,并告知当事人补办相应手续。有强制性规范要求就必然伴随着法律后果,该条文还指明了处罚主体与处罚方式,具有较强的操作性,处罚主体是公安机关交通管理部门,公安机关交通部门作为负责全国交通安全管理工作的部门,其职责就是查纠道路交通违法行为、负责机动车的登记管理等,因此,对于违反登记管理规定的车辆进行处罚的工作交由该部门是最为合适的。同时,处罚方式是罚款三十元、责令限期补办,因为处罚的行为对象相对危害性较小且有可补正的措施,所以对此设置了一种较为轻微的处罚方式,同时金钱处罚方式也在一定程度上对违法行为人起到了威慑作用,是一种合理的处罚方式。

第三十四条 【非标电动车管理处罚】

违反本规定第十四条规定,驾驶未悬挂临时通行标志或者临时通行标志有效期届满的不符合国家标准的电动自行车上道路行驶的,由公安机关交通管理部门处二百元罚款。

【条文释义】

该法条是对行车人驾驶未悬挂临时通行标志或临时通行标志有效期届满的非标电动车上路行驶的行为做出的处罚规定,是为更好地督促非标电动车的车辆所有人及时悬挂临时通行标志,从而方便相关部门对非标电动车加强管理。

这条是关于非标电动车管理处罚的规定。非标电动车作为一类特殊的电动车种类,对其也有了特殊性的管理规定。根据现有的国家相关规定,不符合国家标准的电动车都设置了一定的过渡期,其原则上不超过三年,三年后,不符合新国标的电动自行车将禁止上路，设置过渡期是从保护市民财产权、方便市民出行的角度考虑的，给了非标电动车退出市场的一个合理期限。《赣州市城市道路车辆通行管理规定》第十四条也对此作出了明确规定，指出了临时通行标志的有效期截至 2023 年 12 月 31 日，这也就说明对此前的既不符合旧标准也不符合新标准的电动自行车，要实行过渡期管理，过渡期原则上不超过三年，而在这期间，对非标电动车不能像合标电动车那样予以正式的登记管理，但非标电动车又有上路行驶的必要情况，则规定了对非标电动车发放临时通行标志管理方法。

对于临时通行标志，我们可以作出以下解析。第一，从办理部门上来看，临时通行标志的办理部门是公安机关交通管理部门；第二，从作用需求上来看，临时通行标志是保障车辆驾驶人的道路通行权，即非标电动车的驾驶人在取得临时通行证的情况下也可上路行驶；第三，从法律效力上来看，根据《道路交通安全法》第八条的规定，公安机关交通管理部门是车辆牌证的唯一发放机关，只有此证件具有上路通行的法律效力；第四，从管理方式上来看，办理临时通行标志是强制性原则，即不符合国家标准的电动自行车上道路行驶必须办理临时通行标志，否则，将承担相应的法律后果；第五，从管理对象上来看，临时通行标志仅针对不符合国家标准的电动自行车办理，若是符合国家标准的则办理相应的登记手续。

从实际情况来看，赣州市中心城区不符合国家标准的电动自行车就有 20 多万辆，数量巨大，影响交通最严重，产生交通事故最多。因此，对这类非标电动车必须进行着重管理，否则整个城市的交通秩序都将受到不良影响，这是赣州市城市道路车辆通行管理的必要一环。

这一法条就是针对违反第十四条的非标电动车管理规定的行为所做出的法律后果规定，即未按规定领取临时通行标志以及通行标志有效期满后仍上路通行的，公安机关交通管理部门将处以二百元的罚款。非标电动车本身就存在着大量的安全隐患，部分非标机动车驾驶人交通安全意识薄弱，闯红灯、逆向行驶等严重交通违法行为屡见不鲜，给道路通行和安全带来了较大影响。因此，更要加强对非标电动车的管理，当非标电动车驾驶人在未取得临时通行标志或临时通行标志已到期的情况下还上路行驶的，就要加以必要的处罚。这对于有效避免"劣币驱逐良币"现象发生，为公安机关交通管理部门加强道路交通管理，引导该类车逐步退出提供法律保障。

第三十五条【驾驶拼装、改装电动车、机动车的处罚】

违反本规定第十六条规定的，由公安机关交通管理部门按照下列规定处罚：

（一）驾驶拼装的机动车上道路行驶的，对车辆依法予以收缴、强制报废，对驾驶人处五百元以上一千元以下罚款，并吊销机动车驾驶证；

（二）驾驶擅自改装的机动车上道路行驶的，责令恢复原状，并对驾驶人处三百元以上五百元以下罚款；

（三）驾驶擅自改装的电动自行车上道路行驶的，责令恢复原状，并对驾驶人处五十元罚款。

【条文释义】

该法条是对拼装、改装车辆的处罚规定，旨在对拼装、改装车辆更好地进行管理，减少交通事故发生的隐患，进而保障道路交通安全。

该法条对拼装车机动车、改装机动车、改装电动自行车三种类型的车辆上道路行驶的行为作出了处罚规定。在此，我们应对这三个类型的车辆做出明确的区分。拼装汽车是指违反国家关于生产汽车方面的有关规定，私自拼凑零部件装配的汽车。有关部门对拼装汽车的认定标准做了较为明确的表述——列入国家年度汽车生产企业目录及产品目录内的汽车生产厂，另外又生产未经有关主管部门鉴定批准生产的基本车型，或在已鉴定的汽车产品基础上，未经国务院有关部门或省、自治区、直辖市汽车工业主管部门鉴定批准，并报国家有关部门备案所生产的变型车和专用车。而改装汽车是指对原出厂车型进行更换、增减配件或改变外观等，合理科学的改装车辆能够使原车驾驶更安全，性能更佳。改装汽车一是对个人个性的一种表现；二是对提高行车性能及安全的一种合理需求。

因此，拼装汽车和改装汽车是两个完全不同的概念。简单来说，拼装汽车就是把事故车或者报废车身上的五大总成（发动机、方向机、变速器、前后桥、车架）拆解下来，然后将它们再拼装在一起，组装成一辆完整的汽车；改装汽车是车主将车买回来之后，由于对某个部分的功能不够满意，然后对某个部件进行改装升级。拼装汽车是违法的，拼装的汽车一般都存在质量差、成本高、大多不符合安全检验及运行技术标准的问题，有的还因装配技术问题造成事故，因此，拼装汽车是国家禁止的一种非法生产汽车的行为。而改装汽车在一定范围内是合法的，因为改装车是基于现有汽车经过改造和升级而成的，一般是对性能的提升，虽然也会有风险的存在，但整体上是不与法律秩序相违背的。

根据车辆危险程度的不同，该法条对三种类型的车辆上路行驶的行为也作出了不同的惩罚规定。

首先，拼装的机动车是危险程度最高、违法性最强的车辆，因此，对驾驶该类车辆上路的行为予以最大层次的处罚，即不仅要对该车辆依法予以收缴、强制报废，还要对驾驶人处五百元以上一千元以下罚款，甚至要吊销其机动车驾驶证。《道路交通安全法》第一百条第一款、第二款规定，驾驶拼装的机动车或者已达到报废标准的机动车上道路行驶的，公安机关交通管理部门应当予以收缴，强制报废。对驾驶前款所列机动车上道路行驶的驾驶人，处二百元以上二千元以下罚款，并吊销机动车驾驶证。

其次，改装的机动车也是具有一定危险性的，并且改装机动车需要一定资质，不是任何主体都能擅自进行改装的，因此，驾驶擅自改装的机动车上道路行驶的，是作为第二处罚层次的一类行为，不仅需责令恢复原状，驾驶人还面临着被处以三百元以上五百元以下罚款的处罚。《江西省实施〈中华人民共和国道路交通安全法〉办法》第九十八条规定，擅自改变机动车外形、外廓尺寸、座椅、品牌标识等已登记的有关技术数据的，由公安机关交通管理部门责令恢复原状，并处三百元以上五百元以下罚款。

最后，电动自行车相较于机动车而言，其危险性与危害程度较小，因此，驾驶擅自改装的电动自行车上道路行驶的驾驶人受到的处罚程度也是最轻的，即责令其恢复原状，并对驾驶人处五十元罚款即可。《江西省实施〈中华人民共和国道路交通安全法〉办法》第八十二条第四项规定，非机动车驾驶人有下列行为之一的，处五十元罚款：自行车、三轮车加装动力装置的。

第三十六条【巡游出租车违法处罚】

违反本规定第二十条规定，巡游出租车未按照规定停放的，由公安机关交通管理部门处一百五十元罚款。

【条文释义】

本条是关于巡游出租车未按规定停放的处罚规定。巡游出租车的出现便利了人们的出行，但部分巡游出租车受经济利益的驱使，往往存在挤占道路、随意停车拉客现象，如果不对其进行规范，势必会出现扰乱交通秩序，危害乘客、行人安全的事情，该法条旨在对巡游出租车的这类不规范停放行为作出处罚，进而达到维护交通秩序，保障乘客安全的目的。

巡游出租车就是普通出租车，在构建多样化服务体系方面，出租车将分为巡游出租汽车和网络预约出租汽车，专车简称网约车，巡游出租车喷涂、安装专门的出租汽车标识，主要通过"扫马路"方式巡游揽客，在机场、枢纽站场等站点候客，也可通过电话、互联网等方式提供预约服务，巡游出租汽车简称巡游车。

简单来说，巡游出租车就是普通出租车，网约车与巡游车的区别主要在于：

（1）标识不同：巡游出租车安装专门的出租汽车标识，主要通过"扫马路"方式巡游揽客，在机场、枢纽站场等站点候客，也可通过电话、互联网等方式提供预约服务，网约车外观颜色和车辆标识明显区别于巡游车，不能站点候客、只能通过预约方式提供服务。

（2）价格不同：巡游车实行政府定价，具有一定的基本保障功能，网约车实行市场调节价，必要时实行政府指导价。

巡游出租车就是路上最常见的普通的出租车。以前没有网络预约出租车（网约车），出租车只有一种，就是马路上最常见的出租车。特点是喷涂安装专门的出租汽车标识。后来有了网络预约出租车（网约车），为了区分两者，就叫巡游出租车。

在实践生活中，巡游出租车主要存在以下违法行为：（1）不按规定载客类：巡游出租汽车拒载、中途绕道、中途甩客、中途倒客、未经乘客同意搭载他人的；（2）不按规定收费类：巡游出租汽车未按规定的计费标准收费、不出具规定的票据、未按规定使用计价器的；（3）不按规定运营类：巡游出租汽车从事起点和终点均在本营运区域外的其他营运区域的载客业务、以预设目的地的方式从事定线运输的；（4）不文明服务类：巡游出租汽车从业人员未执行国家出租汽车客运服务规范标准的；（5）车容车貌类：不符合赣州市出租汽车色度和标识管理规定，车身明显部位未按规定设置经营者名称、投诉电话的；投入营运的客运出租汽车违反规定在车身内外设置、张贴广告和宣传品的；在营运服务时未保持车容车貌整洁的。

　　该条文主要是针对巡游出租车乱停乱放行为而作出的处罚，《江西省实施〈中华人民共和国道路交通安全法〉办法》第八十六条第五项规定，机动车驾驶人有下列行为之一的，处一百五十元罚款：在禁止停放机动车的道路或者禁止临时停车的路段停车，机动车驾驶人不在现场或者虽在现场但拒绝立即驶离，妨碍其他车辆、行人通行的。公交站、汽车站是反映一座城市文明的窗口，站前秩序的好坏，直接影响一个城市的对外形象，因此，要加强巡游出租车的交通整治，规范城市巡游出租车的经营行为。

第三十七条【合标电动车通行违法处罚】

　　违反本规定第二十一条规定的，由公安机关交通管理部门责令改正，并按照下列规定处罚：

　　（一）未达到驾驶年龄的，处五十元罚款。

　　（二）未按照指定车道行驶或者逆向行驶的，处五十元罚款；在受阻路段借道行驶后不迅速驶回原车道的，处三十元罚款。

　　（三）未在指定区域等候放行的，处三十元罚款。

　　（四）未按照交通信号灯表示通行的，处三十元罚款。

　　（五）转弯时未开启转向灯或者未伸手示意的，处二十元罚款；夜间行驶时未开启前照灯和后位灯的，处三十元罚款。

　　（六）违反规定载人的，处五十元罚款。

　　（七）驾驶时以手持方式使用手机的，处二十元罚款。

　　（八）醉酒驾驶的，处五十元罚款。

　　（九）加装遮阳遮雨、电瓶、高音喇叭等影响交通安全装置的，强制拆除、收缴非法装置，并处五十元罚款。

【条文释义】

该条文是对合标的电动车在行驶过程中违法行为的处罚规定，旨在督促合标电动车驾驶人自觉遵守交通规则，坚决抵制违法行驶行为，进而营造和谐的交通骑行环境，共同维护城市良好的交通秩序。

电动自行车近年来发展迅猛，已经成为老百姓常用的交通工具，几乎在各大城市县镇都能见到电动车的身影。但是，随着电动车的数量急剧增加，随之而来的一些不规范的驾驶行为同样困扰着公共交通安全，各地交警部门也在严抓电动车违法行为。其中，对合标电动车的行驶行为主要作出了具体的规范。

一、未达到驾驶年龄的

该条文第一项是对合标电动车驾驶人未到驾驶年龄作出的处罚规定，根据第二十一条第一项的规定，驾驶电动自行车的驾驶人应年满十六周岁，这是出于对未成年人的保护，同时也是对道路交通安全的考量，违反这一年龄限制条件就要受到五十元的罚款处罚。

二、未按照指定车道行驶或者逆向行驶的，在受阻路段借道行驶后不迅速驶回原车道的

第二项是对电动自行车违反规定的行驶路线而作出的处罚规定，根据第二十一条第二项的规定，电动自行车应在道路上设有的非机动车道路上行驶或是在仅设有机动车道的道路上按相应规则行驶，而在很多城市，经常遇到电动自行车不在设定的非机动车道上行驶或是逆行的违法行为，这种行为不仅是对自己安全的不负责，而且还对社会公共安全造成严重困扰。对于这类逆行的违法行为，就要受到相应的罚款。《江西省实施〈中华人民共和国道路交通安全法〉办法》第八十一条第五项规定，非机动车驾驶人有下列行为之一的，处三十元罚款：在受阻路段借道行驶后不迅速驶回非机动车道的。《江西省实施〈中华人民共和国道路交通安全法〉办法》第八十二条第十项规定，非机动车驾驶人有下列行为之一的，处五十元罚款：逆向行驶的。

三、未在指定区域等候放行的

第三项是对未在指定区域等候放行的行为作出的处罚规定，这一规定是为了更好地管理交通秩序，即要严格按照等候放行线来行驶。《道路交通安全法》第八十九条规定，行人、乘车人、非机动车驾驶人违反道路交通安全法律、法规关于道路通行规定的，处警告或者五元以上五十元以下罚款；非机动车驾驶人拒绝接受罚款处罚的，可以扣留其非机动车。

四、未按照交通信号灯表示通行的

第四项是对未按照交通信号灯表示通行的行为作出的处罚，交通信号灯可以使车辆有条不紊地行驶，减少拥堵，减少交通事故的发生，使得全部交通参与者能够井井有条地行驶，避免了交通拥堵带来的时间浪费以及交通事故带来的生命财产的损失，所以要对不按交通信号灯行驶的行为作出罚款。《江西省实施〈中华人民共和国道路交通安全法〉办法》第八十一条第一项规定，非机动车驾驶人有下列行为之一的，处三十元罚款：不按交通信号指示通行的。

五、转弯时未开启转向灯或者未伸手示意的，夜间行驶时未开启前照灯和后位灯的

第五项是有关拐弯和夜间行驶的操作规范，拐弯时和夜间行车时是事故发生最多的时候，突然的拐弯很容易让后方的车辆反应不及，而夜间行车人们的视物能力会变弱，这两种情况下都需要格外谨慎，所以规定在拐弯时应打转向灯或招手示意，夜间行驶应开启

前后灯，这是有效防止事故发生的必要行为，若不遵守，理应受到处罚。《江西省实施〈中华人民共和国道路交通安全法〉办法》第八十条第八项规定，非机动车驾驶人有下列行为之一的，处二十元罚款：设有转向灯的非机动车，转弯前未开启转向灯的。

六、违反规定载人的

第六项是有关电动车超载的处罚规定，本身电动车作为非机动车在设计之初就考虑了质量安全因素，车辆本身只能核载一人。但是生活中依然有不少群众存在电动车超载的违法行为，而且发现不少接送小孩上学的家长，经常搭载两个小朋友上学，这样的行为存在很大的安全隐患，一旦发生交通事故，损伤往往很惨烈。《江西省实施〈中华人民共和国道路交通安全法〉办法》第八十二条第八项规定，非机动车驾驶人有下列行为之一的，处五十元罚款：驾驶自行车、电动自行车、残疾人机动轮椅车违反规定载人的。

七、驾驶时以手持方式使用手机的

第七项是对骑行时用手持方式使用手机行为的处罚规定，骑行时用手持手机是十分危险的行为，然而实践中仍有很多人会作出这样的行为，因此，有必要通过法律规定来规范这类行为，用罚款的方式来制止此类行为。《江西省实施〈中华人民共和国道路交通安全法〉办法》第八十条第十项规定，非机动车驾驶人有下列行为之一的，处二十元罚款：驾驶时以手持方式使用电话的。

八、醉酒驾驶的

第八项是对醉酒驾驶的行为的处罚，醉酒驾驶的行为危险性不用另行强调，驾驶机动车发生交通事故甚至会出现入刑的可能，因此，对醉酒驾驶非机动车的行为也应格外规范，加重处罚。《江西省实施〈中华人民共和国道路交通安全法〉办法》第八十二条第一项规定，非机动车驾驶人有下列行为之一的，处五十元罚款：醉酒后驾驶自行车、三轮车、电动自行车、残疾人机动轮椅车或者醉酒后驾驭畜力车的。

九、加装遮阳遮雨、电瓶、高音喇叭等影响交通安全装置的，强制拆除、收缴非法装置

第九项是加装遮阳遮雨、电瓶、高音喇叭等影响交通安全装置的行为的处罚规定，这类行为也是十分影响交通安全的，因此，相应机关可以对其作出强制拆除、收缴、罚款等处罚。《江西省实施〈中华人民共和国道路交通安全法〉办法》第八十二条第四项规定，非机动车驾驶人有下列行为之一的，处五十元罚款：自行车、三轮车加装动力装置的。

综上，这一条文是对电动自行车在交通行驶过程中可能发生的各类违法行为作出的惩罚性规定。

第三十八条【非标电动车通行违法处罚】

违反本规定第二十二条规定的，由公安机关交通管理部门参照摩托车进行处罚。

【条文释义】

本条是关于非标电动车通行违法的处罚规定，旨在规范非标电动车在城市道路行驶的行为，进而更好地维护城市交通秩序。

该条文指出了非标电动车违反通行规定的处罚方式，但该条规定属于准用性规则，所谓准用性规则，是指内容本身没有规定人们具体的行为模式，而是可以援引或参照其他相应内容规定的规则。即具体的处罚规定没有在该条条文中指明，而是要参照摩托车（机动车）进行处罚。

非标电动车又称为超标电动车，2019 年 4 月 15 日以后凡是不符合《电动自行车安全技术规范》的国家强制标准（俗称新国

标），都算超标电动车。其性质与合标电动车不同，危险系数更高，所以，对其要作出更加严格的规定，《赣州市城市道路车辆通行管理规定》第二十二条作出了比合标电动车更加多的行车要求。第二十二条都是针对非标电动车而作出的例外性规定，主要针对年龄限制、车载人数、是否佩戴头盔、是否酒后驾驶的情形所作出的处罚规定。

一、驾驶人应当年满十八周岁

第一项规定非标电动车的驾驶人必须满十八周岁，根据《中华人民共和国民法典》第十八条第一款的规定，成年人为完全民事行为能力人，可以独立实施民事法律行为。未满十八周岁的未成年人，还不具备完全的民事行为能力，身心发育还不够健全、对事物的认知以及对事态的判断还不够全面，容易发生交通事故。另外也是本着保护未成年人的生命健康的宗旨，通过法律限制驾驶人的年龄来规制未成年人驾驶非机动车。并且，非标电动车相较于电动自行车、残疾人机动轮椅车更具危险性，这就需要对驾驶人的行为能力等方面提出更高的要求。

二、限搭载一人

第二项对非标电动车的车载人数作出了明确的限制，即除了驾驶人本身以外只能搭载一人，车辆搭载的人数越多，其操作起来的困难指数越高，遇到紧急情况的反应能力会下降。非标电动车的危险程度更高，对其车载人数就应在最大限度上限制，若超过规定搭载人数，将面临同摩托车一样的处罚。

三、驾驶人及乘坐人员应当佩戴头盔

第三项规定非标电动车驾驶人及其乘坐人员应佩戴头盔，有相关数据表明，在每年超过 500 例的电动车死亡事故中，有 75% 的死亡原因是头部受到致命伤害。而骑车佩戴头盔可防止 85% 的头部受

伤，大大减小了损伤程度和事故死亡率。

四、不得酒后驾驶

第四项规定了饮酒后不能驾驶非标电动车，此处是"饮酒"而非"醉酒"，相较于合标电动车的不能醉酒驾驶的规定，该规定更加严格，即一旦有饮酒行为，尽管未达到醉酒标准，驾驶人还处于清醒状态，那也将面临处罚。

该条规定，非标电动车在违反了相应规定时，将参照摩托车的规定进行处罚。摩托车属于机动车中的一个种类，机动车在违反道路交通安全法律规定时，受到的处罚将比非机动车更加严格，这就说明对于非标电动车的违反交通规定的行为处罚比合标电动车的处罚更加严厉。

第三十九条【滑行工具通行违法处罚】

违反本规定第二十三条规定的，由公安机关交通管理部门责令改正，处二十元罚款。

【条文释义】

本条是关于滑行工具通行违法的处罚规定。

当前，随着社会经济和科技的高速发展和交通拥堵现象频发，滑行工具的普及率不断上升。但是，滑板、平衡车、旱冰鞋等滑行工具，自身安全性能问题频发，且既不符合我国的机动车安全标准，也不在几类非机动车的产品目录之内。

《道路交通安全法》明确规定机动车是指以动力装置驱动或者牵引，上道路行驶的供人员乘用或者用于运送物品以及进行工程专项作业的轮式车辆。上述滑行工具显然不属于机动车。非机动车，是指以人力或者畜力驱动，上道路行驶的交通工具，以及虽有动力装置驱动但设计最高时速、空车质量、外形尺寸符合有关国家标准的残疾人机动轮椅车、电动自行车等交通工具。而电动平衡车没有刹车系统，仅靠人体重心来控制刹车。根据《电动自行车通用技术条件》规定，电动自行车最高车速为 20 km/h，其干态制动距离应不大于 4 m，湿态制动距离应不大于 15 m。然而由于电动滑板车轮尺寸小，刹车摩擦系数小。

相关法院已作出认定，电动平衡车与滑板、旱冰鞋等性质相近，属于滑行工具。同时，多地规定平衡车、电动滑板车属滑行工具，不得上路行驶，只能在封闭小区或不对外公开场所使用。另外，在实际的买卖活动中，商家亦倾向于将此类滑行工具定位于"运动娱乐工具""玩具"，而非"交通工具"。但是，中国消费者协会又发出了针对电动平衡车的消费警示，指出其属性不明，不适合作为玩具。中国消费者协会表示，我国《玩具安全第 2 部分：机械与物理性能》中对电动童车的速度限制为"按 5.17（电动童车的速度测试）测试时，电动童车的最大速度不应超过 8 km/h"，而目前市面上销售的电动平衡车大多是按照《电动平衡车安全要求及测试方法》的要求，速度时限为 20 km/h，最高时速相当于电动自行车的速度，远高于玩具的安全要求。因此，平衡车既非交通工具，也非玩具，安全隐患与滑板等其他滑行工具相类似。《赣州市城市道路车辆通行管理规定》将平衡车列举出来，符合当今社会人民群众对平衡车作为代步工具的意愿不断上涨的趋势，更有利于群众对平衡车性质的深入认识，更好维护城市道路交通安全、人民群众生命财产安全。

目前市面上的电动滑板车、平衡车和一般自行车不同，有些没有油门和刹车，纯粹依靠骑车人身体倾斜程度控制，要是控制不好，就容易摔倒。有些电动滑板车本身质量就不合格，再加上骑车人交通安全意识淡薄，行驶中经常出现抢占机动车道、随意变道、猛拐掉头、闯红灯等违法现象，极易引发交通事故，妨碍了其他车辆的正常通行，影响了道路交通的有序畅通。同时，依据《道路交通安全法》，道路交通中的责任主体只有行人、非机动车、机动车三种，电动滑板车不属于其中，因此一旦发生事故难以界定责任。依据滑行工具没有路权的性质，司法实践当中发生的一方使用滑行工具致行人损害的案件，往往不被定性为交通事故案件。滑行工具自身性质和事故发生的责任认定都决定着，滑行工具不得作为交通工具，否则，滑行工具将成为交通安全的巨大威胁。滑行工具在道路上行驶，一方面，产品自身设计上不符合机动车和非机动车的标准，没有路权；另一方面，基于滑行工具不受交通法规限制的基础，实际当中滑行工具使用者无规可循，交通法规针对行人、机动车或者非机动车的限制保护条例都难以有效抑制滑行工具在道路上行驶可能导致的危险，也难以科学、有效地救济危险造成的损害。

《赣州市城市道路车辆通行管理规定》第三十九条规定对在城市道路上使用滑板、旱冰鞋、平衡车等滑行工具滑行的行为处以二十元的罚款符合上位法的规定。实际操作中，由于相关政策的普及度不高，群众大多不理解滑行工具和交通工具的区别，罚款并非官方抑制滑行工具在城市道路上使用的主要手段，有关部门仍旧坚持以教育、劝导为主要手段，更加注重向民众普及滑行工具上路的违法性和危险性。故而，大多地区针对滑行工具上路的行为罚款力度集中在十元、二十元的罚款额度。实务当中，部分地区，例如北京市，有民众认为滑行工具上路罚款十元，远比出租车便宜，违法成本低，故而许多人屡教不改，坚持把滑行工具作为代步工具在道路上行驶，导致相关事故频发，严重影响相应地区的道路交通安全。江西省规定的二十元罚款额度结合江西省的交通经济实际情况，提高了民众在城市道路上使用滑行工具的违法成本，引导民众采取成本更低的合法方式出行，能够起到有效的警示、威慑作用。同时，也不会出现处罚畸重的结果，有利于有效维护江西省、赣州市的城市道路交通安全。

第四十条【快速路禁行处罚】

违反本规定第二十四条第一项规定的，由公安机关交通管理部门处五十元罚款；违反第二至五项规定的，由公安机关交通管理部门处二百元罚款。

【条文释义】

快速路作为城市道路的核心，联结城市主要片区，为城市居民提供了更加方便、快捷的出行方式。随着城市交通需求的不断增长，城市快速路逐渐处于交通超负荷状态，一旦突发交通事件，就可能对路网造成巨大的压力，从而产生拥堵甚至导致城市交通瘫痪。因此，需要对违反快速路禁行规定的驾驶人员进行处罚，以此维护快速道路的通行秩序，保障路网的顺畅通行，维护驾驶人员的安全。《道路交通安全法》第六十七条规定，行人、非机动车、拖拉机、轮式专用机械车、铰接式客车、全挂拖斗车以及其他设计最高时速低于七十公里的机动车，不得进入高速公路。高速公路限速标志标明的最高时速不得超过一百二十公里。《江西省实施〈中华人民共和国道路交通安全法〉办法》第四十九条规定，摩托车、低速载货汽车、三轮汽车不得进入高速公路、城市快速路通行。高速公路、城市快速路、设区的市中心城区内的道路，禁止拖拉机通行。其他禁止拖拉机通行的道路，由省人民政府公安机关和农业（农业机械）主管部门根据实际情况提出意见，报省人民政府批准。《江西省实施〈中华人民共和国道路交通安全法〉办法》第八十二条第五项规定，非机动车驾驶人有下列行为之一的，处五十元罚款：非机动车进入高速公路、城市快速路的。

第四十一条【车辆未让行处罚】

违反本规定第二十五条第一至三项规定的，由公安机关交通管理部门处一百五十元罚款；违反第四项规定的，由公安机关交通管理部门处二百元罚款。

【条文释义】

一、行经人行横道

人行横道是伴随着现代交通工具——汽车的出现而出现的。必须对道路交通关系的强者——机动车予以必要的控制和限制，否则，若任由他们从自身利益最大化的角度来选择交通方式，放任交通领域里"丛林法则"的适用，其结果必然是交通参与者的恃强凌弱，行人的人身安全无法得到保障，良好的交通安全秩序也难以维系。《江西省实施〈中华人民共和国道路交通安全法〉办法》第八十六条第二项规定，机动车驾驶人有下列行为之一的，处一百五十元罚款：行经人行横道时不减速行驶或者遇行人正在通过人行横道不停车让行的。

二、通过未设交通信号的路口

未设交通信号的路口，往往是交通无序状态频发之处，也极易发生交通事故，在此种情况下，规制好机动车往往比对行人和非机动车的规制更为重要，因为机动车的无序通行所带来的危害结果往往更为严重。此种情形之下，机动车减速慢行是预防、减少交通事故的主要手段，能够给行人和非机动车以及机动车驾驶人自身一定的反应时间，即便发生交通事故，也能减少交通事故可能导致的危险。《江西省实施〈中华人民共和国道路交通安全法〉办法》第八十六条第三项规定，机动车驾驶人有下列行为之一的，处一百五十元罚款：行经没有交通信号的道路时，遇行人横过道路不避让的。

三、经过泥泞、积水道路

泥泞、积水道路通行机动车减速，能够有效防止车辆打滑所带来的不可控的损害。《赣州市城市道路车辆通行管理规定》在第四十一条规定了违反本规定第二十五条第一项至第三项规定的，即行经人行横道；或者通过未设交通信号的路口；或者经过泥泞、积水道路，机动车驾驶人没有减速行驶或者停车的，由公安机关交通管理部门处一百五十元罚款。《道路交通安全法实施条例》第六十四条规定：机动车行经漫水路或者漫水桥时，应当停车察明水情，确认安全后，低速通过。《江西省实施〈中华人民共和国道路交通安全法〉办法》第八十六条第十二项规定，机动车驾驶人有下列行为之一的，处一百五十元罚款：通过漫水路或者漫水桥不察明水情，不低速通过的。

四、经过学校门口或者遇学生上、下校车

基于学生行为能力的限制，在交通活动中对学生予以一定的特殊保护是非常必要的，综合《校车安全管理条例》第三十三条规定，校车在道路上停车上下学生，应当靠道路右侧停靠，开启危险报警闪光灯，打开停车指示标志。校车在同方向只有一条机动车道的道路上停靠时，后方车辆应当停车等待，不得超越。校车在同方向有两条以上机动车道的道路上停靠时，校车停靠车道后方和相邻机动车道上的机动车应当停车等待，其他机动车道上的机动车应当减速通过。校车后方停车等待的机动车不得鸣喇叭或者使用灯光催促校车。结合《江西省实施〈中华人民共和国道路交通安全法〉办法》第八十七条的规定，《赣州市城市道路车辆通行管理规定》第四十一条规定违反第二十五条第四项规定的，即经过学校门口或者遇学生上、下校车，机动车驾驶人没有减速行驶或者停车的，由

公安机关交通管理部门处二百元罚款。

《赣州市城市道路车辆通行管理规定》第四十一条的规定，在维护赣州市道路交通安全的同时，也是赣州市文明程度的重要体现。随着社会文明程度的不断提高，"中国式过马路"现象已经得到了较大的改善，但是很多地区此类现象仍旧难以根除。一方面是行人的侥幸心理和基于行人违反交通法规的低违法成本，以及机动车交通事故中法律对机动车的严格要求；另一方面是部分农村高龄人员的受教育程度导致的相当一部分民众的交通法规意识淡薄，以及行人违法后交通处罚往往难以得到贯彻落实。对民众违反交通法规处以较重的处罚可执行度低，也不利于交通法规在民众间的普及度和接受度。而机动车驾驶人，需要通过一系列的考核才能够取得驾驶资格，也就是说，交通法规在机动车驾驶人之中的普及度是相当高的，他们对交通法规的熟悉程度较高，且基于机动车登记制度，也更容易对机动车驾驶人进行教育、引导和管理，法律的执行性也更强。

人行横道礼让行人，未设交通信号路口减速或停车，泥泞、积水道路减速或者停车，经过学校门口或者遇学生上、下校车减速或者停车，在很大程度上也是道德层面的倡导，体现了机动车驾驶人的礼让美德以及对生命安全的尊重和保护，是团结、互助、和谐的社会主义核心价值观的深刻践行，有利于提高社会文明程度、促进社会和谐。

第四十二条【违反限停处罚】

违反本规定第二十六条规定，不按照告示牌的要求驶离，妨碍其他车辆、行人通行的，由公安机关交通管理部门处一百五十元罚款。

【条文释义】

随着我国城市化进程的不断加快，社会经济发展水平不断提高，超级城市越来越多。与此同时，这些大城市的机动车数量也在不断快速增长，随之而来的交通问题已经成为制约城市发展、影响市民生活的一个主要"瓶颈"，交通拥挤和停车困难是全球城市道路交通所共同面临的问题。而停车管理效率低下是造成这些问题的重要原因之一。当前，造成城市道路车辆拥堵的主要原因是局部车流量过大，违章停车，停车位供应不足等，尤其是市民政务中心、学校、医院等社会服务机构附近，车流量大，车位需求大，办事车辆无处停放就会在区域内往复行驶寻找车位甚至在路中间违停，从而导致交通阻塞。目前，对于道路两侧划定停车位内停车主要采用免费停放和计时收费的方法进行管理，由此很容易造成被部分车辆长时间占用，而不能有效发挥路侧临时停车位最大使用效率的问题。为有效缓解停车供需矛盾、进一步提升群众满意度，限时停车制度的设立至关重要。限时段停车位标志表示此处机动车只能在标志准许时段停放，其他时段禁止停放。

在实际生活当中，民众在很多社会服务机构附近的停滞时间有限。父母接送子女上学、放学，在学校附近的停留时间比较集中，时长也有限，为此专门设立大型停车场，反而会造成较大的资源浪费。医院内部本就设立了一定容量的停车场，大致能够满足住院病人及其家属的停车需求，而探病家属和轻病患者的入院时间往往也会集中在非工作日，停车的时长往往有规律可循。汽车站、火车站等站点，一般来说没有乘客会有长期停车的需要。列车出发和到站的时间也较为固定。正常的交通密度下，站点附近的停车场容量充足，节假日期间最容易出现停车场容量不足，附近停车位被出租车占据等停车困难，为此扩建停车场显然亦极易造成资源浪费。为此，通过设置限时停车标志，先告知后处罚，杜绝长时间占道停车的现象，有助于减少和消除交通安全隐患，缓解特定时段、地点停车位供不应求的困难，确保重点路段车辆通行有序、安全、畅通。

《道路交通安全法》第九十三条第一款、第二款规定，对违反道路交通安全法律、法规关于机动车停放、临时停车规定的，可以指出违法行为，并予以口头警告，令其立即驶离。机动车驾驶人不在现场或者虽在现场但拒绝立即驶离，妨碍其他车辆、行人通行的，处二十元以上二百元以下罚款，并可以将该机动车拖移至不妨碍交通的地点或者公安机关交通管理部门指定的地点停放。公安机关交通管理部门拖车不得向当事人收取费用，并应当及时告知当事人停放地点。《江西省实施〈中华人民共和国道路交通安全法〉办法》第八十六条第六项规定，机动车驾驶人有下列行为之一的，处一百五十元罚款：在设置了禁止停放或者禁止临时停车标志和告示牌的重点路段、时段停车，不按告示牌的要求驶离，妨碍其他车辆、行人通行的。《赣州市城市道路车辆通行管理规定》结合《道路交通安全法》和《江西省实施〈中华人民共和国道路交通安全法〉办法》，在第四十二条规定违反本规定第二十六条规定，即违反限时停车管理的规定，不按照告示牌的要求驶离，妨碍其他车辆、行人通行的，由公安机关交通管理部门处一百五十元罚款。该规定能够有效解决赣州市社会服务机构附近的交通问题，更加有效地利用社会资源、更好维护交通秩序，保护城区道路交通安全。

第四十三条【违反停放处罚】

驾驶人停车违反本规定第二十七条规定的，由公安机关交通管理部门、城市管理主管部门根据各自职责进行处罚。摩托车、不符合国家标准的电动自行车未按照规定停放，处五十元罚款；非机动车未按照规定停放，处十元罚款。

【条文释义】

本条文旨在确定在城市道路交通中驾驶员违反本规定第二十七

条规定的处罚措施。通过对驾驶员的违规行为进行罚款，期望规范摩托车、不符合国家标准的电动自行车、非机动车的驾驶员的停放行为。摩托车、电动自行车和非机动车作为赣州市居民出行最主要的交通方式之一，上路数量较多、不规范停放会造成道路拥挤，不利于道路通行。出于对道路交通安全的整体考量，出于引导教育驾驶者规范停放，需要对驾驶者违规停放行为进行规定并加以处罚。

要区别违反机动车停放、临时停车规定的处罚依据，首先应当明晰何为机动车停放及临时停车。机动车停放是指机动车驾驶人离开车辆，一般不受停车时间的限制，不妨碍交通，相对长时间的停留。一般而言，就是指必须在停车场或法律准许停车的地点停放，主要包括停车场、停车泊位等由交通主管部门施划的停车地点，不准在人行道、车行道和其他妨碍交通的地点停放。机动车停放时的状态，一般是指关闭车辆电路，打开辅助制动器，锁好车门，驾驶人离开现场。也就是说除了施划的停车泊位外，道路内原则上是不允许停放机动车。临时停车是指机动车在非禁停路段，在驾驶人不离开驾驶室，将车停下等人、有人需要上、下车，车辆短暂停留或随时都可将车辆开走等情况的短暂停留。在道路上临时停车的，不得妨碍其他车辆、行人的通行。

《道路交通安全法实施条例》第六十三条规定了临时停车应当遵守的六项规定，对禁停路段做了说明，常见的是第一项的规定："在设有禁停标志、标线的路段……不得停车;"关于机动车停放中对于"驾驶人离开现场"的认定实践中较为复杂，也易产生争议。"现场"即机动车所在的位置，在现实中，驾驶人离开机动车的距离究竟要多远、离开的时间究竟要多久才算是"离开现场"往往是难以界定的。常见且争议较大的一种情形就是当交警发现机动车停放在禁停路段，随即前往执法，在拍照、取证、开具告知单的过程中，驾驶人赶到现场。一种观点认为在此情形中，驾驶人未离开现场，不能认定为违规停放机动车，应当首先视作临时停车，按照临时停车规定，对驾驶人予以口头警告，后责令其立即驶离。这种观点有利于驾驶人利益，避免了驾驶人的财产罚，持这种观点的大部分是驾驶人。从社会效果角度上看，这种处罚能够和谐地恢复道路通行，貌似可以达到道路交通安全工作的目的。另一种观点认为驾驶人离开了现场，驾驶人的行为应当被认定为违反道路交通安全法律、法规的规定而予以处罚。现实中，被处罚人可能去送货或者接小孩，附近没有停车场，或者认为该路段交通流量并不大，未妨碍交通通行，却被处以五十元罚款，心理上难免会产生不满，引起行政复议或者诉讼。大部分城市的公安机关交通管理部门根据道路和交通流量的具体情况规定了"严管路段"，在严管路段通过设置禁止停车标志、标线的禁令标志的方式，加大对驾驶人的处罚。根据城市道路标志标线设置标准，对不允许一切车辆停、放的路段应当设置禁止停车标志。对车辆长时停放易引起道路交通拥堵或影响车辆通行，但允许车辆临时停靠，完成上下客、装卸货等需要的地点，应设置禁止长时停车标志。这意味着机动车在严管路段停放或者临时停车即构成违反禁令标志、标线指示的违法行为，根据《道路交通安全法实施条例》的规定，处以一百元罚款，并按照公安部《机动车驾驶证申领和使用规定》，一次记 3 分。

二轮车停放和临时停车不得占用盲道、机动车道、机动车临时停车泊位和妨碍行人、其他车辆通行，不得堵塞建筑物的消防通道、疏散通道、安全出口和楼梯口。公安机关交通管理部门、城市管理主管部门有权依据自己的职责对违反停放区域的二轮车驾驶人处以罚款。对于摩托车、不符合国家标准的电动自行车未按照规定停放，公安机关交通管理部门、城市管理主管部门可以对其处五十元罚款；非机动车未按照规定停放，应当处十元罚款。《道路交通安全法》第九十条规定，机动车驾驶人违反道路交通安全法律、法规关于道路通行规定的，处警告或者二十元以上二百元以下罚款。《江西省实施〈中华人民共和国道路交通安全法〉办法》第七十九条第四项规定，非机动车驾驶人有下列行为之一的，处十元罚款：不在规定地点停车或者停车妨碍其他车辆和行人通行的。第八十四条第三项规定，机动车驾驶人有下列行为之一的，处五十元罚款：在道路上临时停车妨碍其他车辆、行人通行，驾驶人不在现场或者虽在现场但拒绝立即驶离的。

第四十四条【共享单车违反停放处罚】

违反本规定第二十八条规定的，由公安机关交通管理部门、城市管理主管部门根据各自职责，依照道路交通安全法律法规的规定和本规定进行处罚。未按照规定停放影响交通安全的，责令共享车辆运营企业限期改正；拒不改正的，由公安机关交通管理部门或者城市管理主管部门代为清理，清理费用由共享车辆运营企业承担。

【条文释义】

本条是关于共享车辆运营企业未按规定停放的处罚规定。共享车辆的出现便利了人们的出行，但部分共享车辆受经济利益的驱使，往往存在挤占道路、随意停车拉客现象，如果不对其进行规范，势必会出现扰乱交通秩序，危害乘客、行人安全的事情，该法条旨在对共享车辆的这类不规范停放行为作出处罚，进而达到维护交通秩序，保障乘客安全的目的。

随着社会经济以及科学水平的快速发展，共享单车在大数据、云计算的科技背景下应运而生，对人们生活方式进行创新改变，但由于共享单车行业发展速度十分迅速，相关部门还没有制定相关的规范机制，所以目前共享单车的停放问题亟须改善。在现代生活中，共享单车适应现代人们快节奏的生活方式，提倡共享经济的生活方式，但有些地方还没有提前做好共享单车大量涌现的准备，存在共享停车位缺乏的情况，共享单车错停乱停、违法违规现象不断，严重影响市区内道路交通的正常运行，所以共享单车停放设施建设应当加快进程，解决市内共享单车"泛滥"的现象，为大量的共享单车提供合理的停放位置。相关部门应该根据共享单车的发展速度以及实际情况进行科学合理的规划设计，平衡共享单车与停放地点的数量差距，避免共享单车不规范停车现象的发生，方便人们的生活，尤其是一些道路的主干道，受共享单车影响严重的区域，应加快规划调整进度，解决共享单车乱停乱放的问题。

本条是关于公安机关交通管理部门、城市管理主管部门对于共享车辆未按照规定投放的处罚规定。共享单车企业通过在校园、地铁站点、公交站点、居民区、商业区、公共服务区等提供服务，完成交通行业最后一块"拼图"，带动居民使用其他公共交通工具的热情。与其他公共交通方式产生协同效应。共享单车是一种分时租赁模式，也是一种新型绿色环保共享经济。随着共享单车的普及，车辆本身损坏的状况也越来越多，废弃共享单车乱堆乱放，扰乱交通秩序，妨碍行人、车辆的正常通行，甚至影响整个城市的交通网络运行。因此，需要制定相关的法律规定来规制此现象的发生。交通运输部等10部委《关于鼓励和规范互联网租赁自行车发展的指导意见》规定，要明确责任分工。各地区、各有关部门要充分认识鼓励和规范互联网租赁自行车的重要意义，加强组织领导、加快制度建设、强化监管服务。城市人民政府要结合本地实际，明确各部门工作责任，建立联合工作机制，加强统筹协调，加快信息共享，促进互联网租赁自行车健康有序发展。交通运输部门负责互联网租赁自行车与城市公共交通融合发展的政策制定和统筹协调；公安机关负责查处盗窃、损毁互联网租赁自行车等违法行为，查处互联网租赁自行车交通违法行为，维护交通秩序；住房城乡建设部门负责城市自行车交通网络、互联网租赁自行车停车设施规划并指导建设；公安机关交通管理部门和城市管理部门共同指导互联网租赁自行车停放管理；网信部门、电信主管部门、公安机关等根据各自职责，负责加强互联网租赁自行车服务的网络安全监管，保障用户信息安全。发展改革、价格、人民银行、工商、质检等部门按照各自职责，对互联网租赁自行车经营行为实施相关监督检查，并对违法行为依法处理。

第四十五条【驾驶人造成交通堵塞处罚】

违反本规定第二十九条规定，驾驶人应当自行撤离现场而未撤离，造成交通堵塞的，由公安机关交通管理部门处二百元罚款。

【条文释义】

本条文是对驾驶人违反本规定第二十九条规定而发生事故造成交通堵塞的处罚规定。旨在督促驾驶人自觉遵守交通规则，坚决抵制违法行驶行为，进而营造和谐的交通骑行环境，共同维护城市良好的交通秩序。

交通堵塞与交通拥挤的概念直接相关，交通堵塞是交通拥挤的直接后果，所谓交通拥挤，就是在某一特定的时空环境条件下，由于交通需求和供给产生矛盾而引起的交通滞留现象，主要指道路交通设施所能提供的交通容量不能满足当时的交通量需求而又得不到及时疏通的现象。改革开放以来，中国百姓的衣食住行发生了很大变化，中国的道路建设里程成倍增加，城市规模也不断扩大。但是，城市中的交通拥堵状况却越来越严重，行路难、乘车难已成为群众反映最大的社会热点。目前，我国大多数城市不同程度的存在交通拥堵现象。全国城市中，约有 2/3 的城市交通高峰时段主干道机动车车速下降，出现拥堵。一些大中城市交通拥堵严重。交通环境脆弱，路网通行效率下降，主次干道车流缓慢，常发大面积、长时间的拥堵。居民出行时间、交通运输成本明显增加。个别城市交通高峰主次干道交通流已达到饱和或超饱和状态。而且这种状态呈增长趋势越来越严重：驾车者在路上因堵塞而等待的时间越来越长；驾车者可能遇到交通堵塞的时间段越来越多；出现交通堵塞的街道数量越来越多。

一、交通堵塞的危害

（一）交通堵塞影响了人们正常的工作与生活

交通堵塞给出行者个人或团体带来不便，大大降低了预期效用，影响了我们工作和生活的质量。堵车，已成为大都市人的心病。交通拥堵不仅使我们的时间延误，使得我们不得不将自己宝贵的时间浪费在道路上的等待中，而且还对我们的心理造成损伤。有关研究数据显示，严重的堵塞可能造成驾车人和乘客的烦躁不安和心理失衡，增加发生交通事故的风险。大中城市的很多医院都收治过在交通堵塞时过于焦虑而引发各种急性病症的患者。交通事故产生的原因往往是由于急躁性驾驶，而交通拥堵是引发急躁性驾驶的原因之一。研究表明，交通拥堵可能使一些部门的工作效率明显降低。人们选择汽车的初始动机主要是为了出行快捷和节省时间，然而由于交通堵塞所造成的出行或通勤的低效率，往往使得人们的愿望与实际结果大相径庭。

（二）交通堵塞使城市的污染愈加严重

我国城市机动车交通造成的污染约占整个城市污染的一半以上，交通堵塞是造成空气污染的一个重要原因。汽车频繁的怠速、低速、加速、减速，加重了城区的空气污染。北京市环科院研究结果表明，小轿车的车速由 20 千米/小时提高到 50 千米/小时，其排放的一氧化碳、碳氢化合物可减少 50% 左右。越来越频繁发生的交通拥堵使得城市空气污染更加严重，直接危害了人们的生命安全，上海就曾发生道路交叉口执勤民警中毒事件。

（三）交通拥堵增加了社会成本

交通堵塞给整个社会造成了巨大的无谓损失，它减少了社会总剩余，也降低了社会的总体经济福利水平。交通拥堵使交通参与者增加了时间成本和汽油成本。有人估计，美国全国每年因堵车浪费的汽油和时间所造成的经济损失高达 680 亿美元。交通堵塞向社会施加了一种额外的成本，该成本就是每个人在堵塞期间内由于缓慢行驶甚至停止不前所花费的额外时间和额外付出。交通堵塞还大大增加了交通管理成本。由于交通堵塞的愈加严重，我们必须增加更多的交通信号设施、岗亭等设施，增加交通警察的工作量与工作强度，甚至增加更多的交通警察编制和机构。这些额外的成本其实最终都是由整个城市或者社会来承担的。由于交通堵塞，我们购买的汽车很多设计性能在实际使用中也被浪费，比如在绝大多数情况下实际驾驶速度甚至还不到设计速度的 1/3。我们以很高的价格购买了一部分几乎不能实际使用的功能，造成了资源的浪费。交通堵塞使得我们的汽车频繁的起步停车，加速损坏。此外，交通堵塞还加重了治理空气污染的社会成本。在成倍地增加社会成本的同时，交通堵塞几乎没有带来任何收益。

二、交通堵塞的原因分析

（一）机动车保有量的增加

改革开放以来，我国城市居民人均可支配收入大幅提高，居民对私家轿车的购买能力显著增强。汽车使用率增加是导致城市交通堵塞的主要原因。由于汽车的方便，导致市区内车流日益增多，每逢高峰时间，上班的、旅游的、购物的车流从四面八方涌入市中心，导致现有道路无法负荷如此大的车流量，而造成堵塞的情形。

（二）交通供需矛盾加剧，道路建设不合理

第一，随着经济的发展，城市化进程过快，交通供需矛盾日益加剧。第二，功能不分，我国城市普遍存在城市生活性干道同时又是城市交通性干道的现象，在有些小城市中甚至又是过境干道，造成各种性质不同的交通混杂在一起，影响道路功能发挥。第三，道路质量低，通行条件差，不少城市只修主干道，不注重次干道、支路的建设，交通流量过于集中，主、次干道和支路比例严重失调，路段通行能力低。

（三）市民违反交通法规现象严重

我国城市中违反交通法规现象十分普遍，闯红灯的现象经常发生，国民的整体交通法律意识、交通安全意识和交通文明意识不高，道路通行秩序差，易造成交通堵塞。据统计，全国每年处理交通违法达 2.6 亿人次，99% 以上的交通事故都是人为所致。人们对城市功能分区认定不足，一些违章建筑杂乱无章，违章占道，摆摊设点现象严重，此外，一些学校、商店、厂矿、居民住宅设址错误，凸显路面交通的不合理性，造成交通堵塞。

（四）政府对城市道路交通管理的水平不高

缺乏先进的交通管理理念，我国现代化交通事业起步较晚，在管理理念上还存在许多不足，政府管理道路交通的整体水平不高，交通安全设施极少，基础设施不完善。与此同时，我国交通组织和管理人才缺乏，在一定程度上限制了交通管理的现代化发展，原有的人员素质低，目前掌握交通管理专业知识的交警较少。

（五）国家道路交通法律法规不健全，政府安全教育宣传力度不够

我国道路交通法律法规都缺乏有关交通教育的内容，我国人口众多，法制基础不深，公民法治意识尤其是交通法治意识差，交通

参与者长期养成不遵守交通法规的习惯，交通安全教育缺失对城市交通影响极大，也是交通拥堵的病根。交警对于驾驶人驾车时的一些违反交通法规的行为，不可能每时每刻进行监督，即使监督到了也难以处罚，致使驾车时不遵守交通法规的行为大量存在，导致交通堵塞。

法律具有教育作用和强制作用，违法驾驶行为需要法律来进行规制。法律的教育作用是指通过法律的实施，使法律对一般人的行为产生影响。这种作用的对象是一般人的行为。法律的教育作用表现在交通驾驶方面：通过法律的实施，法律规范对驾驶人员今后的行为发生直接或间接的诱导影响。法律具有这样的影响力，即把体现在规则和原则中的某种思想、观念和价值灌输给驾驶人员，使驾驶人员在内心中确立对法律的信念，从而达到使法律的外在规范内化，形成尊重和遵守交通规则的习惯。而法律的强制作用是指法律可以用来制裁、强制、约束违法犯罪行为，这种作用的对象是违法犯罪者的行为，通过惩罚的方式来使违法驾驶者遵守交通规则，营造和谐的交通环境，共同维护城市良好的交通秩序。

第四十六条【扣留车辆处罚】

电动自行车、残疾人机动轮椅车、不符合国家标准的电动自行车驾驶人拒绝接受罚款处罚的，公安机关交通管理部门可以依法扣留车辆至指定场所。扣留车辆的，应当当场出具扣车凭证，并告知当事人携带有关证明材料在规定期限内到公安机关交通管理部门接受处理。

当事人依法接受处理后，公安机关交通管理部门应当及时退还车辆；逾期不来接受处理，经公告三个月仍不来接受处理的，公安机关交通管理部门对扣留车辆依法处理。

【条文释义】

本条文是对电动车驾驶人拒绝或者依法接受罚款处罚规定。旨在督促驾驶人自觉遵守交通规则，共同维护城市良好的交通秩序。

扣留车辆是公安机关交通管理部门及其交通警察使用最多的行政强制措施之一。它对于维护交通秩序，预防和减少交通事故，保护人身安全，保护公民、法人和其他组织的财产安全，提高通行效率具有重要的作用，是进行交通管理的有效手段。扣留车辆具有强制性和即时性，涉及对交通活动参与者财产权的限制。比方说，因收集交通事故证据扣留车辆的，不仅不能超出法定时限，还应在法定时限内尽快完成检验鉴定工作，尽早将车辆交还当事人。同时还要注意对被扣车辆妥善保管，不得使用。对于车辆上的货物不得扣留甚至使用，必要时还应当协助当事人处理车上的货物。

一、扣留车辆的性质

谈到扣留车辆，这里首先要探讨一下行政强制措施。因为按照现代行政法学理论，扣留车辆是属于行政强制措施之一。所谓行政强制措施，通说认为，为了预防、制止或控制危害社会行为的发生，依法采取的对有关对象的人身、财产和行为自由加以暂时性限制，使其保持一定状态的手段。根据这一界定，其特点应该包括：其目的是预防、制止或控制危害社会的行为产生；其内容包括对人身、行为和财产的行政强制措施三大类；其与行政处理决定或行政强制执行紧密相连，常常是行政机关作出行政处理决定或行政强制执行的准备和前提；其不仅具有预防性、制止性，而且具有临时性；行政机关采取行政强制措施，必须有法律的授权，并严格依照法律的规定实施。

车辆扣留是行政强制措施之一，理所当然具有上述诸特点，且扣留车辆是属于对财物的行政强制措施，涉及的是对公民、法人和其他组织财产权的暂时性限制，其目的是预防和制止交通违法行为或是为收集交通事故证据的需要等。当然，其最终目的都是维护交通秩序，保护人身安全和财产安全，提高通行效率。同时，扣留车辆还必须有法律的授权并严格按照法律的规定实施，这是由作为限权、控权的现代行政法的法律保留原则所决定的。

二、扣留车辆的适用条件

既然扣留车辆须由法律授权，那么，法律未授权的，就不能扣留。也就是说，只有符合法律所规定的情形（条件）的，才能扣留车辆。实践中那种不符合法定情形乱扣车辆的现象，均为非法行为，必须坚决予以禁止，以切实维护交通参与者的合法权益不受行政强制权的非法侵害。允许公安机关交通管理部门及其交通警察扣留车辆的法定情形共有8类。《道路交通安全违法行为处理程序规定》第二十七条规定，有下列情形之一的，依法扣留车辆：（1）上道路行驶的机动车未悬挂机动车号牌，未放置检验合格标志、保险标志，或者未随车携带机动车行驶证、驾驶证的；（2）有伪造、变造或者使用伪造、变造的机动车登记证书、号牌、行驶证、检验合格标志、保险标志、驾驶证或者使用其他车辆的机动车登记证书、号牌、行驶证、检验合格标志、保险标志嫌疑的；（3）未按照国家规定投保机动车交通事故责任强制保险的；（4）公路客运车辆或者货运机动车超载的；（5）机动车有被盗抢嫌疑的；（6）机动车有拼装或者达到报废标准嫌疑的；（7）未申领《剧毒化学品公路运输通行证》通过公路运输剧毒化学品的；（8）非机动车驾驶人拒绝接受罚款处罚的。对发生道路交通事故，因收集证据需要的，可以依法扣留事故车辆。本条是关于电动车查扣的处理规定，即属于第八项的规定：非机动车驾驶人拒绝接受罚款处罚的，公安机关可以依法扣留车辆。《道路交通安全法》第八十九条规定，行人、乘车人、非机动车驾驶人违反道路交通安全法律、法规关于道路通行规定的，处警告或者五元以上五十元以下罚款；非机动车驾驶人拒绝接受罚款处罚的，可以扣留其非机动车。第一百一十二条规定，公安机关交通管理部门扣留机动车、非机动车，应当当场出具凭证，并告知当事人在规定期限内到公安机关交通管理部门接受处理。公安机关交通管理部门对被扣留的车辆应当妥善保管，不得使用。逾期不来接受处理，并且经公告三个月仍不来接受处理的，对扣留的车辆依法处理。

三、扣留车辆应当遵守的基本原则

（一）合法性原则

这里的合法性原则是指作为行政强制措施之一的扣留车辆必须依法行使，并受法律的约束。具体来说，该原则应包括下列内容：（1）实施扣留车辆的主体只能是依法设定的主体，即只能是公安机关交通管理部门及其交通警察，其他任何单位和个人都无权行使这一职权；（2）公安机关交通管理部门及其交通警察扣留车辆必须严格遵循法定的情形和程序，做到公正、公开；（3）公安机关交通管理部门及其交通警察违法扣留车辆的，必须承担相应的法律责任，如果侵犯当事人合法权益造成财产损失的，应当承担国家赔偿责任；（4）公安机关交通管理部门及其交通警察在行使这一行政强制措施过程中，应当接受监督，当事人有权通过行政复议、行政诉讼等途径获得正当的救济。合法性原则要求公安机关交通管理部门及其交通警察只能依照法律的规定扣留车辆，法律无规定的则不能行使。这就是现代行政法的法律保留原则。坚持这一原则的根本目的乃是基于人权保障和民主法治的要求。

（二）期待履行原则

由于扣留车辆是一项行政强制措施，具有强制性特点，很容易侵犯公民、法人和其他组织的合法财产权益，甚至产生冲突与对抗。因此，扣留车辆在执法过程中必须十分谨慎，在正式实施前，应当根据具体情况尽力进行说服教育工作，强调和鼓励当事人自觉履行，包括在行政指导和督促下自动履行，尽量减少直接强制。如果采取其他的一般方法同样能起到效果，就应该少用甚至不用。所以，《道路交通安全法》等法律法规大多采用了"可以"的法律用语。因此，虽然扣留车辆是道路交通安全管理的一种必要手段，但也必须贯彻行政合作精神，这种合作精神的具体体现就是要尽量期待当事人自觉履行，不到万不得已的情况下，尽量不要采用。这一原则还要求执法人员要充分说明理由。这里的"理由"应包括事实理由、法律理由和裁决理由。只有充分说明理由，当事人才会信服，才会接受，从而减少矛盾和冲突。

（三）最小损失原则

扣留车辆必然给当事人造成一定的利益损失，但需要注意的是，公安机关交通管理部门及其交通警察应尽量减少这种损失。比方说，因收集交通事故证据扣留车辆的，不仅不能超出法定时限，还应在法定时限内尽快完成检验鉴定工作，尽早将车辆交还当事人。同时还要注意对被扣车辆妥善保管，不得使用。对于车辆上的货物不得扣留甚至使用，必要时还应当协助当事人处理车上的货物。这些都是最小损失原则的具体体现。

（四）程序和救济原则

程序原则是行政强制的基本原则，是预防和控制滥用自由裁量权的基本手段，是确保行政强制合法、公开、公正、效率的基本保障。现代法律理念告诉我们：程序不仅对社会冲突实现公正、高效的解决具有决定性的功能，而且还具有自身独立的公正价值。公安机关交通管理部门及其交通警察必须强化程序意识，在行使扣留车辆这一行政强制时，严格遵守程序规范。在遵循程序原则的同时，还必须遵循救济原则。公安机关交通管理部门及其交通警察扣留车辆之后，当事人可以借助行政复议、行政诉讼等手段获得救济。

四、扣留车辆的法律救济

由于扣留车辆是公安机关交通管理部门及其交通警察在交通安全管理中使用相当普遍的一种行政强制措施，这就完全有可能发生违法或不当采取扣留车辆的问题从而侵犯交通参与者的合法权益。例如，扣留交通事故车辆以便催要交通事故赔偿款；超期扣留车辆；对被扣留车辆保管不当，造成损失；使用被扣留车辆，甚至造成交通事故；乱收被扣车辆的保管费用；对被扣车辆上的货物处置不当，甚至使用、占有、强卖车辆所载货物等情况。因此，给予被扣留车辆的当事人提供必要的法定救济渠道，就具有十分重要的意义。我国的现行法律法规为当事人提供了诸多的救济途径，其主要包括：

（一）申诉与控告救济

对公安机关交通管理部门及其交通警察在交通安全管理中违法和不当采取扣留车辆等行政强制措施申诉和控告的，通常由公安机关内部设立的信访部门负责处理。信访部门对当事人提出的申诉和控告，对于控告事由基本成立需要查处的，应当立案查办，并将处理结果告诉申诉人、控告人。这种救济实质上是由公安机关交通管理部门先行自我纠正错误，属于内部监督。

（二）行政复议和行政诉讼救济

依照《中华人民共和国行政复议法》第二条第一款的规定，行政复议是指公民、法人或其他组织认为具体行政行为侵犯其合法权益，向行政机关提出行政复议申请，行政机关受理行政复议、作出行政复议决定的法律制度。公安机关交通管理部门及其交通警察在进行道路交通安全管理过程中，应该依法采取扣留机动车等行政强制措施。如果被扣车辆当事人认为该行政强制措施侵犯了其合法权益，可以在法定期限内向复议机关申请复议。复议机关在法定期限内对有关事实、证据和法律规范进行审查并应当对扣留车辆是否合法和适当作出判断。对于主要事实不清、证据不足的、适用依据错误的、违反法定程序的、超越或者滥用职权的、采取行政措施明显不当的，行政复议机关可以决定撤销、变更或者确认所采取的扣留车辆违法。

（三）行政赔偿救济

行政赔偿是指国家行政机关及其公务员在执行职务、行使国家行政管理职权的过程中，因违法给行政相对人造成损害，由国家行政机关承担赔偿责任的制度。行政赔偿责任也即行政侵权赔偿责任。依照《中华人民共和国国家赔偿法》的规定，违法采取扣押行政强制措施的，受害人有权请求国家赔偿。由此可见，公安机关交通管理部门及其交通警察在道路交通安全管理过程中，如果违法采取了扣留车辆的行政强制措施，导致受害人的财产遭受损失，受害人可以要求公安机关赔偿。公安机关作为赔偿义务机关代表国家承担行政赔偿责任后，应当责令有故意或重大过失的交通警察承担部分或全部赔偿费用，必要时，还应依法给予行政处分；构成犯罪的依法追究刑事责任。这里需要注意的是，如果因交通警察的非职务行为，或者公民、法人或其他组织自己的行为导致损害发生，或者不可抗力、正当防卫、紧急避险、第三人的过错等造成损害的，免除行政赔偿。

第四十七条【交警违规处罚】

交通警察有下列行为之一的，依法给予处分：

（一）对不符合相应标准的车辆办理临时通行标志或者登记挂牌的；

（二）违法扣留车辆或者使用被依法扣留车辆的；

（三）当场收取罚款不开具罚款收据或者不如实填写罚款额的；

（四）交通执法中有其他不履行法定职责、违法违纪行为的。

【条文释义】

本条文是对交警违规行为给予行政处罚的规定。交警是维护道路交通秩序的主力军，但是有部分交警忘记职责，违反规定，作出不合规的行为。因此本条旨在规范交警的行为，督促交警依法办事，全心全意为人民服务。

在党的十九大报告中，习近平总书记提出要"加强和创新社会治理"，具体内容为"完善党委领导、政府负责、社会协同、公众参与、法治保障的社会治理体制，提高社会治理社会化、法治化、智能化、专业化水平"。这是对我国社会治理方式的改革和创新，也对政府行政管理提出了新的要求和方向。公安机关是社会治理主体之一，也是重要的行政管理力量，其自身的管理和建设水平在一定程度上影响了国家社会治理的措施和成果。然而，随着社会的持续发展和改革开放的不断深化，人们的就业方式和生活方式发生了巨大变化，每一个人都会受到来自各方面的诱惑和考验。交警也是人，难免有个别意志薄弱的交警，背离了原有的道德标准和价值观念，作出有损社会道德、有悖组织原则、有违党纪法规的事情，破坏公安队伍整体的稳定团结。德国法学家耶林说过：世上不法之事莫过于执法之人自己破坏法律。违法违纪的交警不仅破坏了人民警察的形象，也影响了警察的公信力。廉洁的政府、正直的官员、高效的管理和公平正义的法律，是行政管理的最高标准，也是世界各国人民共同追求的目标。

交通警察，简称交警，是指公安机关中负责交通秩序管理、交通事故勘察的人民警察，是人民警察的一个警种。交通警察的主要职责有依法查处道路交通违法行为和交通事故；维护城乡道路交通秩序和公路治安秩序；开展机动车辆安全检验、牌证发放和驾驶员考核发证工作；开展道路交通安全宣传教育活动；道路交通管理科研工作；参与城市建设、道路交通和安全设施的规划。组织宣传交通法规，依法管理道路交通秩序，管理车辆、驾驶员和行人，教育交通违法者，勘查处理交通事故，以维护正常的交通秩序，保证交通运输的畅通与安全。交通警察的执法依据有《道路交通安全法》、《道路交通安全法实施条例》、各省道路交通管理实施办法、《道路交通事故处理程序规定》、《机动车登记工作规范》、《道路交通安全违法行为处理程序规定》、各省道路交通实施条例、各省公安交通管理行政赔偿程序规定。执法原则是人民警察必须以宪法和法律为活动准则，忠于职守，清正廉洁，纪律严明，服从命令，严格执法；交通警察必须秉公执法，不得徇私舞弊、索贿受贿、枉法裁决。

交警违规具有特殊性：

第一，主体的特殊性。交通警察承担了相当广泛的社会管理职能，是国家行政管理的主体之一。每一个交警都是公安机关的一部分，负有或多或少的行政管理职能，也掌握了组织给予的一定权力，从广义上看，每一个交警都可以视为行政管理的主体。因此，交警违法违纪有别于普通人的违法违纪，而是行政管理主体自身出现了问题，是负责社会治理的治理者本身，实施了妨害社会治理的行为。

第二，权力的特殊性。交通警察的权力是国家宪法、法律赋予的，是国家权力的组成部分，具有一定的治安行政权。交警因其职责所需，被赋予一定的权力，这是普通群众所没有的。

第三，影响的特殊性。交警的违法违纪行为会侵害公民的生命健康，践踏法律的尊严，损害公安机关的公信力。同时，交警违法违纪的数量，体现了公安机关对交警的管理状况，体现了公安机关队伍建设的质量，也体现了国家行政管理的水平。

　　交通警察的执法活动与社会公共利益和公民个人利益休戚相关，因而交警必须依法行政，即按照职权法定、权利和责任相一致以及依法裁量的基本原则，行使管理国家事务的活动。因此，对于交警违法违纪行为必须严格处罚，为维护公民的生命健康以及公安机关的公信力提供保障。

第六章 附 则

第四十八条【从新原则】

国家对电动自行车及其标准有新规定的，从其规定。

【条文释义】

本条是关于从新原则的规定。国家对电动自行车及其标准在时间效力上采取的是从新原则，即按照新法处理，新法具有溯及力。法的溯及力又称溯及既往的效力，是指新的司法解释颁布后，对其生效前的事件和行为是否适用的问题，如果适用，则具有溯及力；如果不适用，则不具有溯及力。

通常情况下，法不溯及既往为原则，溯及既往为例外。法不溯及既往原则的出发点在于对信赖利益的保护。法作为社会的行为规范，通过对违反者惩戒来促使人们遵守执行。人们之所以对违法行为承担不利后果接受惩戒，是因为事先就已经知道和应当知道哪些行为是法律允许的，哪些行为是法律不允许的。不能要求人们遵守还没有制定出来的法律。

与法不溯及既往相反的是法的溯及力，也称从新原则。从新原则，是指新的法律具有溯及力，对于新法生效前发生的未经审判或者判决未确定的行为，无论新旧法律的规定如何，一律适用新的法律。

第四十九条【行政处罚事项】

本规定涉及的行政处罚事项已经按照相对集中行政处罚权有关规定移交城市管理主管部门行使的，由城市管理主管部门进行处罚。

【条文释义】

本条是关于行政处罚事项的规定。旨在解决行政管理中长期存在的多头执法、职权重复交叉、执法机构膨胀、效率低下等问题。开展相对集中行政处罚权工作，可以有效地整合、优化城市管理领域的执法资源，实现执法职能的科学配置，提高行政效率。

凡是本规定涉及的行政处罚事项按照相对集中行政处罚权有关规定需移交城市管理主管部门行使的，必须由城市主管部门进行处罚。其他未经批准或授权的其他组织通过的规范性文件不得设定行政处罚。本条明确规定了实施行政处罚权的主体。

一、相对集中行政处罚权的内涵与特点

（一）相对集中行政处罚权的内涵

21 世纪以来，随着我国国家实力的不断加强，经济不断发展，城市化脚步不断加快，城市化管理的问题也随之而来。在社会生活中，行政处罚机关多头执法、重复处罚、相互推诿等不良现象屡见不鲜。为了规范行政处罚权限、提高行政处罚效率、节约行政处罚成本、提高人民满意度，更好地建设社会主义法治社会，相对集中行政处罚权制度应运而生。相对集中行政处罚权既对行政处罚权本身进行重组，也对行政处罚权的行使机关进行重组，是我国在社会主义法治建设过程中一项重大的法律制度创新。

1996 年 3 月 17 日，第八届全国人民代表大会第四次会议通过了《中华人民共和国行政处罚法》。该法第十六条规定："国务院

或者经国务院授权的省、自治区、直辖市人民政府可以决定一个行政机关行使有关行政机关的行政处罚权，但限制人身自由的行政处罚权只能由公安机关行使。"该条以明确而具体的法律条文形式给予了相对集中行政处罚权肯定，从此，相对集中行政处罚权作为一项法律制度而诞生了。1996 年 4 月，国务院发布了《关于贯彻实施〈中华人民共和国行政处罚法〉的通知》，该通知首次明确使用了"相对集中行政处罚权"一词。

以上法律规定为相对集中行政处罚权概念的产生奠定了坚实的法律基础，使其有法可依。相对集中行政处罚权是指"将原本分散的、由不同机关行使的行政处罚权改由某一个机关来行使。具体说来是指将若干行政机关的行政处罚权集中起来，交由一个行政机关统一行使；行政处罚权相对集中后，有关行政机关不再行使已经统一由一个行政机关行使的行政处罚权"。因此，"相对集中行政处罚权"是指将若干行政机关的行政处罚权集中起来，交由一个行政机关统一行使；行政处罚权相对集中后，有关行政机关不得再行使由一个行政机关统一行使的行政处罚权的一种行政执法制度。

（二）相对集中行政处罚权的特点

（1）权力本身来源于其他行政机关。根据我国依法行政、合法行政的重要原则以及相关法律规定，我国行政机关的行政处罚权限及种类来自法律、法规等的明确设定。而被相对集中起来的行政处罚权并不是法律、法规新设定的行政处罚的权力、种类，而是将若干行政机关分散行使的行政处罚职能集中到一个行政机关行使。换言之，相对集中行政处罚权制度的权力本身来源于其他行政机关，该权力原本是其他行政机关依法享有的部分或者全部行政处罚权。也就是说，相对集中行政处罚权并不是一步到位的，而是经历了从分权到集权的一个过程。设置相对集中行政处罚权的目的是要解决多头执法、重复执法等问题，所以分权的过程并不是盲目的，而是本着提高行政处罚效率和节约行政处罚成本的原则，将原本属于一个或几个行政机关依法享有的部分或全部有交叉、重复的或过于分散的行政处罚权进行剥离，然后统一交由某一行政机关集中行使该行政处罚权，而原机关则不再享有该行政处罚权。

（2）权力类型仅限行政处罚权。相对集中行政处罚权只是对行政处罚权这众多行政权力种类中的一种予以集中，并且在集中的同时还加了诸多限制。这不仅是因为行政处罚是行政机关作出的最多的行政行为的类型，更是因为行政处罚是涉及人民群众的直接利益的。因此既有必要对重复、交叉或者是过于分散的行政处罚权予以集中，又要在集中的同时注意到，过分的集中行政处罚权将会导致某些行政机关的权力过大，不分情况地集中各类行政处罚权也会违反该项制度的本意，反而产生许多新的问题。所以必须要对适宜集中的行政处罚权予以适度集中，如"4+1"模式集中了市容环卫、规划管理、城市园林绿化、市政公用管理等方面的行政处罚权，还有"5+1""6+1"等模式，都是典型的合理集中的例子，而对于其他的事项，特别是专业性强的则不应该集中，例如限制人身自由的行政处罚权、中央垂直领导机关的行政处罚权是不可以进行集中的。

（3）实施主体仅限行政机关。根据我国有关法律的相关规定，行政处罚的实施主体包括三类，即行政机关、法律、法规授权的组织以及行政机关委托的组织。但是，《中华人民共和国行政处罚法》第十七条对相对集中行政处罚权的实施主体作出了明确的限定，即仅限行政机关一类。这是因为行政处罚权作为一种制裁性的权力，本就对人民切身利益、社会主义法治建设、社会主义法治文明有着十分重大的影响，而将行政处罚权相对集中起来交由某一个行政机关行使则更是意义重大，因此必须谨慎，对其实施主体的要求也必须更为严格。所以，相对集中行政处罚权的实施主体仅限行政机关，并且其仅限新的获得授权的行政机关，而原享有被集中的行政处罚权的机关则不再享有此项权力，也无权再作出该项行政处罚。

（4）实施程序更为严格。我国行政机关的一切权能都是法律所赋予的，行政机关依法履行职责，依法定程序办事。相对集中行政处罚权作为一项重要的法律制度，不仅涉及行政处罚权的分离与重组，还涉及行政处罚权的行使机关的重新确定，所以相对集中行政处罚权必须遵守更为严格的法律程序，只有"国务院或者国务院授权的省、自治区、直辖市批准"才是合法有效的。

二、相对集中行政处罚权制度的产生和发展

相对集中行政处罚权制度属于综合行政执法体制改革的范畴，源于1996年颁布的《中华人民共和国行政处罚法》。该法第十六条规定："国务院或者经国务院授权的省、自治区、直辖市人民政府可以决定一个行政机关行使有关行政机关的行政处罚权，但限制人身自由的行政处罚权只能由公安机关行使。"赋予相对集中行政处罚权部门合法性地位。1997年，北京市宣武区成为国内首个开展相对集中行政处罚权试点。随后，在总结试点经验的基础上，相对集中行政处罚权制度试点范围逐渐扩大。2002年，国务院颁布了《关于进一步推进相对集中行政处罚权工作的决定》，标志着相对集中行政处罚权制度正式进入全面推广阶段，并提出了"7+X"的制度模式建议。其中，"7"指的是针对多头执法、职责交叉、重复处罚、执法扰民等问题比较突出，严重影响执法效率和政府形象的城市管理领域，包括市容环境卫生管理、城市规划管理、城市绿化管理、市政管理、环境保护管理、工商行政管理、公安交通管理七个方面。"X"指省、自治区、直辖市人民政府决定调整的城市管理领域的其他行政处罚权。目前，相对集中行政处罚权制度主要有三种模式：一是"大于7+X模式"。如北京市在7项职能的基础上增

加了"城市河湖管理、公用事业管理、城市节水管理、城市停车管理、施工现场管理和旅游管理方面对无导游证从事导游活动行为的行政处罚权",实行"13+X 模式"。广州是"17+X 模式",上海是"10+X 模式"。二是"等于 7+X 模式",如哈尔滨市和合肥市。三是"小于 7+X 模式",如长春市和天津市。

　　党的十八届三中全会作出的《中共中央关于全面深化改革若干重大问题的决定》和党的十八届四中全会作出的《中共中央关于全面推进依法治国若干重大问题的决定》都对深化行政执法体制改革提出了要求,并提出相关部门应推进跨部门综合执法。从上述决定中可以看出,行政执法体制改革作为我国行政体制改革的重要组成部分,发展方向包括两个层面:纵向上理顺不同层级政府的事权和职能,减少执法层次;横向上推进综合执法和跨部门执法,整合、减少执法队伍种类。目前已经开展综合执法体制改革的领域包括城市管理、文化、农业、交通等行业,可以分为两种模式,第一种是相对集中行政处罚权制度,相对集中行政处罚权制度又可以分为两种,一种是城市管理、文化领域的跨部门综合执法;另一种是农业、交通等领域推进的在行业内部进行的处罚权整合。第二种是以各地行政服务中心为依托的相对集中行政许可权制度。从 20 世纪90 年代开始的城管相对集中行政处罚权改革,是最早推进跨部门综合执法的领域。

三、相对集中行政处罚权的目的及价值

　　推行相对集中行政处罚权制度,旨在解决行政管理中长期存在的多头执法、职权重复交叉、执法机构膨胀、效率低下等问题。现行的行政执法体制,存在执法机构重叠、多头执法、职责复杂交叉、执法扰民、效率低下等问题,执法力量分散,不仅难以形成有效的经常性管理,而且这种状况容易造成重复处罚或执法中相互推诿,滋生行政机关的官僚主义和腐败。对此,迫切需要通过法律手

段理顺法律问题，建立办事高效、运转协调、行为规范的行政执法体制。开展相对集中行政处罚权工作，就是改革行政执法体制、提高行政效能建设的具体措施。它可以有效地整合优化城市管理领域的执法资源，实现执法职能的科学配置，进一步发展、完善《中华人民共和国行政处罚法》创新的制度。

城市管理行政执法部门要广泛、深入地宣传相对集中行政处罚权法律制度，不断加强队伍建设，加强监督管理，全面推行执法责任制和评议考核制，强化对行政执法人员的政治教育和法律培训，自觉接受权力机关的监督、人民法院的司法监督以及行政机关的层级监督。政府法制机构要发挥参谋助手和法律顾问作用，协助本级人民政府依法积极稳妥地做好相对集中行政处罚权工作，不断总结经验，完善配套制度。各级政府要切实负起责任，加强对相对集中行政处罚权工作的领导。有立法权的地方政府可按照相关规定适时制定地方政府规章；没有立法权的地方政府根据需要制定配套的规范性文件。要结合相对集中行使行政处罚权的实践，推进电子政务建设，实现集中行使行政处罚权的行政机关与有关部门之间行政管理信息的互通与共享，促进行政执法手段的现代化。

第五十条【二轮车道解释】

本规定所称的二轮车道是指由相关单位划设，用于非机动车、不符合国家标准的电动自行车等通行的车道。

【条文释义】

本条是关于二轮车道解释的规定。二轮车道是指由相关单位划设，用于非机动车、不符合国家标准的电动自行车等通行的车道。根据《赣州市二轮车道交通标志和标线设置指引》第四条之规定，二轮车道宽度设定，应遵循保障道路交通有序、畅通的原则，保证二轮车的通行安全、连续。一般情况下，二轮车道宽度不小于2.5 m。近年来，二轮车道出现了占道、逆行等多种问题，相关部门要加大路面执勤执法力度，严厉查处逆行、超载、加装伞等交通违法行为。

第五十一条【具体实施日期】

本规定自 2018 年 9 月 1 日起施行。

【条文释义】

法律的生效日期，是指法律开始实施并发生法律效力的日期。这是任何一部法律都不可缺少的基本要素，一般都是在法律的最后一条加以规定。法律施行起始日期一般根据该部法律在施行前是否需要做必要的准备工作来确定，取决于这部法律对生效日期是如何进行规定的。从我国已制定的法律来看，对生效日期的规定大体可以分为以下三种情况：其一，直接在法律中规定"本法××××年××月××日起施行"。其二，在法律条文中没有直接规定具体的生效日期，而只是规定"本法自公布之日起施行"。其三，规定一部法律的生效日期取决于另一部法律的生效日期。

本条规定了具体实施日期。实施时间，是指该法律、法规开始生效的时间。实施后，一切社会活动要接受该法律、法规的约束。实施日期不同于颁布日期，新的法律、法规的出台，需要给群众一个了解法律、法规具体条文的过渡期，只有了解了法律的规定，才能很好地执行法律，所以大部分法律不仅从颁布到实施有一段"缓冲期"，在此期间，有关部门要大力宣传，新闻媒体及时刊登报道，目的是使民众知法而守法。如果颁布之后立刻实施，那么就有可能使很多人不知道该法律的存在和法律的具体规定而实施了违反该法律规定的行为，使违法行为在一定时期成为普遍问题，同时也容易造成执法者对新颁布的法律、法规短时间内理解偏差、适用不统一等问题，这显然和法律维护社会秩序的目的相背离，所以颁布日期和实施日期之间要有一个过渡期。在法律的适用上，以实施日期为准，具体的时间还要根据这部法律或法规的修订程度、社会状况等因素。

明确法律的生效时间，其功能在于落实"法不溯及既往"的法治原则，维护法律制度或法律关系的安定性。"法不溯及既往"是法治国家的基本原则。根据这一原则，法律的规定只适用于法律生效之后实施的行为，原则上不能追溯至法律生效之前的行为。换言之，在法律尚未生效之前的行为，不应在法律规制范围之内，否则将意味着国家对行为人行为的评价缺少明确的标准，行为人对实施行为也无法提供稳定的预期，整个法律秩序将处于不稳定的状态。

赣州市城市道路车辆通行管理规定

（2018 年 6 月 28 日赣州市第五届人民代表大会常务委员会第十三次会议通过，2018 年 7 月 27 日江西省第十三届人民代表大会常务委员会第四次会议批准　根据 2019 年 12 月 31 日赣州市第五届人民代表大会常务委员会第二十五次会议通过，2020 年 3 月 27 日江西省第十三届人民代表大会常务委员会第十九次会议批准的《关于修改〈赣州市城市管理条例〉等 3 件地方性法规的决定》第一次修正　根据 2020 年 10 月 29 日赣州市第五届人民代表大会常务委员会第三十二次会议通过，2020 年 11 月 25 日江西省第十三届人民代表大会常务委员会第二十五次会议批准的《关于修改〈赣州市城市道路车辆通行管理规定〉的决定》第二次修正)

目　录

第一章　总　则

第二章　道路通行条件

第三章　车辆管理

第四章　通行管理

第五章　法律责任

第六章　附　则

第一章 总 则

第一条 为了规范城市道路车辆通行秩序，保障城市道路交通有序、安全、畅通，根据《中华人民共和国道路交通安全法》《中华人民共和国道路交通安全法实施条例》《江西省实施〈中华人民共和国道路交通安全法〉办法》等法律法规，结合本市实际，制定本规定。

第二条 本市城市化管理区域内的道路车辆通行管理，适用本规定。

第三条 县级以上人民政府应当加强城市道路建设与管理，规范城市道路车辆通行管理。

公安机关交通管理部门负责本行政区域内城市道路车辆通行管理工作。自然资源、住房和城乡建设、工业和信息化、市场监督管理、城市管理、交通运输、应急管理、教育、财政、发展改革等部门应当按照各自职责，依法做好城市道路车辆通行的相关管理工作。

第四条 县级以上人民政府应当加强智慧交通建设，推进城市智慧交通平台建设，实现基础路网、实时路况、地面公共交通、停车场所等信息资源共享。

第五条 县级以上人民政府及相关部门应当按照公交优先的原则科学规划城市公共交通，综合道路功能定位、交通流量、客流需求等因素，合理布局公交线网；在有条件的城市道路，科学设置公交专用车道和港湾式停靠站，合理设置巡游出租汽车停靠点；建设城市慢行和快速交通系统，保障市民出行需要。

第六条 县级以上人民政府及相关单位应当加强道路交通安全

法律法规的宣传教育。

道路交通参与人应当加强道路交通安全法律法规学习，掌握道路通行规则。

鼓励单位和个人在公安机关交通管理部门和相关部门的统一组织下，参与交通协勤志愿服务，协助维护道路交通秩序。

第二章 道路通行条件

第七条 自然资源、住房和城乡建设主管部门应当会同公安机关交通管理、城市管理等部门按照相关规范和标准依法组织道路的规划、设计和建设工作。

第八条 道路管理部门或者道路经营单位应当按照国家标准划设机动车道、非机动车道、人行道，根据道路条件和通行需要合理划设二轮车道、二轮车等候区。新建、改建、扩建道路时，应当将交通信号灯、交通标志、交通标线、交通监控、交通护栏、公交站台、智慧交通设备等交通设施与道路同时设计、同时施工、同时投入使用。有关单位在城市道路交通安全设施设计时，应当征求公安机关交通管理部门意见。在交通安全设施交付使用验收时，应当通知公安机关交通管理、应急管理等部门参加。交通设施竣工验收合格后方可通车运行。

交通信号灯、交通技术监控设备由公安机关交通管理部门负责维护和管理，其他交通安全设施由道路管理部门或者道路经营单位负责维护和管理。公安机关交通管理部门、道路管理部门的维护和管理经费纳入本级财政预算。

供电部门因检修、系统升级等工作需要对交通信号灯和交通监控采取停电措施，应当提前二十四小时通知当地公安机关交通管理部门。

第九条 有下列情形之一，影响交通安全的，相关责任单位应当及时维护，排除妨碍，消除影响：

（一）交通信号灯、交通标志、交通标线等道路交通设施缺失、破损或者设置不合理的；

（二）道路两侧照明不足的；

（三）交通标志、交通信号灯被遮挡的；

（四）路面管线设置不科学、窨井盖设置不安全、坑洼积水的；

（五）影响交通安全的其他情形。

任何单位和个人发现有影响交通安全情形的，有权向相关责任单位反映。有关责任单位接到反映后应当及时处理，并在十日内反馈办理情况。

第十条 实施绿化、养护、清扫、洒水、设施设备维护等道路作业时，应当避开交通流量高峰期。

第三章 车辆管理

第十一条 电动自行车、残疾人机动轮椅车经公安机关交通管理部门登记挂牌后，方可上道路行驶。

第十二条 电动自行车、残疾人机动轮椅车所有人自购车之日起 30 日内，应当向住所地的县级公安机关交通管理部门申请登记，现场交验车辆并提交下列材料：

（一）所有人身份证明；

（二）购车发票等合法来历证明；

（三）出厂合格证明。

申请残疾人机动轮椅车登记的，还应当提交有效的下肢残疾证明。

本规定实施前购买的、尚未办理登记的电动自行车、残疾人机动轮椅车，应当在本规定实施后三个月内依照第一、二款规定申请登记。

电动自行车、残疾人机动轮椅车在申请办理登记期限届满前，可以凭购车发票等合法来历证明和出厂合格证明，临时上道路行驶。

第十三条 车辆所有人办理登记挂牌或者申请机动车驾驶证时，应当提供真实、有效的信息。信息发生变化的，应当及时向公安机关交通管理部门备案。

第十四条 不符合国家标准的电动自行车上道路行驶必须悬挂临时通行标志。尚未办理临时通行标志的，车辆所有人应当持本人身份证、购车发票或者车辆合法来历的其他证明、出厂合格证明等相关材料，在 2019 年 6 月 30 日前向住所地的县级公安机关交通管理部门申请办理。2019 年 7 月 1 日之后，不再办理临时通行标志。

临时通行标志有效期截止至 2023 年 12 月 31 日。有效期届满后，不符合国家标准的电动自行车不得上道路行驶。

临时通行标志管理的具体措施由市级公安机关交通管理部门会同有关部门制定，并向社会公布。

第十五条 公安机关交通管理部门发放非机动车牌证、临时通行标志，不收取任何费用。

第十六条 拼装、擅自改装的车辆不予办理登记挂牌，不得上道路行驶。

第十七条 鼓励电动自行车、残疾人机动轮椅车、不符合国家标准的电动自行车所有人投保第三者责任险、人身意外伤害险和财产损失险。

第四章 通行管理

第十八条 公安机关交通管理部门根据城市区域的道路状况和交通流量的变化，可以对车辆采取疏导、限制通行、禁止通行、临时交通管制等措施。具体限制、禁止和管制的道路、时间、车辆种类等，由公安机关交通管理部门确定，提前向社会公告，并在醒目位置设置告示牌。

需要在限制通行道路上临时通行的，车辆所有人或者管理人应当向公安机关交通管理部门申请办理临时通行手续。

第十九条 运输渣土（含建筑垃圾、余土、流散物体和其他废弃物）、预拌混凝土、预拌砂浆等物体的车辆上道路行驶时，应当遵守下列规定：

（一）按照规定悬挂号牌、保持号牌清晰；

（二）符合限高、限宽、限长和限载的要求；

（三）行驶速度不得超过每小时四十公里，路段限速低于每小时四十公里的，按照道路实际限速规定行驶；

（四）按照指定的路线和时间通行。

第二十条 在设有停靠点的道路上，巡游出租汽车应当在停靠点靠右侧按照顺序单排停车上下乘客，但不得等待乘客；暂时不能进入停靠点的，应当在最右侧机动车道单排等候进入停靠点。在未设置停靠点的道路上，应当遵守机动车临时停车规定，不得占用公交站台。

第二十一条 电动自行车、残疾人机动轮椅车上道路行驶时，应当遵守下列规定：

（一）驾驶人应当年满十六周岁。

（二）设有非机动车道或者二轮车道的，应当在非机动车道或者二轮车道内行驶，未设非机动车道和二轮车道的，应当从靠车行道的右侧边缘算起1.5米范围内行驶，不得逆向行驶；行驶受阻不能正常通行时，可以借道行驶，并在通过后迅速驶回原车道。

（三）通过有交通信号灯控制的交叉路口，在二轮车等候区或者停止线以外等候放行时，设有非机动车信号灯的，按照非机动车信号灯的表示通行；未设非机动车信号灯的，按照机动车信号灯的表示通行。

（四）通过未设交通信号灯控制的交叉路口，在进入路口前慢行或者停车瞭望，应当让右方道路的来车先行。相对方向行驶的右转弯的车辆应当让左转弯的车辆先行。

（五）车辆转弯时，应当提前开启转向灯。夜间行驶时，应当开启前照灯和后位灯。

（六）与相邻行驶的车辆保持安全距离，在与行人混行的道路上应当避让行人。

（七）在人行道上的车辆应当就近驶入车行道。

（八）电动自行车限载一名十二周岁以下未成年人，搭载学龄前儿童的，应当使用安全座椅；残疾人机动轮椅车不得载人。

（九）驾驶人不得以手持方式使用手机。

（十）不得醉酒驾驶。

（十一）禁止加装遮阳遮雨、电瓶、高音喇叭等影响交通安全的装置。

（十二）法律法规规定的其他情形。

第二十二条　不符合国家标准的电动自行车上道路行驶时，除应当遵守本规定第二十一条第二至七项、第九项、第十一项的规定外，还应当遵守以下规定：

（一）驾驶人应当年满十八周岁；

（二）限搭载一人；

（三）驾驶人及乘坐人员应当佩戴安全头盔；

（四）不得酒后驾驶。

第二十三条　禁止在城市道路上使用滑板、旱冰鞋、平衡车等滑行工具滑行。

第二十四条　城市快速路禁止下列车辆通行：

（一）非机动车；

（二）危险化学品运输车；

（三）摩托车、不符合国家标准的电动自行车、三轮汽车、拖拉机、低速载货汽车、中型（含）以上载货汽车；

（四）牵引车、轮式自行机械车、专项作业车；

（五）设计最高时速低于六十公里的其他车辆。

第二十五条 有下列情形之一的，机动车驾驶人应当减速行驶，或者停车让行：

（一）行经人行横道；

（二）通过未设交通信号的路口；

（三）经过泥泞、积水道路；

（四）经过学校门口或者遇学生上、下校车；

（五）法律法规规定应当减速、让行的其他情形。

第二十六条 在禁止停车路段，时段性临时停车需求突出的，公安机关交通管理部门可以根据道路条件和交通流量变化情况实行限时停车措施，并设置告示牌。机动车驾驶人应当按照告示牌的要求，在规定时间内有序临时停车。

第二十七条 在不影响行人通行的情况下，城市管理主管部门可以在人行道上合理划设二轮车停放区域；在车站、码头、商场、集贸市场、步行街、影剧院等客流量大的场所，以及学校、医院、企事业单位、住宅小区等，管理者应当设置二轮车停放专用场地，落实专人管理或者委托专业服务机构管理。

二轮车停放和临时停车不得占用盲道、机动车道、机动车临时停车泊位和妨碍行人、其他车辆通行，不得堵塞建筑物的消防通道、疏散通道、安全出口和楼梯口。

第二十八条 城市管理主管部门、公安机关交通管理部门等应当对共享车辆投放实行动态监测。

共享车辆运营企业应当科学投放、规范管理共享车辆，遵守车辆管理相关规定。投放的共享车辆应当符合国家标准，并按照规定办理登记挂牌。及时清理违规停放的车辆，避免影响道路交通安全和市容环境卫生。

共享车辆使用人应当遵守道路交通安全、城市管理等相关法律法规及服务协议约定，文明用车、安全骑行、规范停放，爱护车辆和停放设施等财物，遵守社会公德。

第二十九条　在道路上发生交通事故，仅造成轻微财产损失，并且基本事实清楚的，当事人应当在确保安全的情况下对现场拍照或者标划车辆位置后，将车辆移至不妨碍交通的安全地点，自行协商处理或者报警等候公安机关交通管理部门处理。

有下列情形之一的，当事人应当保护现场并立即报警：

（一）驾驶人未持有有效机动车驾驶证的；

（二）驾驶人有饮酒、服用国家管制的精神药品或者麻醉药品嫌疑的；

（三）机动车未悬挂号牌的；

（四）当事人不能自行移动车辆的；

（五）一方当事人离开现场的；

（六）车辆载运爆炸物品、易燃易爆化学物品以及具有毒害性、放射性、腐蚀性等危险物品或者传染病病原体的；

（七）碰撞建筑物、公共设施或者其他设施，并造成设施损坏的；

（八）有证据证明事故是由一方故意造成的；

（九）造成人身伤亡的；

（十）法律法规规定的其他情形。

第三十条　在道路交通违法处理或者道路交通事故责任认定时，当事人对不符合国家标准的电动自行车属性有异议的，公安机关交通管理部门应当委托具备资格的鉴定机构进行鉴定。

第五章　法律责任

第三十一条　违反本规定的行为，法律法规已作出行政处罚规定的，从其规定。

第三十二条　驾驶人违反道路通行规定，公安机关交通管理部门应当依据事实和相关法律法规予以处罚。违法行为轻微并及时纠正，没有造成危害后果的，可以免予处罚。

第三十三条　违反本规定第十一条规定，驾驶应当登记而未登记的电动自行车、残疾人机动轮椅车上道路行驶的，由公安机关交通管理部门处三十元罚款，并责令当事人限期补办相关手续。

第三十四条　违反本规定第十四条规定，驾驶未悬挂临时通行标志或者临时通行标志有效期届满的不符合国家标准的电动自行车上道路行驶的，由公安机关交通管理部门处二百元罚款。

第三十五条　违反本规定第十六条规定的，由公安机关交通管理部门按照下列规定处罚：

（一）驾驶拼装的机动车上道路行驶的，对车辆依法予以收缴、强制报废，对驾驶人处五百元以上一千元以下罚款，并吊销机动车驾驶证；

（二）驾驶擅自改装的机动车上道路行驶的，责令恢复原状，并对驾驶人处三百元以上五百元以下罚款；

（三）驾驶擅自改装的电动自行车上道路行驶的，责令恢复原状，并对驾驶人处五十元罚款。

第三十六条　违反本规定第二十条规定，巡游出租车未按照规定停放的，由公安机关交通管理部门处一百五十元罚款。

第三十七条　违反本规定第二十一条规定的，由公安机关交通管理部门责令改正，并按照下列规定处罚：

（一）未达到驾驶年龄的，处五十元罚款。

（二）未按照指定车道行驶或者逆向行驶的，处五十元罚款；在受阻路段借道行驶后不迅速驶回原车道的，处三十元罚款。

（三）未在指定区域等候放行的，处三十元罚款。

（四）未按照交通信号灯表示通行的，处三十元罚款。

（五）转弯时未开启转向灯或者未伸手示意的，处二十元罚款；夜间行驶时未开启前照灯和后位灯的，处三十元罚款。

（六）违反规定载人的，处五十元罚款。

（七）驾驶时以手持方式使用手机的，处二十元罚款。

（八）醉酒驾驶的，处五十元罚款。

（九）加装遮阳遮雨、电瓶、高音喇叭等影响交通安全装置的，强制拆除、收缴非法装置，并处五十元罚款。

第三十八条 违反本规定第二十二条规定的，由公安机关交通管理部门参照摩托车进行处罚。

第三十九条 违反本规定第二十三条规定的，由公安机关交通管理部门责令改正，处二十元罚款。

第四十条 违反本规定第二十四条第一项规定的，由公安机关交通管理部门处五十元罚款；违反第二至五项规定的，由公安机关交通管理部门处二百元罚款。

第四十一条 违反本规定第二十五条第一至三项规定的，由公安机关交通管理部门处一百五十元罚款；违反第四项规定的，由公安机关交通管理部门处二百元罚款。

第四十二条 违反本规定第二十六条规定，不按照告示牌的要求驶离，妨碍其他车辆、行人通行的，由公安机关交通管理部门处一百五十元罚款。

第四十三条 驾驶人停车违反本规定第二十七条规定的，由公安机关交通管理部门、城市管理主管部门根据各自职责进行处罚。摩托车、不符合国家标准的电动自行车未按照规定停放，处五十元罚款；非机动车未按照规定停放，处十元罚款。

第四十四条 违反本规定第二十八条规定的，由公安机关交通管理部门、城市管理主管部门根据各自职责，依照道路交通安全法律法规的规定和本规定进行处罚。未按照规定停放影响交通安全的，责令共享车辆运营企业限期改正；拒不改正的，由公安机关交通管理部门或者城市管理主管部门代为清理，清理费用由共享车辆运营企业承担。

第四十五条 违反本规定第二十九条规定，驾驶人应当自行撤离现场而未撤离，造成交通堵塞的，由公安机关交通管理部门处二百元罚款。

第四十六条 电动自行车、残疾人机动轮椅车、不符合国家标准的电动自行车驾驶人拒绝接受罚款处罚的，公安机关交通管理部门可以依法扣留车辆至指定场所。扣留车辆的，应当当场出具扣车凭证，并告知当事人携带有关证明材料在规定期限内到公安机关交通管理部门接受处理。

当事人依法接受处理后，公安机关交通管理部门应当及时退还车辆；逾期不来接受处理，经公告三个月仍不来接受处理的，公安机关交通管理部门对扣留车辆依法处理。

第四十七条 交通警察有下列行为之一的，依法给予处分：

（一）对不符合相应标准的车辆办理临时通行标志或者登记挂牌的；

（二）违法扣留车辆或者使用被依法扣留车辆的；

（三）当场收取罚款不开具罚款收据或者不如实填写罚款额的；

（四）交通执法中有其他不履行法定职责、违法违纪行为的。

第六章　附　则

第四十八条 国家对电动自行车及其标准有新规定的，从其规定。

第四十九条 本规定涉及的行政处罚事项已经按照相对集中行政处罚权有关规定移交城市管理主管部门行使的，由城市管理主管部门进行处罚。

第五十条 本规定所称的二轮车道是指由相关单位划设，用于非机动车、不符合国家标准的电动自行车等通行的车道。

第五十一条 本规定自 2018 年 9 月 1 日起施行。

附 录

附录一 中华人民共和国道路交通安全法

（2003年10月28日第十届全国人民代表大会常务委员会第五次会议通过 根据2007年12月29日第十届全国人民代表大会常务委员会第三十一次会议《关于修改〈中华人民共和国道路交通安全法〉的决定》第一次修正 根据2011年4月22日第十一届全国人民代表大会常务委员会第二十次会议《关于修改〈中华人民共和国道路交通安全法〉的决定》第二次修正 根据2021年4月29日第十三届全国人民代表大会常务委员会第二十八次会议《关于修改〈中华人民共和国道路交通安全法〉等八部法律的决定》第三次修正）

目 录

第一章 总 则
第二章 车辆和驾驶人
第一节 机动车、非机动车
第二节 机动车驾驶人
第三章 道路通行条件
第四章 道路通行规定

第一节　一般规定

第二节　机动车通行规定

第三节　非机动车通行规定

第四节　行人和乘车人通行规定

第五节　高速公路的特别规定

第五章　交通事故处理

第六章　执法监督

第七章　法律责任

第八章　附　则

第一章　总　则

第一条　为了维护道路交通秩序，预防和减少交通事故，保护人身安全，保护公民、法人和其他组织的财产安全及其他合法权益，提高通行效率，制定本法。

第二条　中华人民共和国境内的车辆驾驶人、行人、乘车人以及与道路交通活动有关的单位和个人，都应当遵守本法。

第三条　道路交通安全工作，应当遵循依法管理、方便群众的原则，保障道路交通有序、安全、畅通。

第四条　各级人民政府应当保障道路交通安全管理工作与经济建设和社会发展相适应。

县级以上地方各级人民政府应当适应道路交通发展的需要，依据道路交通安全法律、法规和国家有关政策，制定道路交通安全管理规划，并组织实施。

第五条　国务院公安部门负责全国道路交通安全管理工作。县级以上地方各级人民政府公安机关交通管理部门负责本行政区域内的道路交通安全管理工作。

县级以上各级人民政府交通、建设管理部门依据各自职责，负责有关的道路交通工作。

第六条 各级人民政府应当经常进行道路交通安全教育，提高公民的道路交通安全意识。

公安机关交通管理部门及其交通警察执行职务时，应当加强道路交通安全法律、法规的宣传，并模范遵守道路交通安全法律、法规。

机关、部队、企业事业单位、社会团体以及其他组织，应当对本单位的人员进行道路交通安全教育。

教育行政部门、学校应当将道路交通安全教育纳入法制教育的内容。

新闻、出版、广播、电视等有关单位，有进行道路交通安全教育的义务。

第七条 对道路交通安全管理工作，应当加强科学研究，推广、使用先进的管理方法、技术、设备。

第二章 车辆和驾驶人

第一节 机动车、非机动车

第八条 国家对机动车实行登记制度。机动车经公安机关交通管理部门登记后，方可上道路行驶。尚未登记的机动车，需要临时上道路行驶的，应当取得临时通行牌证。

第九条 申请机动车登记，应当提交以下证明、凭证：

（一）机动车所有人的身份证明；

（二）机动车来历证明；

（三）机动车整车出厂合格证明或者进口机动车进口凭证；

（四）车辆购置税的完税证明或者免税凭证；

（五）法律、行政法规规定应当在机动车登记时提交的其他证明、凭证。

公安机关交通管理部门应当自受理申请之日起五个工作日内完成机动车登记审查工作，对符合前款规定条件的，应当发放机动车登记证书、号牌和行驶证；对不符合前款规定条件的，应当向申请人说明不予登记的理由。

公安机关交通管理部门以外的任何单位或者个人不得发放机动车号牌或者要求机动车悬挂其他号牌，本法另有规定的除外。

机动车登记证书、号牌、行驶证的式样由国务院公安部门规定并监制。

第十条　准予登记的机动车应当符合机动车国家安全技术标准。申请机动车登记时，应当接受对该机动车的安全技术检验。但是，经国家机动车产品主管部门依据机动车国家安全技术标准认定的企业生产的机动车型，该车型的新车在出厂时经检验符合机动车国家安全技术标准，获得检验合格证的，免予安全技术检验。

第十一条　驾驶机动车上道路行驶，应当悬挂机动车号牌，放置检验合格标志、保险标志，并随车携带机动车行驶证。

机动车号牌应当按照规定悬挂并保持清晰、完整，不得故意遮挡、污损。

任何单位和个人不得收缴、扣留机动车号牌。

第十二条　有下列情形之一的，应当办理相应的登记：

（一）机动车所有权发生转移的；

（二）机动车登记内容变更的；

（三）机动车用作抵押的；

（四）机动车报废的。

第十三条　对登记后上道路行驶的机动车，应当依照法律、行政法规的规定，根据车辆用途、载客载货数量、使用年限等不同情况，定期进行安全技术检验。对提供机动车行驶证和机动车第三者责任强制保险单的，机动车安全技术检验机构应当予以检验，任何单位不得附加其他条件。对符合机动车国家安全技术标准的，公安机关交通管理部门应当发给检验合格标志。

对机动车的安全技术检验实行社会化。具体办法由国务院规定。

机动车安全技术检验实行社会化的地方，任何单位不得要求机动车到指定的场所进行检验。

公安机关交通管理部门、机动车安全技术检验机构不得要求机动车到指定的场所进行维修、保养。

机动车安全技术检验机构对机动车检验收取费用，应当严格执行国务院价格主管部门核定的收费标准。

第十四条 国家实行机动车强制报废制度，根据机动车的安全技术状况和不同用途，规定不同的报废标准。

应当报废的机动车必须及时办理注销登记。

达到报废标准的机动车不得上道路行驶。报废的大型客、货车及其他营运车辆应当在公安机关交通管理部门的监督下解体。

第十五条 警车、消防车、救护车、工程救险车应当按照规定喷涂标志图案，安装警报器、标志灯具。其他机动车不得喷涂、安装、使用上述车辆专用的或者与其相类似的标志图案、警报器或者标志灯具。

警车、消防车、救护车、工程救险车应当严格按照规定的用途和条件使用。

公路监督检查的专用车辆，应当依照公路法的规定，设置统一的标志和示警灯。

第十六条 任何单位或者个人不得有下列行为：

（一）拼装机动车或者擅自改变机动车已登记的结构、构造或者特征；

（二）改变机动车型号、发动机号、车架号或者车辆识别代号；

（三）伪造、变造或者使用伪造、变造的机动车登记证书、号牌、行驶证、检验合格标志、保险标志；

（四）使用其他机动车的登记证书、号牌、行驶证、检验合格标志、保险标志。

第十七条　国家实行机动车第三者责任强制保险制度，设立道路交通事故社会救助基金。具体办法由国务院规定。

第十八条　依法应当登记的非机动车，经公安机关交通管理部门登记后，方可上道路行驶。

依法应当登记的非机动车的种类，由省、自治区、直辖市人民政府根据当地实际情况规定。

非机动车的外形尺寸、质量、制动器、车铃和夜间反光装置，应当符合非机动车安全技术标准。

第二节　机动车驾驶人

第十九条　驾驶机动车，应当依法取得机动车驾驶证。

申请机动车驾驶证，应当符合国务院公安部门规定的驾驶许可条件；经考试合格后，由公安机关交通管理部门发给相应类别的机动车驾驶证。

持有境外机动车驾驶证的人，符合国务院公安部门规定的驾驶许可条件，经公安机关交通管理部门考核合格的，可以发给中国的机动车驾驶证。

驾驶人应当按照驾驶证载明的准驾车型驾驶机动车；驾驶机动车时，应当随身携带机动车驾驶证。

公安机关交通管理部门以外的任何单位或者个人，不得收缴、扣留机动车驾驶证。

第二十条　机动车的驾驶培训实行社会化，由交通运输主管部门对驾驶培训学校、驾驶培训班实行备案管理，并对驾驶培训活动加强监督，其中专门的拖拉机驾驶培训学校、驾驶培训班由农业

（农业机械）主管部门实行监督管理。

驾驶培训学校、驾驶培训班应当严格按照国家有关规定，对学员进行道路交通安全法律、法规、驾驶技能的培训，确保培训质量。

任何国家机关以及驾驶培训和考试主管部门不得举办或者参与举办驾驶培训学校、驾驶培训班。

第二十一条 驾驶人驾驶机动车上道路行驶前，应当对机动车的安全技术性能进行认真检查；不得驾驶安全设施不全或者机件不符合技术标准等具有安全隐患的机动车。

第二十二条 机动车驾驶人应当遵守道路交通安全法律、法规的规定，按照操作规范安全驾驶、文明驾驶。

饮酒、服用国家管制的精神药品或者麻醉药品，或者患有妨碍安全驾驶机动车的疾病，或者过度疲劳影响安全驾驶的，不得驾驶机动车。

任何人不得强迫、指使、纵容驾驶人违反道路交通安全法律、法规和机动车安全驾驶要求驾驶机动车。

第二十三条 公安机关交通管理部门依照法律、行政法规的规定，定期对机动车驾驶证实施审验。

第二十四条 公安机关交通管理部门对机动车驾驶人违反道路交通安全法律、法规的行为，除依法给予行政处罚外，实行累积记分制度。公安机关交通管理部门对累积记分达到规定分值的机动车驾驶人，扣留机动车驾驶证，对其进行道路交通安全法律、法规教育，重新考试；考试合格的，发还其机动车驾驶证。

对遵守道路交通安全法律、法规，在一年内无累积记分的机动车驾驶人，可以延长机动车驾驶证的审验期。具体办法由国务院公安部门规定。

第三章　道路通行条件

第二十五条　全国实行统一的道路交通信号。

交通信号包括交通信号灯、交通标志、交通标线和交通警察的指挥。

交通信号灯、交通标志、交通标线的设置应当符合道路交通安全、畅通的要求和国家标准，并保持清晰、醒目、准确、完好。

根据通行需要，应当及时增设、调换、更新道路交通信号。增设、调换、更新限制性的道路交通信号，应当提前向社会公告，广泛进行宣传。

第二十六条　交通信号灯由红灯、绿灯、黄灯组成。红灯表示禁止通行，绿灯表示准许通行，黄灯表示警示。

第二十七条　铁路与道路平面交叉的道口，应当设置警示灯、警示标志或者安全防护设施。无人看守的铁路道口，应当在距道口一定距离处设置警示标志。

第二十八条　任何单位和个人不得擅自设置、移动、占用、损毁交通信号灯、交通标志、交通标线。

道路两侧及隔离带上种植的树木或者其他植物，设置的广告牌、管线等，应当与交通设施保持必要的距离，不得遮挡路灯、交通信号灯、交通标志，不得妨碍安全视距，不得影响通行。

第二十九条　道路、停车场和道路配套设施的规划、设计、建设，应当符合道路交通安全、畅通的要求，并根据交通需求及时调整。

公安机关交通管理部门发现已经投入使用的道路存在交通事故频发路段，或者停车场、道路配套设施存在交通安全严重隐患的，应当及时向当地人民政府报告，并提出防范交通事故、消除隐患的建议，当地人民政府应当及时作出处理决定。

第三十条 道路出现坍塌、坑漕、水毁、隆起等损毁或者交通信号灯、交通标志、交通标线等交通设施损毁、灭失的，道路、交通设施的养护部门或者管理部门应当设置警示标志并及时修复。

公安机关交通管理部门发现前款情形，危及交通安全，尚未设置警示标志的，应当及时采取安全措施，疏导交通，并通知道路、交通设施的养护部门或者管理部门。

第三十一条 未经许可，任何单位和个人不得占用道路从事非交通活动。

第三十二条 因工程建设需要占用、挖掘道路，或者跨越、穿越道路架设、增设管线设施，应当事先征得道路主管部门的同意；影响交通安全的，还应当征得公安机关交通管理部门的同意。

施工作业单位应当在经批准的路段和时间内施工作业，并在距离施工作业地点来车方向安全距离处设置明显的安全警示标志，采取防护措施；施工作业完毕，应当迅速清除道路上的障碍物，消除安全隐患，经道路主管部门和公安机关交通管理部门验收合格，符合通行要求后，方可恢复通行。

对未中断交通的施工作业道路，公安机关交通管理部门应当加强交通安全监督检查，维护道路交通秩序。

第三十三条 新建、改建、扩建的公共建筑、商业街区、居住区、大（中）型建筑等，应当配建、增建停车场；停车泊位不足的，应当及时改建或者扩建；投入使用的停车场不得擅自停止使用或者改作他用。

在城市道路范围内，在不影响行人、车辆通行的情况下，政府有关部门可以施划停车泊位。

第三十四条 学校、幼儿园、医院、养老院门前的道路没有行人过街设施的，应当施划人行横道线，设置提示标志。

城市主要道路的人行道，应当按照规划设置盲道。盲道的设置应当符合国家标准。

第四章　道路通行规定

第一节　一般规定

第三十五条　机动车、非机动车实行右侧通行。

第三十六条　根据道路条件和通行需要，道路划分为机动车道、非机动车道和人行道的，机动车、非机动车、行人实行分道通行。没有划分机动车道、非机动车道和人行道的，机动车在道路中间通行，非机动车和行人在道路两侧通行。

第三十七条　道路划设专用车道的，在专用车道内，只准许规定的车辆通行，其他车辆不得进入专用车道内行驶。

第三十八条　车辆、行人应当按照交通信号通行；遇有交通警察现场指挥时，应当按照交通警察的指挥通行；在没有交通信号的道路上，应当在确保安全、畅通的原则下通行。

第三十九条　公安机关交通管理部门根据道路和交通流量的具体情况，可以对机动车、非机动车、行人采取疏导、限制通行、禁止通行等措施。遇有大型群众性活动、大范围施工等情况，需要采取限制交通的措施，或者作出与公众的道路交通活动直接有关的决定，应当提前向社会公告。

第四十条　遇有自然灾害、恶劣气象条件或者重大交通事故等严重影响交通安全的情形，采取其他措施难以保证交通安全时，公安机关交通管理部门可以实行交通管制。

第四十一条　有关道路通行的其他具体规定，由国务院规定。

第二节　机动车通行规定

第四十二条　机动车上道路行驶，不得超过限速标志标明的最高时速。在没有限速标志的路段，应当保持安全车速。

夜间行驶或者在容易发生危险的路段行驶，以及遇有沙尘、冰雹、雨、雪、雾、结冰等气象条件时，应当降低行驶速度。

第四十三条 同车道行驶的机动车，后车应当与前车保持足以采取紧急制动措施的安全距离。有下列情形之一的，不得超车：

（一）前车正在左转弯、掉头、超车的；

（二）与对面来车有会车可能的；

（三）前车为执行紧急任务的警车、消防车、救护车、工程救险车的；

（四）行经铁路道口、交叉路口、窄桥、弯道、陡坡、隧道、人行横道、市区交通流量大的路段等没有超车条件的。

第四十四条 机动车通过交叉路口，应当按照交通信号灯、交通标志、交通标线或者交通警察的指挥通过；通过没有交通信号灯、交通标志、交通标线或者交通警察指挥的交叉路口时，应当减速慢行，并让行人和优先通行的车辆先行。

第四十五条 机动车遇有前方车辆停车排队等候或者缓慢行驶时，不得借道超车或者占用对面车道，不得穿插等候的车辆。

在车道减少的路段、路口，或者在没有交通信号灯、交通标志、交通标线或者交通警察指挥的交叉路口遇到停车排队等候或者缓慢行驶时，机动车应当依次交替通行。

第四十六条 机动车通过铁路道口时，应当按照交通信号或者管理人员的指挥通行；没有交通信号或者管理人员的，应当减速或者停车，在确认安全后通过。

第四十七条 机动车行经人行横道时，应当减速行驶；遇行人正在通过人行横道，应当停车让行。

机动车行经没有交通信号的道路时，遇行人横过道路，应当避让。

第四十八条 机动车载物应当符合核定的载质量，严禁超载；

载物的长、宽、高不得违反装载要求，不得遗洒、飘散载运物。

机动车运载超限的不可解体的物品，影响交通安全的，应当按照公安机关交通管理部门指定的时间、路线、速度行驶，悬挂明显标志。在公路上运载超限的不可解体的物品，并应当依照公路法的规定执行。

机动车载运爆炸物品、易燃易爆化学物品以及剧毒、放射性等危险物品，应当经公安机关批准后，按指定的时间、路线、速度行驶，悬挂警示标志并采取必要的安全措施。

第四十九条　机动车载人不得超过核定的人数，客运机动车不得违反规定载货。

第五十条　禁止货运机动车载客。

货运机动车需要附载作业人员的，应当设置保护作业人员的安全措施。

第五十一条　机动车行驶时，驾驶人、乘坐人员应当按规定使用安全带，摩托车驾驶人及乘坐人员应当按规定戴安全头盔。

第五十二条　机动车在道路上发生故障，需要停车排除故障时，驾驶人应当立即开启危险报警闪光灯，将机动车移至不妨碍交通的地方停放；难以移动的，应当持续开启危险报警闪光灯，并在来车方向设置警告标志等措施扩大示警距离，必要时迅速报警。

第五十三条　警车、消防车、救护车、工程救险车执行紧急任务时，可以使用警报器、标志灯具；在确保安全的前提下，不受行驶路线、行驶方向、行驶速度和信号灯的限制，其他车辆和行人应当让行。

警车、消防车、救护车、工程救险车非执行紧急任务时，不得使用警报器、标志灯具，不享有前款规定的道路优先通行权。

第五十四条　道路养护车辆、工程作业车进行作业时，在不影响过往车辆通行的前提下，其行驶路线和方向不受交通标志、标线限制，过往车辆和人员应当注意避让。

洒水车、清扫车等机动车应当按照安全作业标准作业；在不影响其他车辆通行的情况下，可以不受车辆分道行驶的限制，但是不得逆向行驶。

第五十五条 高速公路、大中城市中心城区内的道路，禁止拖拉机通行。其他禁止拖拉机通行的道路，由省、自治区、直辖市人民政府根据当地实际情况规定。

在允许拖拉机通行的道路上，拖拉机可以从事货运，但是不得用于载人。

第五十六条 机动车应当在规定地点停放。禁止在人行道上停放机动车；但是，依照本法第三十三条规定施划的停车泊位除外。

在道路上临时停车的，不得妨碍其他车辆和行人通行。

第三节 非机动车通行规定

第五十七条 驾驶非机动车在道路上行驶应当遵守有关交通安全的规定。非机动车应当在非机动车道内行驶；在没有非机动车道的道路上，应当靠车行道的右侧行驶。

第五十八条 残疾人机动轮椅车、电动自行车在非机动车道内行驶时，最高时速不得超过十五公里。

第五十九条 非机动车应当在规定地点停放。未设停放地点的，非机动车停放不得妨碍其他车辆和行人通行。

第六十条 驾驭畜力车，应当使用驯服的牲畜；驾驭畜力车横过道路时，驾驭人应当下车牵引牲畜；驾驭人离开车辆时，应当拴系牲畜。

第四节 行人和乘车人通行规定

第六十一条 行人应当在人行道内行走，没有人行道的靠路边行走。

第六十二条　行人通过路口或者横过道路，应当走人行横道或者过街设施；通过有交通信号灯的人行横道，应当按照交通信号灯指示通行；通过没有交通信号灯、人行横道的路口，或者在没有过街设施的路段横过道路，应当在确认安全后通过。

第六十三条　行人不得跨越、倚坐道路隔离设施，不得扒车、强行拦车或者实施妨碍道路交通安全的其他行为。

第六十四条　学龄前儿童以及不能辨认或者不能控制自己行为的精神疾病患者、智力障碍者在道路上通行，应当由其监护人、监护人委托的人或者对其负有管理、保护职责的人带领。

盲人在道路上通行，应当使用盲杖或者采取其他导盲手段，车辆应当避让盲人。

第六十五条　行人通过铁路道口时，应当按照交通信号或者管理人员的指挥通行；没有交通信号和管理人员的，应当在确认无火车驶临后，迅速通过。

第六十六条　乘车人不得携带易燃易爆等危险物品，不得向车外抛洒物品，不得有影响驾驶人安全驾驶的行为。

第五节　高速公路的特别规定

第六十七条　行人、非机动车、拖拉机、轮式专用机械车、铰接式客车、全挂拖斗车以及其他设计最高时速低于七十公里的机动车，不得进入高速公路。高速公路限速标志标明的最高时速不得超过一百二十公里。

第六十八条　机动车在高速公路上发生故障时，应当依照本法第五十二条的有关规定办理；但是，警告标志应当设置在故障车来车方向一百五十米以外，车上人员应当迅速转移到右侧路肩上或者应急车道内，并且迅速报警。

机动车在高速公路上发生故障或者交通事故，无法正常行驶的，应当由救援车、清障车拖曳、牵引。

第六十九条 任何单位、个人不得在高速公路上拦截检查行驶的车辆，公安机关的人民警察依法执行紧急公务除外。

第五章 交通事故处理

第七十条 在道路上发生交通事故，车辆驾驶人应当立即停车，保护现场；造成人身伤亡的，车辆驾驶人应当立即抢救受伤人员，并迅速报告执勤的交通警察或者公安机关交通管理部门。因抢救受伤人员变动现场的，应当标明位置。乘车人、过往车辆驾驶人、过往行人应当予以协助。

在道路上发生交通事故，未造成人身伤亡，当事人对事实及成因无争议的，可以即行撤离现场，恢复交通，自行协商处理损害赔偿事宜；不即行撤离现场的，应当迅速报告执勤的交通警察或者公安机关交通管理部门。

在道路上发生交通事故，仅造成轻微财产损失，并且基本事实清楚的，当事人应当先撤离现场再进行协商处理。

第七十一条 车辆发生交通事故后逃逸的，事故现场目击人员和其他知情人员应当向公安机关交通管理部门或者交通警察举报。举报属实的，公安机关交通管理部门应当给予奖励。

第七十二条 公安机关交通管理部门接到交通事故报警后，应当立即派交通警察赶赴现场，先组织抢救受伤人员，并采取措施，尽快恢复交通。

交通警察应当对交通事故现场进行勘验、检查，收集证据；因收集证据的需要，可以扣留事故车辆，但是应当妥善保管，以备核查。

对当事人的生理、精神状况等专业性较强的检验，公安机关交通管理部门应当委托专门机构进行鉴定。鉴定结论应当由鉴定人签名。

第七十三条　公安机关交通管理部门应当根据交通事故现场勘验、检查、调查情况和有关的检验、鉴定结论，及时制作交通事故认定书，作为处理交通事故的证据。交通事故认定书应当载明交通事故的基本事实、成因和当事人的责任，并送达当事人。

第七十四条　对交通事故损害赔偿的争议，当事人可以请求公安机关交通管理部门调解，也可以直接向人民法院提起民事诉讼。

经公安机关交通管理部门调解，当事人未达成协议或者调解书生效后不履行的，当事人可以向人民法院提起民事诉讼。

第七十五条　医疗机构对交通事故中的受伤人员应当及时抢救，不得因抢救费用未及时支付而拖延救治。肇事车辆参加机动车第三者责任强制保险的，由保险公司在责任限额范围内支付抢救费用；抢救费用超过责任限额的，未参加机动车第三者责任强制保险或者肇事后逃逸的，由道路交通事故社会救助基金先行垫付部分或者全部抢救费用，道路交通事故社会救助基金管理机构有权向交通事故责任人追偿。

第七十六条　机动车发生交通事故造成人身伤亡、财产损失的，由保险公司在机动车第三者责任强制保险责任限额范围内予以赔偿；不足的部分，按照下列规定承担赔偿责任：

（一）机动车之间发生交通事故的，由有过错的一方承担赔偿责任；双方都有过错的，按照各自过错的比例分担责任。

（二）机动车与非机动车驾驶人、行人之间发生交通事故，非机动车驾驶人、行人没有过错的，由机动车一方承担赔偿责任；有证据证明非机动车驾驶人、行人有过错的，根据过错程度适当减轻机动车一方的赔偿责任；机动车一方没有过错的，承担不超过百分之十的赔偿责任。

交通事故的损失是由非机动车驾驶人、行人故意碰撞机动车造成的，机动车一方不承担赔偿责任。

第七十七条 车辆在道路以外通行时发生的事故，公安机关交通管理部门接到报案的，参照本法有关规定办理。

第六章 执法监督

第七十八条 公安机关交通管理部门应当加强对交通警察的管理，提高交通警察的素质和管理道路交通的水平。

公安机关交通管理部门应当对交通警察进行法制和交通安全管理业务培训、考核。交通警察经考核不合格的，不得上岗执行职务。

第七十九条 公安机关交通管理部门及其交通警察实施道路交通安全管理，应当依据法定的职权和程序，简化办事手续，做到公正、严格、文明、高效。

第八十条 交通警察执行职务时，应当按照规定着装，佩带人民警察标志，持有人民警察证件，保持警容严整，举止端庄，指挥规范。

第八十一条 依照本法发放牌证等收取工本费，应当严格执行国务院价格主管部门核定的收费标准，并全部上缴国库。

第八十二条 公安机关交通管理部门依法实施罚款的行政处罚，应当依照有关法律、行政法规的规定，实施罚款决定与罚款收缴分离；收缴的罚款以及依法没收的违法所得，应当全部上缴国库。

第八十三条 交通警察调查处理道路交通安全违法行为和交通事故，有下列情形之一的，应当回避：

（一）是本案的当事人或者当事人的近亲属；

（二）本人或者其近亲属与本案有利害关系；

（三）与本案当事人有其他关系，可能影响案件的公正处理。

第八十四条 公安机关交通管理部门及其交通警察的行政执法

活动，应当接受行政监察机关依法实施的监督。

公安机关督察部门应当对公安机关交通管理部门及其交通警察执行法律、法规和遵守纪律的情况依法进行监督。

上级公安机关交通管理部门应当对下级公安机关交通管理部门的执法活动进行监督。

第八十五条　公安机关交通管理部门及其交通警察执行职务，应当自觉接受社会和公民的监督。

任何单位和个人都有权对公安机关交通管理部门及其交通警察不严格执法以及违法违纪行为进行检举、控告。收到检举、控告的机关，应当依据职责及时查处。

第八十六条　任何单位不得给公安机关交通管理部门下达或者变相下达罚款指标；公安机关交通管理部门不得以罚款数额作为考核交通警察的标准。

公安机关交通管理部门及其交通警察对超越法律、法规规定的指令，有权拒绝执行，并同时向上级机关报告。

第七章　法律责任

第八十七条　公安机关交通管理部门及其交通警察对道路交通安全违法行为，应当及时纠正。

公安机关交通管理部门及其交通警察应当依据事实和本法的有关规定对道路交通安全违法行为予以处罚。对于情节轻微，未影响道路通行的，指出违法行为，给予口头警告后放行。

第八十八条　对道路交通安全违法行为的处罚种类包括：警告、罚款、暂扣或者吊销机动车驾驶证、拘留。

第八十九条　行人、乘车人、非机动车驾驶人违反道路交通安全法律、法规关于道路通行规定的，处警告或者五元以上五十元以下罚款；非机动车驾驶人拒绝接受罚款处罚的，可以扣留其非机动车。

第九十条 机动车驾驶人违反道路交通安全法律、法规关于道路通行规定的，处警告或者二十元以上二百元以下罚款。本法另有规定的，依照规定处罚。

第九十一条 饮酒后驾驶机动车的，处暂扣六个月机动车驾驶证，并处一千元以上二千元以下罚款。因饮酒后驾驶机动车被处罚，再次饮酒后驾驶机动车的，处十日以下拘留，并处一千元以上二千元以下罚款，吊销机动车驾驶证。

醉酒驾驶机动车的，由公安机关交通管理部门约束至酒醒，吊销机动车驾驶证，依法追究刑事责任；五年内不得重新取得机动车驾驶证。

饮酒后驾驶营运机动车的，处十五日拘留，并处五千元罚款，吊销机动车驾驶证，五年内不得重新取得机动车驾驶证。

醉酒驾驶营运机动车的，由公安机关交通管理部门约束至酒醒，吊销机动车驾驶证，依法追究刑事责任；十年内不得重新取得机动车驾驶证，重新取得机动车驾驶证后，不得驾驶营运机动车。

饮酒后或者醉酒驾驶机动车发生重大交通事故，构成犯罪的，依法追究刑事责任，并由公安机关交通管理部门吊销机动车驾驶证，终生不得重新取得机动车驾驶证。

第九十二条 公路客运车辆载客超过额定乘员的，处二百元以上五百元以下罚款；超过额定乘员百分之二十或者违反规定载货的，处五百元以上二千元以下罚款。

货运机动车超过核定载质量的，处二百元以上五百元以下罚款；超过核定载质量百分之三十或者违反规定载客的，处五百元以上二千元以下罚款。

有前两款行为的，由公安机关交通管理部门扣留机动车至违法状态消除。

运输单位的车辆有本条第一款、第二款规定的情形，经处罚不改的，对直接负责的主管人员处二千元以上五千元以下罚款。

第九十三条　对违反道路交通安全法律、法规关于机动车停放、临时停车规定的，可以指出违法行为，并予以口头警告，令其立即驶离。

机动车驾驶人不在现场或者虽在现场但拒绝立即驶离，妨碍其他车辆、行人通行的，处二十元以上二百元以下罚款，并可以将该机动车拖移至不妨碍交通的地点或者公安机关交通管理部门指定的地点停放。公安机关交通管理部门拖车不得向当事人收取费用，并应当及时告知当事人停放地点。

因采取不正确的方法拖车造成机动车损坏的，应当依法承担补偿责任。

第九十四条　机动车安全技术检验机构实施机动车安全技术检验超过国务院价格主管部门核定的收费标准收取费用的，退还多收取的费用，并由价格主管部门依照《中华人民共和国价格法》的有关规定给予处罚。

机动车安全技术检验机构不按照机动车国家安全技术标准进行检验，出具虚假检验结果的，由公安机关交通管理部门处所收检验费用五倍以上十倍以下罚款，并依法撤销其检验资格；构成犯罪的，依法追究刑事责任。

第九十五条　上道路行驶的机动车未悬挂机动车号牌，未放置检验合格标志、保险标志，或者未随车携带行驶证、驾驶证的，公安机关交通管理部门应当扣留机动车，通知当事人提供相应的牌证、标志或者补办相应手续，并可以依照本法第九十条的规定予以处罚。当事人提供相应的牌证、标志或者补办相应手续的，应当及时退还机动车。

故意遮挡、污损或者不按规定安装机动车号牌的，依照本法第九十条的规定予以处罚。

第九十六条 伪造、变造或者使用伪造、变造的机动车登记证书、号牌、行驶证、驾驶证的，由公安机关交通管理部门予以收缴，扣留该机动车，处十五日以下拘留，并处二千元以上五千元以下罚款；构成犯罪的，依法追究刑事责任。

伪造、变造或者使用伪造、变造的检验合格标志、保险标志的，由公安机关交通管理部门予以收缴，扣留该机动车，处十日以下拘留，并处一千元以上三千元以下罚款；构成犯罪的，依法追究刑事责任。

使用其他车辆的机动车登记证书、号牌、行驶证、检验合格标志、保险标志的，由公安机关交通管理部门予以收缴，扣留该机动车，处二千元以上五千元以下罚款。

当事人提供相应的合法证明或者补办相应手续的，应当及时退还机动车。

第九十七条 非法安装警报器、标志灯具的，由公安机关交通管理部门强制拆除，予以收缴，并处二百元以上二千元以下罚款。

第九十八条 机动车所有人、管理人未按照国家规定投保机动车第三者责任强制保险的，由公安机关交通管理部门扣留车辆至依照规定投保后，并处依照规定投保最低责任限额应缴纳的保险费的二倍罚款。

依照前款缴纳的罚款全部纳入道路交通事故社会救助基金。具体办法由国务院规定。

第九十九条 有下列行为之一的，由公安机关交通管理部门处二百元以上二千元以下罚款：

（一）未取得机动车驾驶证、机动车驾驶证被吊销或者机动车驾驶证被暂扣期间驾驶机动车的；

（二）将机动车交由未取得机动车驾驶证或者机动车驾驶证被

吊销、暂扣的人驾驶的；

（三）造成交通事故后逃逸，尚不构成犯罪的；

（四）机动车行驶超过规定时速百分之五十的；

（五）强迫机动车驾驶人违反道路交通安全法律、法规和机动车安全驾驶要求驾驶机动车，造成交通事故，尚不构成犯罪的；

（六）违反交通管制的规定强行通行，不听劝阻的；

（七）故意损毁、移动、涂改交通设施，造成危害后果，尚不构成犯罪的；

（八）非法拦截、扣留机动车辆，不听劝阻，造成交通严重阻塞或者较大财产损失的。

行为人有前款第二项、第四项情形之一的，可以并处吊销机动车驾驶证；有第一项、第三项、第五项至第八项情形之一的，可以并处十五日以下拘留。

第一百条　驾驶拼装的机动车或者已达到报废标准的机动车上道路行驶的，公安机关交通管理部门应当予以收缴，强制报废。

对驾驶前款所列机动车上道路行驶的驾驶人，处二百元以上二千元以下罚款，并吊销机动车驾驶证。

出售已达到报废标准的机动车的，没收违法所得，处销售金额等额的罚款，对该机动车依照本条第一款的规定处理。

第一百零一条　违反道路交通安全法律、法规的规定，发生重大交通事故，构成犯罪的，依法追究刑事责任，并由公安机关交通管理部门吊销机动车驾驶证。

造成交通事故后逃逸的，由公安机关交通管理部门吊销机动车驾驶证，且终生不得重新取得机动车驾驶证。

第一百零二条　对六个月内发生二次以上特大交通事故负有主要责任或者全部责任的专业运输单位，由公安机关交通管理部门责令消除安全隐患，未消除安全隐患的机动车，禁止上道路行驶。

第一百零三条 国家机动车产品主管部门未按照机动车国家安全技术标准严格审查，许可不合格机动车型投入生产的，对负有责任的主管人员和其他直接责任人员给予降级或者撤职的行政处分。

机动车生产企业经国家机动车产品主管部门许可生产的机动车型，不执行机动车国家安全技术标准或者不严格进行机动车成品质量检验，致使质量不合格的机动车出厂销售的，由质量技术监督部门依照《中华人民共和国产品质量法》的有关规定给予处罚。

擅自生产、销售未经国家机动车产品主管部门许可生产的机动车型的，没收非法生产、销售的机动车成品及配件，可以并处非法产品价值三倍以上五倍以下罚款；有营业执照的，由工商行政管理部门吊销营业执照，没有营业执照的，予以查封。

生产、销售拼装的机动车或者生产、销售擅自改装的机动车的，依照本条第三款的规定处罚。

有本条第二款、第三款、第四款所列违法行为，生产或者销售不符合机动车国家安全技术标准的机动车，构成犯罪的，依法追究刑事责任。

第一百零四条 未经批准，擅自挖掘道路、占用道路施工或者从事其他影响道路交通安全活动的，由道路主管部门责令停止违法行为，并恢复原状，可以依法给予罚款；致使通行的人员、车辆及其他财产遭受损失的，依法承担赔偿责任。

有前款行为，影响道路交通安全活动的，公安机关交通管理部门可以责令停止违法行为，迅速恢复交通。

第一百零五条 道路施工作业或者道路出现损毁，未及时设置警示标志、未采取防护措施，或者应当设置交通信号灯、交通标志、交通标线而没有设置或者应当及时变更交通信号灯、交通标志、交通标线而没有及时变更，致使通行的人员、车辆及其他财产遭受损失的，负有相关职责的单位应当依法承担赔偿责任。

第一百零六条　在道路两侧及隔离带上种植树木、其他植物或者设置广告牌、管线等，遮挡路灯、交通信号灯、交通标志，妨碍安全视距的，由公安机关交通管理部门责令行为人排除妨碍；拒不执行的，处二百元以上二千元以下罚款，并强制排除妨碍，所需费用由行为人负担。

第一百零七条　对道路交通违法行为人予以警告、二百元以下罚款，交通警察可以当场作出行政处罚决定，并出具行政处罚决定书。

行政处罚决定书应当载明当事人的违法事实、行政处罚的依据、处罚内容、时间、地点以及处罚机关名称，并由执法人员签名或者盖章。

第一百零八条　当事人应当自收到罚款的行政处罚决定书之日起十五日内，到指定的银行缴纳罚款。

对行人、乘车人和非机动车驾驶人的罚款，当事人无异议的，可以当场予以收缴罚款。

罚款应当开具省、自治区、直辖市财政部门统一制发的罚款收据；不出具财政部门统一制发的罚款收据的，当事人有权拒绝缴纳罚款。

第一百零九条　当事人逾期不履行行政处罚决定的，作出行政处罚决定的行政机关可以采取下列措施：

（一）到期不缴纳罚款的，每日按罚款数额的百分之三加处罚款；

（二）申请人民法院强制执行。

第一百一十条　执行职务的交通警察认为应当对道路交通违法行为人给予暂扣或者吊销机动车驾驶证处罚的，可以先予扣留机动车驾驶证，并在二十四小时内将案件移交公安机关交通管理部门处理。

道路交通违法行为人应当在十五日内到公安机关交通管理部门接受处理。无正当理由逾期未接受处理的，吊销机动车驾驶证。

公安机关交通管理部门暂扣或者吊销机动车驾驶证的，应当出具行政处罚决定书。

第一百一十一条 对违反本法规定予以拘留的行政处罚，由县、市公安局、公安分局或者相当于县一级的公安机关裁决。

第一百一十二条 公安机关交通管理部门扣留机动车、非机动车，应当当场出具凭证，并告知当事人在规定期限内到公安机关交通管理部门接受处理。

公安机关交通管理部门对被扣留的车辆应当妥善保管，不得使用。

逾期不来接受处理，并且经公告三个月仍不来接受处理的，对扣留的车辆依法处理。

第一百一十三条 暂扣机动车驾驶证的期限从处罚决定生效之日起计算；处罚决定生效前先予扣留机动车驾驶证的，扣留一日折抵暂扣期限一日。

吊销机动车驾驶证后重新申请领取机动车驾驶证的期限，按照机动车驾驶证管理规定办理。

第一百一十四条 公安机关交通管理部门根据交通技术监控记录资料，可以对违法的机动车所有人或者管理人依法予以处罚。对能够确定驾驶人的，可以依照本法的规定依法予以处罚。

第一百一十五条 交通警察有下列行为之一的，依法给予行政处分：

（一）为不符合法定条件的机动车发放机动车登记证书、号牌、行驶证、检验合格标志的；

（二）批准不符合法定条件的机动车安装、使用警车、消防车、救护车、工程救险车的警报器、标志灯具，喷涂标志图案的；

（三）为不符合驾驶许可条件、未经考试或者考试不合格人员发放机动车驾驶证的；

（四）不执行罚款决定与罚款收缴分离制度或者不按规定将依法收取的费用、收缴的罚款及没收的违法所得全部上缴国库的；

（五）举办或者参与举办驾驶学校或者驾驶培训班、机动车修理厂或者收费停车场等经营活动的；

（六）利用职务上的便利收受他人财物或者谋取其他利益的；

（七）违法扣留车辆、机动车行驶证、驾驶证、车辆号牌的；

（八）使用依法扣留的车辆的；

（九）当场收取罚款不开具罚款收据或者不如实填写罚款额的；

（十）徇私舞弊，不公正处理交通事故的；

（十一）故意刁难，拖延办理机动车牌证的；

（十二）非执行紧急任务时使用警报器、标志灯具的；

（十三）违反规定拦截、检查正常行驶的车辆的；

（十四）非执行紧急公务时拦截搭乘机动车的；

（十五）不履行法定职责的。

公安机关交通管理部门有前款所列行为之一的，对直接负责的主管人员和其他直接责任人员给予相应的行政处分。

第一百一十六条 依照本法第一百一十五条的规定，给予交通警察行政处分的，在作出行政处分决定前，可以停止其执行职务；必要时，可以予以禁闭。

依照本法第一百一十五条的规定，交通警察受到降级或者撤职行政处分的，可以予以辞退。

交通警察受到开除处分或者被辞退的，应当取消警衔；受到撤职以下行政处分的交通警察，应当降低警衔。

第一百一十七条 交通警察利用职权非法占有公共财物，索取、收受贿赂，或者滥用职权、玩忽职守，构成犯罪的，依法追究刑事责任。

第一百一十八条 公安机关交通管理部门及其交通警察有本法第一百一十五条所列行为之一，给当事人造成损失的，应当依法承担赔偿责任。

第八章 附 则

第一百一十九条 本法中下列用语的含义：

（一）"道路"，是指公路、城市道路和虽在单位管辖范围但允许社会机动车通行的地方，包括广场、公共停车场等用于公众通行的场所。

（二）"车辆"，是指机动车和非机动车。

（三）"机动车"，是指以动力装置驱动或者牵引，上道路行驶的供人员乘用或者用于运送物品以及进行工程专项作业的轮式车辆。

（四）"非机动车"，是指以人力或者畜力驱动，上道路行驶的交通工具，以及虽有动力装置驱动但设计最高时速、空车质量、外形尺寸符合有关国家标准的残疾人机动轮椅车、电动自行车等交通工具。

（五）"交通事故"，是指车辆在道路上因过错或者意外造成的人身伤亡或者财产损失的事件。

第一百二十条 中国人民解放军和中国人民武装警察部队在编机动车牌证、在编机动车检验以及机动车驾驶人考核工作，由中国人民解放军、中国人民武装警察部队有关部门负责。

第一百二十一条 对上道路行驶的拖拉机，由农业（农业机械）主管部门行使本法第八条、第九条、第十三条、第十九条、第二十三条规定的公安机关交通管理部门的管理职权。

农业（农业机械）主管部门依照前款规定行使职权，应当遵守本法有关规定，并接受公安机关交通管理部门的监督；对违反规定的，依照本法有关规定追究法律责任。

本法施行前由农业（农业机械）主管部门发放的机动车牌证，在本法施行后继续有效。

第一百二十二条　国家对入境的境外机动车的道路交通安全实施统一管理。

第一百二十三条　省、自治区、直辖市人民代表大会常务委员会可以根据本地区的实际情况，在本法规定的罚款幅度内，规定具体的执行标准。

第一百二十四条　本法自 2004 年 5 月 1 日起施行。

附录二　中华人民共和国道路交通安全法实施条例

（2004 年 4 月 30 日中华人民共和国国务院令第 405 号公布　根据 2017 年 10 月 7 日《国务院关于修改部分行政法规的决定》修订）

第一章　总　则

第一条　根据《中华人民共和国道路交通安全法》（以下简称道路交通安全法）的规定，制定本条例。

第二条　中华人民共和国境内的车辆驾驶人、行人、乘车人以及与道路交通活动有关的单位和个人，应当遵守道路交通安全法和本条例。

第三条　县级以上地方各级人民政府应当建立、健全道路交通安全工作协调机制，组织有关部门对城市建设项目进行交通影响评价，制定道路交通安全管理规划，确定管理目标，制定实施方案。

第二章　车辆和驾驶人

第一节　机动车

第四条　机动车的登记，分为注册登记、变更登记、转移登记、抵押登记和注销登记。

第五条　初次申领机动车号牌、行驶证的，应当向机动车所有人住所地的公安机关交通管理部门申请注册登记。申请机动车注册登记，应当交验机动车，并提交以下证明、凭证：

（一）机动车所有人的身份证明；

（二）购车发票等机动车来历证明；

（三）机动车整车出厂合格证明或者进口机动车进口凭证；

（四）车辆购置税完税证明或者免税凭证；

（五）机动车第三者责任强制保险凭证；

（六）法律、行政法规规定应当在机动车注册登记时提交的其他证明、凭证。

不属于国务院机动车产品主管部门规定免予安全技术检验的车型的，还应当提供机动车安全技术检验合格证明。

第六条　已注册登记的机动车有下列情形之一的，机动车所有人应当向登记该机动车的公安机关交通管理部门申请变更登记：

（一）改变机动车车身颜色的；

（二）更换发动机的；

（三）更换车身或者车架的；

（四）因质量有问题，制造厂更换整车的；

（五）营运机动车改为非营运机动车或者非营运机动车改为营运机动车的；

（六）机动车所有人的住所迁出或者迁入公安机关交通管理部门管辖区域的。

申请机动车变更登记，应当提交下列证明、凭证，属于前款第（一）项、第（二）项、第（三）项、第（四）项、第（五）项情形之一的，还应当交验机动车；属于前款第（二）项、第（三）项情形之一的，还应当同时提交机动车安全技术检验合格证明：

（一）机动车所有人的身份证明；

（二）机动车登记证书；

（三）机动车行驶证。

机动车所有人的住所在公安机关交通管理部门管辖区域内迁移、机动车所有人的姓名（单位名称）或者联系方式变更的，应当向登记该机动车的公安机关交通管理部门备案。

第七条　已注册登记的机动车所有权发生转移的，应当及时办理转移登记。

申请机动车转移登记，当事人应当向登记该机动车的公安机关交通管理部门交验机动车，并提交以下证明、凭证：

（一）当事人的身份证明；

（二）机动车所有权转移的证明、凭证；

（三）机动车登记证书；

（四）机动车行驶证。

第八条　机动车所有人将机动车作为抵押物抵押的，机动车所有人应当向登记该机动车的公安机关交通管理部门申请抵押登记。

第九条　已注册登记的机动车达到国家规定的强制报废标准的，公安机关交通管理部门应当在报废期满的2个月前通知机动车所有人办理注销登记。机动车所有人应当在报废期满前将机动车交售给机动车回收企业，由机动车回收企业将报废的机动车登记证书、号牌、行驶证交公安机关交通管理部门注销。机动车所有人逾期不办理注销登记的，公安机关交通管理部门应当公告该机动车登记证书、号牌、行驶证作废。

因机动车灭失申请注销登记的，机动车所有人应当向公安机关交通管理部门提交本人身份证明，交回机动车登记证书。

第十条　办理机动车登记的申请人提交的证明、凭证齐全、有效的，公安机关交通管理部门应当当场办理登记手续。

人民法院、人民检察院以及行政执法部门依法查封、扣押的机动车，公安机关交通管理部门不予办理机动车登记。

第十一条　机动车登记证书、号牌、行驶证丢失或者损毁，机动车所有人申请补发的，应当向公安机关交通管理部门提交本人身份证明和申请材料。公安机关交通管理部门经与机动车登记档案核实后，在收到申请之日起 15 日内补发。

第十二条 税务部门、保险机构可以在公安机关交通管理部门的办公场所集中办理与机动车有关的税费缴纳、保险合同订立等事项。

第十三条 机动车号牌应当悬挂在车前、车后指定位置，保持清晰、完整。重型、中型载货汽车及其挂车、拖拉机及其挂车的车身或者车厢后部应当喷涂放大的牌号，字样应当端正并保持清晰。

机动车检验合格标志、保险标志应当粘贴在机动车前窗右上角。

机动车喷涂、粘贴标识或者车身广告的，不得影响安全驾驶。

第十四条 用于公路营运的载客汽车、重型载货汽车、半挂牵引车应当安装、使用符合国家标准的行驶记录仪。交通警察可以对机动车行驶速度、连续驾驶时间以及其他行驶状态信息进行检查。安装行驶记录仪可以分步实施，实施步骤由国务院机动车产品主管部门会同有关部门规定。

第十五条 机动车安全技术检验由机动车安全技术检验机构实施。机动车安全技术检验机构应当按照国家机动车安全技术检验标准对机动车进行检验，对检验结果承担法律责任。

质量技术监督部门负责对机动车安全技术检验机构实行计量认证管理，对机动车安全技术检验设备进行检定，对执行国家机动车安全技术检验标准的情况进行监督。

机动车安全技术检验项目由国务院公安部门会同国务院质量技术监督部门规定。

第十六条 机动车应当从注册登记之日起，按照下列期限进行安全技术检验：

（一）营运载客汽车 5 年以内每年检验 1 次；超过 5 年的，每 6 个月检验 1 次；

（二）载货汽车和大型、中型非营运载客汽车10年以内每年检验1次；超过10年的，每6个月检验1次；

（三）小型、微型非营运载客汽车6年以内每2年检验1次；超过6年的，每年检验1次；超过15年的，每6个月检验1次；

（四）摩托车4年以内每2年检验1次；超过4年的，每年检验1次；

（五）拖拉机和其他机动车每年检验1次。

营运机动车在规定检验期限内经安全技术检验合格的，不再重复进行安全技术检验。

第十七条 已注册登记的机动车进行安全技术检验时，机动车行驶证记载的登记内容与该机动车的有关情况不符，或者未按照规定提供机动车第三者责任强制保险凭证的，不予通过检验。

第十八条 警车、消防车、救护车、工程救险车标志图案的喷涂以及警报器、标志灯具的安装、使用规定，由国务院公安部门制定。

第二节 机动车驾驶人

第十九条 符合国务院公安部门规定的驾驶许可条件的人，可以向公安机关交通管理部门申请机动车驾驶证。

机动车驾驶证由国务院公安部门规定式样并监制。

第二十条 学习机动车驾驶，应当先学习道路交通安全法律、法规和相关知识，考试合格后，再学习机动车驾驶技能。

在道路上学习驾驶，应当按照公安机关交通管理部门指定的路线、时间进行。在道路上学习机动车驾驶技能应当使用教练车，在教练员随车指导下进行，与教学无关的人员不得乘坐教练车。学员在学习驾驶中有道路交通安全违法行为或者造成交通事故的，由教练员承担责任。

第二十一条 公安机关交通管理部门应当对申请机动车驾驶证

的人进行考试，对考试合格的，在 5 日内核发机动车驾驶证；对考试不合格的，书面说明理由。

第二十二条 机动车驾驶证的有效期为 6 年，本条例另有规定的除外。

机动车驾驶人初次申领机动车驾驶证后的 12 个月为实习期。在实习期内驾驶机动车的，应当在车身后部粘贴或者悬挂统一式样的实习标志。

机动车驾驶人在实习期内不得驾驶公共汽车、营运客车或者执行任务的警车、消防车、救护车、工程救险车以及载有爆炸物品、易燃易爆化学物品、剧毒或者放射性等危险物品的机动车；驾驶的机动车不得牵引挂车。

第二十三条 公安机关交通管理部门对机动车驾驶人的道路交通安全违法行为除给予行政处罚外，实行道路交通安全违法行为累积记分（以下简称记分）制度，记分周期为 12 个月。对在一个记分周期内记分达到 12 分的，由公安机关交通管理部门扣留其机动车驾驶证，该机动车驾驶人应当按照规定参加道路交通安全法律、法规的学习并接受考试。考试合格的，记分予以清除，发还机动车驾驶证；考试不合格的，继续参加学习和考试。

应当给予记分的道路交通安全违法行为及其分值，由国务院公安部门根据道路交通安全违法行为的危害程度规定。

公安机关交通管理部门应当提供记分查询方式供机动车驾驶人查询。

第二十四条 机动车驾驶人在一个记分周期内记分未达到 12 分，所处罚款已经缴纳的，记分予以清除；记分虽未达到 12 分，但尚有罚款未缴纳的，记分转入下一记分周期。

机动车驾驶人在一个记分周期内记分 2 次以上达到 12 分的，除按照第二十三条的规定扣留机动车驾驶证、参加学习、接受考试外，还应当接受驾驶技能考试。考试合格的，记分予以清除，发还机动车驾驶证；考试不合格的，继续参加学习和考试。

接受驾驶技能考试的，按照本人机动车驾驶证载明的最高准驾车型考试。

第二十五条 机动车驾驶人记分达到 12 分，拒不参加公安机关交通管理部门通知的学习，也不接受考试的，由公安机关交通管理部门公告其机动车驾驶证停止使用。

第二十六条 机动车驾驶人在机动车驾驶证的 6 年有效期内，每个记分周期均未达到 12 分的，换发 10 年有效期的机动车驾驶证；在机动车驾驶证的 10 年有效期内，每个记分周期均未达到 12 分的，换发长期有效的机动车驾驶证。

换发机动车驾驶证时，公安机关交通管理部门应当对机动车驾驶证进行审验。

第二十七条 机动车驾驶证丢失、损毁，机动车驾驶人申请补发的，应当向公安机关交通管理部门提交本人身份证明和申请材料。公安机关交通管理部门经与机动车驾驶证档案核实后，在收到申请之日起 3 日内补发。

第二十八条 机动车驾驶人在机动车驾驶证丢失、损毁、超过有效期或者被依法扣留、暂扣期间以及记分达到 12 分的，不得驾驶机动车。

第三章　道路通行条件

第二十九条 交通信号灯分为：机动车信号灯、非机动车信号灯、人行横道信号灯、车道信号灯、方向指示信号灯、闪光警告信号灯、道路与铁路平面交叉道口信号灯。

第三十条 交通标志分为：指示标志、警告标志、禁令标志、指路标志、旅游区标志、道路施工安全标志和辅助标志。

道路交通标线分为：指示标线、警告标线、禁止标线。

第三十一条　交通警察的指挥分为：手势信号和使用器具的交通指挥信号。

第三十二条　道路交叉路口和行人横过道路较为集中的路段应当设置人行横道、过街天桥或者过街地下通道。

在盲人通行较为集中的路段，人行横道信号灯应当设置声响提示装置。

第三十三条　城市人民政府有关部门可以在不影响行人、车辆通行的情况下，在城市道路上施划停车泊位，并规定停车泊位的使用时间。

第三十四条　开辟或者调整公共汽车、长途汽车的行驶路线或者车站，应当符合交通规划和安全、畅通的要求。

第三十五条　道路养护施工单位在道路上进行养护、维修时，应当按照规定设置规范的安全警示标志和安全防护设施。道路养护施工作业车辆、机械应当安装示警灯，喷涂明显的标志图案，作业时应当开启示警灯和危险报警闪光灯。对未中断交通的施工作业道路，公安机关交通管理部门应当加强交通安全监督检查。发生交通阻塞时，及时做好分流、疏导，维护交通秩序。

道路施工需要车辆绕行的，施工单位应当在绕行处设置标志；不能绕行的，应当修建临时通道，保证车辆和行人通行。需要封闭道路中断交通的，除紧急情况外，应当提前5日向社会公告。

第三十六条　道路或者交通设施养护部门、管理部门应当在急弯、陡坡、临崖、临水等危险路段，按照国家标准设置警告标志和安全防护设施。

第三十七条　道路交通标志、标线不规范，机动车驾驶人容易发生辨认错误的，交通标志、标线的主管部门应当及时予以改善。

道路照明设施应当符合道路建设技术规范，保持照明功能完好。

第四章 道路通行规定

第一节 一般规定

第三十八条 机动车信号灯和非机动车信号灯表示：

（一）绿灯亮时，准许车辆通行，但转弯的车辆不得妨碍被放行的直行车辆、行人通行；

（二）黄灯亮时，已越过停止线的车辆可以继续通行；

（三）红灯亮时，禁止车辆通行。

在未设置非机动车信号灯和人行横道信号灯的路口，非机动车和行人应当按照机动车信号灯的表示通行。

红灯亮时，右转弯的车辆在不妨碍被放行的车辆、行人通行的情况下，可以通行。

第三十九条 人行横道信号灯表示：

（一）绿灯亮时，准许行人通过人行横道；

（二）红灯亮时，禁止行人进入人行横道，但是已经进入人行横道的，可以继续通过或者在道路中心线处停留等候。

第四十条 车道信号灯表示：

（一）绿色箭头灯亮时，准许本车道车辆按指示方向通行；

（二）红色叉形灯或者箭头灯亮时，禁止本车道车辆通行。

第四十一条 方向指示信号灯的箭头方向向左、向上、向右分别表示左转、直行、右转。

第四十二条 闪光警告信号灯为持续闪烁的黄灯，提示车辆、行人通行时注意瞭望，确认安全后通过。

第四十三条 道路与铁路平面交叉道口有两个红灯交替闪烁或者一个红灯亮时，表示禁止车辆、行人通行；红灯熄灭时，表示允许车辆、行人通行。

第二节 机动车通行规定

第四十四条 在道路同方向划有 2 条以上机动车道的，左侧为快速车道，右侧为慢速车道。在快速车道行驶的机动车应当按照快速车道规定的速度行驶，未达到快速车道规定的行驶速度的，应当在慢速车道行驶。摩托车应当在最右侧车道行驶。有交通标志标明行驶速度的，按照标明的行驶速度行驶。慢速车道内的机动车超越前车时，可以借用快速车道行驶。

在道路同方向划有 2 条以上机动车道的，变更车道的机动车不得影响相关车道内行驶的机动车的正常行驶。

第四十五条 机动车在道路上行驶不得超过限速标志、标线标明的速度。在没有限速标志、标线的道路上，机动车不得超过下列最高行驶速度：

（一）没有道路中心线的道路，城市道路为每小时 30 公里，公路为每小时 40 公里；

（二）同方向只有 1 条机动车道的道路，城市道路为每小时 50 公里，公路为每小时 70 公里。

第四十六条 机动车行驶中遇有下列情形之一的，最高行驶速度不得超过每小时 30 公里，其中拖拉机、电瓶车、轮式专用机械车不得超过每小时 15 公里：

（一）进出非机动车道，通过铁路道口、急弯路、窄路、窄桥时；

（二）掉头、转弯、下陡坡时；

（三）遇雾、雨、雪、沙尘、冰雹，能见度在 50 米以内时；

（四）在冰雪、泥泞的道路上行驶时；

（五）牵引发生故障的机动车时。

第四十七条 机动车超车时，应当提前开启左转向灯、变换使用远、近光灯或者鸣喇叭。在没有道路中心线或者同方向只有 1 条机动车道的道路上，前车遇后车发出超车信号时，在条件许可的情况下，应当降低速度、靠右让路。后车应当在确认有充足的安全距离后，从前车的左侧超越，在与被超车辆拉开必要的安全距离后，开启右转向灯，驶回原车道。

第四十八条 在没有中心隔离设施或者没有中心线的道路上，机动车遇相对方向来车时应当遵守下列规定：

（一）减速靠右行驶，并与其他车辆、行人保持必要的安全距离；

（二）在有障碍的路段，无障碍的一方先行；但有障碍的一方已驶入障碍路段而无障碍的一方未驶入时，有障碍的一方先行；

（三）在狭窄的坡路，上坡的一方先行；但下坡的一方已行至中途而上坡的一方未上坡时，下坡的一方先行；

（四）在狭窄的山路，不靠山体的一方先行；

（五）夜间会车应当在距相对方向来车150米以外改用近光灯，在窄路、窄桥与非机动车会车时应当使用近光灯。

第四十九条 机动车在有禁止掉头或者禁止左转弯标志、标线的地点以及在铁路道口、人行横道、桥梁、急弯、陡坡、隧道或者容易发生危险的路段，不得掉头。

机动车在没有禁止掉头或者没有禁止左转弯标志、标线的地点可以掉头，但不得妨碍正常行驶的其他车辆和行人的通行。

第五十条 机动车倒车时，应当察明车后情况，确认安全后倒车。不得在铁路道口、交叉路口、单行路、桥梁、急弯、陡坡或者隧道中倒车。

第五十一条 机动车通过有交通信号灯控制的交叉路口，应当按照下列规定通行：

（一）在划有导向车道的路口，按所需行进方向驶入导向车道；

（二）准备进入环形路口的让已在路口内的机动车先行；

（三）向左转弯时，靠路口中心点左侧转弯。转弯时开启转向灯，夜间行驶开启近光灯；

（四）遇放行信号时，依次通过；

（五）遇停止信号时，依次停在停止线以外。没有停止线的，停在路口以外；

（六）向右转弯遇有同车道前车正在等候放行信号时，依次停车等候；

（七）在没有方向指示信号灯的交叉路口，转弯的机动车让直行的车辆、行人先行。相对方向行驶的右转弯机动车让左转弯车辆先行。

第五十二条　机动车通过没有交通信号灯控制也没有交通警察指挥的交叉路口，除应当遵守第五十一条第（二）项、第（三）项的规定外，还应当遵守下列规定：

（一）有交通标志、标线控制的，让优先通行的一方先行；

（二）没有交通标志、标线控制的，在进入路口前停车瞭望，让右方道路的来车先行；

（三）转弯的机动车让直行的车辆先行；

（四）相对方向行驶的右转弯的机动车让左转弯的车辆先行。

第五十三条　机动车遇有前方交叉路口交通阻塞时，应当依次停在路口以外等候，不得进入路口。

机动车在遇有前方机动车停车排队等候或者缓慢行驶时，应当依次排队，不得从前方车辆两侧穿插或者超越行驶，不得在人行横道、网状线区域内停车等候。

机动车在车道减少的路口、路段，遇有前方机动车停车排队等候或者缓慢行驶的，应当每车道一辆依次交替驶入车道减少后的路口、路段。

第五十四条　机动车载物不得超过机动车行驶证上核定的载质

量，装载长度、宽度不得超出车厢，并应当遵守下列规定：

（一）重型、中型载货汽车，半挂车载物，高度从地面起不得超过 4 米，载运集装箱的车辆不得超过 4.2 米；

（二）其他载货的机动车载物，高度从地面起不得超过 2.5 米；

（三）摩托车载物，高度从地面起不得超过 1.5 米，长度不得超出车身 0.2 米。两轮摩托车载物宽度左右各不得超出车把 0.15 米；三轮摩托车载物宽度不得超过车身。

载客汽车除车身外部的行李架和内置的行李箱外，不得载货。载客汽车行李架载货，从车顶起高度不得超过 0.5 米，从地面起高度不得超过 4 米。

第五十五条 机动车载人应当遵守下列规定：

（一）公路载客汽车不得超过核定的载客人数，但按照规定免票的儿童除外，在载客人数已满的情况下，按照规定免票的儿童不得超过核定载客人数的 10%；

（二）载货汽车车厢不得载客。在城市道路上，货运机动车在留有安全位置的情况下，车厢内可以附载临时作业人员 1 人至 5 人；载物高度超过车厢栏板时，货物上不得载人；

（三）摩托车后座不得乘坐未满 12 周岁的未成年人，轻便摩托车不得载人。

第五十六条 机动车牵引挂车应当符合下列规定：

（一）载货汽车、半挂牵引车、拖拉机只允许牵引 1 辆挂车。挂车的灯光信号、制动、连接、安全防护等装置应当符合国家标准；

（二）小型载客汽车只允许牵引旅居挂车或者总质量 700 千克以下的挂车。挂车不得载人；

（三）载货汽车所牵引挂车的载质量不得超过载货汽车本身的载质量。

大型、中型载客汽车，低速载货汽车，三轮汽车以及其他机动车不得牵引挂车。

第五十七条　机动车应当按照下列规定使用转向灯：

（一）向左转弯、向左变更车道、准备超车、驶离停车地点或者掉头时，应当提前开启左转向灯；

（二）向右转弯、向右变更车道、超车完毕驶回原车道、靠路边停车时，应当提前开启右转向灯。

第五十八条　机动车在夜间没有路灯、照明不良或者遇有雾、雨、雪、沙尘、冰雹等低能见度情况下行驶时，应当开启前照灯、示廓灯和后位灯，但同方向行驶的后车与前车近距离行驶时，不得使用远光灯。机动车雾天行驶应当开启雾灯和危险报警闪光灯。

第五十九条　机动车在夜间通过急弯、坡路、拱桥、人行横道或者没有交通信号灯控制的路口时，应当交替使用远近光灯示意。

机动车驶近急弯、坡道顶端等影响安全视距的路段以及超车或者遇有紧急情况时，应当减速慢行，并鸣喇叭示意。

第六十条　机动车在道路上发生故障或者发生交通事故，妨碍交通又难以移动的，应当按照规定开启危险报警闪光灯并在车后 50 米至 100 米处设置警告标志，夜间还应当同时开启示廓灯和后位灯。

第六十一条　牵引故障机动车应当遵守下列规定：

（一）被牵引的机动车除驾驶人外不得载人，不得拖带挂车；

（二）被牵引的机动车宽度不得大于牵引机动车的宽度；

（三）使用软连接牵引装置时，牵引车与被牵引车之间的距离应当大于 4 米小于 10 米；

（四）对制动失效的被牵引车，应当使用硬连接牵引装置牵引；

（五）牵引车和被牵引车均应当开启危险报警闪光灯。

汽车吊车和轮式专用机械车不得牵引车辆。摩托车不得牵引车辆或者被其他车辆牵引。

转向或者照明、信号装置失效的故障机动车，应当使用专用清障车拖曳。

第六十二条 驾驶机动车不得有下列行为：

（一）在车门、车厢没有关好时行车；

（二）在机动车驾驶室的前后窗范围内悬挂、放置妨碍驾驶人视线的物品；

（三）拨打接听手持电话、观看电视等妨碍安全驾驶的行为；

（四）下陡坡时熄火或者空挡滑行；

（五）向道路上抛撒物品；

（六）驾驶摩托车手离车把或者在车把上悬挂物品；

（七）连续驾驶机动车超过 4 小时未停车休息或者停车休息时间少于 20 分钟；

（八）在禁止鸣喇叭的区域或者路段鸣喇叭。

第六十三条 机动车在道路上临时停车，应当遵守下列规定：

（一）在设有禁停标志、标线的路段，在机动车道与非机动车道、人行道之间设有隔离设施的路段以及人行横道、施工地段，不得停车；

（二）交叉路口、铁路道口、急弯路、宽度不足 4 米的窄路、桥梁、陡坡、隧道以及距离上述地点 50 米以内的路段，不得停车；

（三）公共汽车站、急救站、加油站、消防栓或者消防队（站）门前以及距离上述地点 30 米以内的路段，除使用上述设施的以外，不得停车；

（四）车辆停稳前不得开车门和上下人员，开关车门不得妨碍其他车辆和行人通行；

（五）路边停车应当紧靠道路右侧，机动车驾驶人不得离车，上下人员或者装卸物品后，立即驶离；

（六）城市公共汽车不得在站点以外的路段停车上下乘客。

第六十四条　机动车行经漫水路或者漫水桥时，应当停车察明水情，确认安全后，低速通过。

第六十五条　机动车载运超限物品行经铁路道口的，应当按照当地铁路部门指定的铁路道口、时间通过。

机动车行经渡口，应当服从渡口管理人员指挥，按照指定地点依次待渡。机动车上下渡船时，应当低速慢行。

第六十六条　警车、消防车、救护车、工程救险车在执行紧急任务遇交通受阻时，可以断续使用警报器，并遵守下列规定：

（一）不得在禁止使用警报器的区域或者路段使用警报器；

（二）夜间在市区不得使用警报器；

（三）列队行驶时，前车已经使用警报器的，后车不再使用警报器。

第六十七条　在单位院内、居民居住区内，机动车应当低速行驶，避让行人；有限速标志的，按照限速标志行驶。

第三节　非机动车通行规定

第六十八条　非机动车通过有交通信号灯控制的交叉路口，应当按照下列规定通行：

（一）转弯的非机动车让直行的车辆、行人优先通行；

（二）遇有前方路口交通阻塞时，不得进入路口；

（三）向左转弯时，靠路口中心点的右侧转弯；

（四）遇有停止信号时，应当依次停在路口停止线以外。没有停止线的，停在路口以外；

（五）向右转弯遇有同方向前车正在等候放行信号时，在本车道内能够转弯的，可以通行；不能转弯的，依次等候。

第六十九条　非机动车通过没有交通信号灯控制也没有交通警察指挥的交叉路口，除应当遵守第六十八条第（一）项、第（二）

项和第（三）项的规定外，还应当遵守下列规定：

（一）有交通标志、标线控制的，让优先通行的一方先行；

（二）没有交通标志、标线控制的，在路口外慢行或者停车瞭望，让右方道路的来车先行；

（三）相对方向行驶的右转弯的非机动车让左转弯的车辆先行。

第七十条 驾驶自行车、电动自行车、三轮车在路段上横过机动车道，应当下车推行，有人行横道或者行人过街设施的，应当从人行横道或者行人过街设施通过；没有人行横道、没有行人过街设施或者不便使用行人过街设施的，在确认安全后直行通过。

因非机动车道被占用无法在本车道内行驶的非机动车，可以在受阻的路段借用相邻的机动车道行驶，并在驶过被占用路段后迅速驶回非机动车道。机动车遇此情况应当减速让行。

第七十一条 非机动车载物，应当遵守下列规定：

（一）自行车、电动自行车、残疾人机动轮椅车载物，高度从地面起不得超过 1.5 米，宽度左右各不得超出车把 0.15 米，长度前端不得超出车轮，后端不得超出车身 0.3 米；

（二）三轮车、人力车载物，高度从地面起不得超过 2 米，宽度左右各不得超出车身 0.2 米，长度不得超出车身 1 米；

（三）畜力车载物，高度从地面起不得超过 2.5 米，宽度左右各不得超出车身 0.2 米，长度前端不得超出车辕，后端不得超出车身 1 米。

自行车载人的规定，由省、自治区、直辖市人民政府根据当地实际情况制定。

第七十二条 在道路上驾驶自行车、三轮车、电动自行车、残疾人机动轮椅车应当遵守下列规定：

（一）驾驶自行车、三轮车必须年满 12 周岁；

（二）驾驶电动自行车和残疾人机动轮椅车必须年满 16 周岁；

（三）不得醉酒驾驶；

（四）转弯前应当减速慢行，伸手示意，不得突然猛拐，超越前车时不得妨碍被超越的车辆行驶；

（五）不得牵引、攀扶车辆或者被其他车辆牵引，不得双手离把或者手中持物；

（六）不得扶身并行、互相追逐或者曲折竞驶；

（七）不得在道路上骑独轮自行车或者2人以上骑行的自行车；

（八）非下肢残疾的人不得驾驶残疾人机动轮椅车；

（九）自行车、三轮车不得加装动力装置；

（十）不得在道路上学习驾驶非机动车。

第七十三条　在道路上驾驭畜力车应当年满16周岁，并遵守下列规定：

（一）不得醉酒驾驭；

（二）不得并行，驾驭人不得离开车辆；

（三）行经繁华路段、交叉路口、铁路道口、人行横道、急弯路、宽度不足4米的窄路或者窄桥、陡坡、隧道或者容易发生危险的路段，不得超车。驾驭两轮畜力车应当下车牵引牲畜；

（四）不得使用未经驯服的牲畜驾车，随车幼畜须拴系；

（五）停放车辆应当拉紧车闸，拴系牲畜。

第四节　行人和乘车人通行规定

第七十四条　行人不得有下列行为：

（一）在道路上使用滑板、旱冰鞋等滑行工具；

（二）在车行道内坐卧、停留、嬉闹；

（三）追车、抛物击车等妨碍道路交通安全的行为。

第七十五条　行人横过机动车道，应当从行人过街设施通过；没有行人过街设施的，应当从人行横道通过；没有人行横道的，应当观察来往车辆的情况，确认安全后直行通过，不得在车辆临近时突然加速横穿或者中途倒退、折返。

第七十六条 行人列队在道路上通行，每横列不得超过 2 人，但在已经实行交通管制的路段不受限制。

第七十七条 乘坐机动车应当遵守下列规定：

（一）不得在机动车道上拦乘机动车；

（二）在机动车道上不得从机动车左侧上下车；

（三）开关车门不得妨碍其他车辆和行人通行；

（四）机动车行驶中，不得干扰驾驶，不得将身体任何部分伸出车外，不得跳车；

（五）乘坐两轮摩托车应当正向骑坐。

第五节 高速公路的特别规定

第七十八条 高速公路应当标明车道的行驶速度，最高车速不得超过每小时 120 公里，最低车速不得低于每小时 60 公里。

在高速公路上行驶的小型载客汽车最高车速不得超过每小时 120 公里，其他机动车不得超过每小时 100 公里，摩托车不得超过每小时 80 公里。

同方向有 2 条车道的，左侧车道的最低车速为每小时 100 公里；同方向有 3 条以上车道的，最左侧车道的最低车速为每小时 110 公里，中间车道的最低车速为每小时 90 公里。道路限速标志标明的车速与上述车道行驶车速的规定不一致的，按照道路限速标志标明的车速行驶。

第七十九条 机动车从匝道驶入高速公路，应当开启左转向灯，在不妨碍已在高速公路内的机动车正常行驶的情况下驶入车道。

机动车驶离高速公路时，应当开启右转向灯，驶入减速车道，降低车速后驶离。

第八十条 机动车在高速公路上行驶，车速超过每小时 100 公里时，应当与同车道前车保持 100 米以上的距离，车速低于每小时 100 公里时，与同车道前车距离可以适当缩短，但最小距离不得少于 50 米。

第八十一条　机动车在高速公路上行驶，遇有雾、雨、雪、沙尘、冰雹等低能见度气象条件时，应当遵守下列规定：

（一）能见度小于 200 米时，开启雾灯、近光灯、示廓灯和前后位灯，车速不得超过每小时 60 公里，与同车道前车保持 100 米以上的距离；

（二）能见度小于 100 米时，开启雾灯、近光灯、示廓灯、前后位灯和危险报警闪光灯，车速不得超过每小时 40 公里，与同车道前车保持 50 米以上的距离；

（三）能见度小于 50 米时，开启雾灯、近光灯、示廓灯、前后位灯和危险报警闪光灯，车速不得超过每小时 20 公里，并从最近的出口尽快驶离高速公路。

遇有前款规定情形时，高速公路管理部门应当通过显示屏等方式发布速度限制、保持车距等提示信息。

第八十二条　机动车在高速公路上行驶，不得有下列行为：

（一）倒车、逆行、穿越中央分隔带掉头或者在车道内停车；

（二）在匝道、加速车道或者减速车道上超车；

（三）骑、轧车行道分界线或者在路肩上行驶；

（四）非紧急情况时在应急车道行驶或者停车；

（五）试车或者学习驾驶机动车。

第八十三条　在高速公路上行驶的载货汽车车厢不得载人。两轮摩托车在高速公路行驶时不得载人。

第八十四条　机动车通过施工作业路段时，应当注意警示标志，减速行驶。

第八十五条　城市快速路的道路交通安全管理，参照本节的规定执行。

高速公路、城市快速路的道路交通安全管理工作，省、自治区、直辖市人民政府公安机关交通管理部门可以指定设区的市人民政府公安机关交通管理部门或者相当于同级的公安机关交通管理部门承担。

第五章 交通事故处理

第八十六条 机动车与机动车、机动车与非机动车在道路上发生未造成人身伤亡的交通事故，当事人对事实及成因无争议的，在记录交通事故的时间、地点、对方当事人的姓名和联系方式、机动车牌号、驾驶证号、保险凭证号、碰撞部位，并共同签名后，撤离现场，自行协商损害赔偿事宜。当事人对交通事故事实及成因有争议的，应当迅速报警。

第八十七条 非机动车与非机动车或者行人在道路上发生交通事故，未造成人身伤亡，且基本事实及成因清楚的，当事人应当先撤离现场，再自行协商处理损害赔偿事宜。当事人对交通事故事实及成因有争议的，应当迅速报警。

第八十八条 机动车发生交通事故，造成道路、供电、通讯等设施损毁的，驾驶人应当报警等候处理，不得驶离。机动车可以移动的，应当将机动车移至不妨碍交通的地点。公安机关交通管理部门应当将事故有关情况通知有关部门。

第八十九条 公安机关交通管理部门或者交通警察接到交通事故报警，应当及时赶赴现场，对未造成人身伤亡，事实清楚，并且机动车可以移动的，应当在记录事故情况后责令当事人撤离现场，恢复交通。对拒不撤离现场的，予以强制撤离。

对属于前款规定情况的道路交通事故，交通警察可以适用简易程序处理，并当场出具事故认定书。当事人共同请求调解的，交通警察可以当场对损害赔偿争议进行调解。

对道路交通事故造成人员伤亡和财产损失需要勘验、检查现场的，公安机关交通管理部门应当按照勘查现场工作规范进行。现场勘查完毕，应当组织清理现场，恢复交通。

第九十条　投保机动车第三者责任强制保险的机动车发生交通事故，因抢救受伤人员需要保险公司支付抢救费用的，由公安机关交通管理部门通知保险公司。

抢救受伤人员需要道路交通事故救助基金垫付费用的，由公安机关交通管理部门通知道路交通事故社会救助基金管理机构。

第九十一条　公安机关交通管理部门应当根据交通事故当事人的行为对发生交通事故所起的作用以及过错的严重程度，确定当事人的责任。

第九十二条　发生交通事故后当事人逃逸的，逃逸的当事人承担全部责任。但是，有证据证明对方当事人也有过错的，可以减轻责任。

当事人故意破坏、伪造现场、毁灭证据的，承担全部责任。

第九十三条　公安机关交通管理部门对经过勘验、检查现场的交通事故应当在勘查现场之日起 10 日内制作交通事故认定书。对需要进行检验、鉴定的，应当在检验、鉴定结果确定之日起 5 日内制作交通事故认定书。

第九十四条　当事人对交通事故损害赔偿有争议，各方当事人一致请求公安机关交通管理部门调解的，应当在收到交通事故认定书之日起 10 日内提出书面调解申请。

对交通事故致死的，调解从办理丧葬事宜结束之日起开始；对交通事故致伤的，调解从治疗终结或者定残之日起开始；对交通事故造成财产损失的，调解从确定损失之日起开始。

第九十五条　公安机关交通管理部门调解交通事故损害赔偿争

议的期限为 10 日。调解达成协议的，公安机关交通管理部门应当制作调解书送交各方当事人，调解书经各方当事人共同签字后生效；调解未达成协议的，公安机关交通管理部门应当制作调解终结书送交各方当事人。

交通事故损害赔偿项目和标准依照有关法律的规定执行。

第九十六条 对交通事故损害赔偿的争议，当事人向人民法院提起民事诉讼的，公安机关交通管理部门不再受理调解申请。

公安机关交通管理部门调解期间，当事人向人民法院提起民事诉讼的，调解终止。

第九十七条 车辆在道路以外发生交通事故，公安机关交通管理部门接到报案的，参照道路交通安全法和本条例的规定处理。

车辆、行人与火车发生的交通事故以及在渡口发生的交通事故，依照国家有关规定处理。

第六章 执法监督

第九十八条 公安机关交通管理部门应当公开办事制度、办事程序，建立警风警纪监督员制度，自觉接受社会和群众的监督。

第九十九条 公安机关交通管理部门及其交通警察办理机动车登记，发放号牌，对驾驶人考试、发证，处理道路交通安全违法行为，处理道路交通事故，应当严格遵守有关规定，不得越权执法，不得延迟履行职责，不得擅自改变处罚的种类和幅度。

第一百条 公安机关交通管理部门应当公布举报电话，受理群众举报投诉，并及时调查核实，反馈查处结果。

第一百零一条 公安机关交通管理部门应当建立执法质量考核评议、执法责任制和执法过错追究制度，防止和纠正道路交通安全执法中的错误或者不当行为。

第七章　法律责任

第一百零二条　违反本条例规定的行为，依照道路交通安全法和本条例的规定处罚。

第一百零三条　以欺骗、贿赂等不正当手段取得机动车登记或者驾驶许可的，收缴机动车登记证书、号牌、行驶证或者机动车驾驶证，撤销机动车登记或者机动车驾驶许可；申请人在 3 年内不得申请机动车登记或者机动车驾驶许可。

第一百零四条　机动车驾驶人有下列行为之一，又无其他机动车驾驶人即时替代驾驶的，公安机关交通管理部门除依法给予处罚外，可以将其驾驶的机动车移至不妨碍交通的地点或者有关部门指定的地点停放：

（一）不能出示本人有效驾驶证的；

（二）驾驶的机动车与驾驶证载明的准驾车型不符的；

（三）饮酒、服用国家管制的精神药品或者麻醉药品、患有妨碍安全驾驶的疾病，或者过度疲劳仍继续驾驶的；

（四）学习驾驶人员没有教练人员随车指导单独驾驶的。

第一百零五条　机动车驾驶人有饮酒、醉酒、服用国家管制的精神药品或者麻醉药品嫌疑的，应当接受测试、检验。

第一百零六条　公路客运载客汽车超过核定乘员、载货汽车超过核定载质量的，公安机关交通管理部门依法扣留机动车后，驾驶人应当将超载的乘车人转运、将超载的货物卸载，费用由超载机动车的驾驶人或者所有人承担。

第一百零七条　依照道路交通安全法第九十二条、第九十五条、第九十六条、第九十八条的规定被扣留的机动车，驾驶人或者所有人、管理人 30 日内没有提供被扣留机动车的合法证明，没有补办相应手续，或者不前来接受处理，经公安机关交通管理部门通知并且经公告 3 个月仍不前来接受处理的，由公安机关交通管理部门将该机动车送交有资格的拍卖机构拍卖，所得价款上缴国库；非法拼装的机动车予以拆除；达到报废标准的机动车予以报废；机动车涉及其他违法犯罪行为的，移交有关部门处理。

第一百零八条 交通警察按照简易程序当场作出行政处罚的，应当告知当事人道路交通安全违法行为的事实、处罚的理由和依据，并将行政处罚决定书当场交付被处罚人。

第一百零九条 对道路交通安全违法行为人处以罚款或者暂扣驾驶证处罚的，由违法行为发生地的县级以上人民政府公安机关交通管理部门或者相当于同级的公安机关交通管理部门作出决定；对处以吊销机动车驾驶证处罚的，由设区的市人民政府公安机关交通管理部门或者相当于同级的公安机关交通管理部门作出决定。

公安机关交通管理部门对非本辖区机动车的道路交通安全违法行为没有当场处罚的，可以由机动车登记地的公安机关交通管理部门处罚。

第一百一十条 当事人对公安机关交通管理部门及其交通警察的处罚有权进行陈述和申辩，交通警察应当充分听取当事人的陈述和申辩，不得因当事人陈述、申辩而加重其处罚。

第八章 附 则

第一百一十一条 本条例所称上道路行驶的拖拉机，是指手扶拖拉机等最高设计行驶速度不超过每小时 20 公里的轮式拖拉机和最高设计行驶速度不超过每小时 40 公里、牵引挂车方可从事道路运输的轮式拖拉机。

第一百一十二条 农业（农业机械）主管部门应当定期向公安机关交通管理部门提供拖拉机登记、安全技术检验以及拖拉机驾驶证发放的资料、数据。公安机关交通管理部门对拖拉机驾驶人作出暂扣、吊销驾驶证处罚或者记分处理的，应当定期将处罚决定书和记分情况通报有关的农业（农业机械）主管部门。吊销驾驶证的，还应当将驾驶证送交有关的农业（农业机械）主管部门。

第一百一十三条　境外机动车入境行驶，应当向入境地的公安机关交通管理部门申请临时通行号牌、行驶证。临时通行号牌、行驶证应当根据行驶需要，载明有效日期和允许行驶的区域。

入境的境外机动车申请临时通行号牌、行驶证以及境外人员申请机动车驾驶许可的条件、考试办法由国务院公安部门规定。

第一百一十四条　机动车驾驶许可考试的收费标准，由国务院价格主管部门规定。

第一百一十五条　本条例自 2004 年 5 月 1 日起施行。1960 年 2 月 11 日国务院批准、交通部发布的《机动车管理办法》，1988 年 3 月 9 日国务院发布的《中华人民共和国道路交通管理条例》，1991 年 9 月 22 日国务院发布的《道路交通事故处理办法》，同时废止。

附录三　江西省实施《中华人民共和国道路交通安全法》办法

(2008 年 11 月 28 日江西省第十一届人民代表大会常务委员会第六次会议通过　2011 年 12 月 1 日江西省第十一届人民代表大会常务委员会第二十八次会议第一次修正　2013 年 9 月 26 日江西省第十二届人民代表大会常务委员会第六次会议第二次修正　2015 年 3 月 26 日江西省第十二届人民代表大会常务委员会第十七次会议第三次修正)

目　录

第一章　总　　则
第二章　道路交通安全职责
第三章　车辆和驾驶人
第四章　道路通行条件
第五章　道路通行规定
第六章　交通事故处理
第七章　法律责任
第八章　附　　则

第一章　总　　则

第一条　为了维护道路交通秩序，预防和减少交通事故，保护人身安全，保护公民、法人和其他组织的财产安全及其他合法权益，提高通行效率，根据《中华人民共和国道路交通安全法》《中华人民共和国道路交通安全法实施条例》等有关法律、行政法规的规定，结合本省实际，制定本办法。

第二条 本省行政区域内的车辆驾驶人、行人、乘车人以及与道路交通活动有关的单位和个人，应当遵守《中华人民共和国道路交通安全法》《中华人民共和国道路交通安全法实施条例》和本办法。

第三条 各级人民政府应当保障道路交通安全管理工作与经济建设和社会发展相适应。

县级以上人民政府应当加强道路交通安全管理工作，制定并组织实施道路交通安全管理规划，增加对道路交通安全基础设施和科技管理手段的投入，提高道路交通安全管理的现代化水平。

第四条 县级以上人民政府公安机关交通管理部门负责本行政区域内的道路交通安全管理工作。道路交通安全协管员协助交通警察维护道路交通秩序，劝阻、制止道路交通安全违法行为，但不得实施行政处罚等行政行为。

交通运输、建设、城乡规划、安全生产监督、质量技术监督、农业（农业机械）、价格、卫生、教育等行政主管部门应当依照各自职责，加强协作，做好有关的道路交通工作。

第五条 各级人民政府及有关部门应当经常开展道路交通安全法制宣传教育，提高公民的道路交通安全意识。

第六条 公安机关交通管理部门应当依法履行职责，公开办事制度和程序，简化办事手续，提高服务质量；加强交通警察队伍管理和警风警纪建设，确保执法公正、严格、文明、高效。

交通警察应当严格履行执勤执法职责，加强道路交通安全巡查，保障道路畅通。公安机关应当加强对交通警察道路执勤执法现场督察。

任何单位和个人应当依法履行道路交通安全义务，服从公安机关交通管理部门及其交通警察的管理。

任何单位和个人都有权劝阻、举报道路交通安全违法行为，报告道路交通安全隐患和交通事故。

第二章　道路交通安全职责

第七条　县级以上人民政府应当建立、健全道路交通安全管理工作的协调机制，统筹解决道路交通安全工作的有关事宜；建立并落实道路交通安全责任制和道路交通安全突发事件应急机制，将道路交通安全工作纳入安全生产和社会管理综合治理考核范围，定期组织道路交通安全状况评价。

县级以上人民政府应当建立完善道路交通安全隐患排查治理制度，落实治理措施和治理资金，根据隐患严重程度进行督办整改，对隐患整改不落实的，应当追究有关负责人的责任。

第八条　公安机关交通管理部门应当依法实施车辆登记和驾驶人考核、发证管理，维护道路交通秩序，查处道路交通安全违法行为，处理交通事故，按规定公开各类道路交通管理信息，做好道路交通安全管理和相关服务工作。

公安机关交通管理部门负责城市道路交通信号灯、交通技术监控设备的维护和管理。

对公路营运载客汽车、危险剧毒化学品、易燃易爆品运输车和校车等涉及公共安全、容易造成重大伤亡事故的机动车驾驶人，及发生人身伤亡交通事故负有同等以上责任尚不构成犯罪的机动车驾驶人，公安机关交通管理部门应当加强道路交通安全法律、法规和相关知识的宣传教育。

第九条　农业（农业机械）主管部门应当依法实施上道路行驶的拖拉机登记和拖拉机驾驶人考核、发证管理，加强对拖拉机驾驶人培训学校的资格管理和拖拉机驾驶人的安全教育。

第十条　县级以上人民政府其他有关部门按照下列规定，履行相关的道路交通安全管理职责：

（一）交通运输主管部门应当依法实施对从事道路客运、货运、机动车维修、机动车驾驶人培训的单位、个人的资格管理和道路运输站（场）的行业管理，负责公路（桥梁）交通安全设施设置、维护的监督管理；

（二）建设、城乡规划主管部门应当会同有关部门依法实施城市道路、桥梁、停车场和道路配套设施的规划、设计和建设，负责城市道路交通安全设施的设置，以及除交通信号灯、交通监控设施以外的交通安全设施的维护和管理，合理规划城市公交线路、站点及停车场；

（三）安全生产监督主管部门应当加强综合协调，督促有关部门和单位依法履行职责，落实道路交通安全生产管理责任制度；

（四）质量技术监督主管部门应当加强对机动车安全技术检验机构的监督管理，依法定期对机动车安全技术检验机构检测设备进行检定；

（五）气象主管机构所属的气象台站应当及时向当地公安机关交通管理部门和公众提供可能影响交通安全的气象预报和灾害性天气警报等信息；

（六）卫生主管部门应当依法建立和完善交通事故医疗救治快速反应机制，加强交通事故医疗救治工作的组织管理；

（七）教育主管部门应当将道路交通安全教育纳入法制教育内容，并督促学校落实学生在校期间的交通安全措施，加强对学校使用校车的监管，指导、督促学校建立健全校车安全管理制度，明确和落实校车安全管理责任，组织学校开展校车安全事故应急处置演练；

（八）新闻、出版、广播、电视、网络等单位应当在重要版面、时段通过新闻报道、专题节目、公益广告等方式定期进行道路交通安全公益宣传、开展舆论监督。

省人民政府财政和价格主管部门应当依法核定道路清障施救的收费项目和收费标准，并依法加强监督。

第十一条 机关、企业事业单位、社会团体和其他组织，应当建立健全内部交通安全责任制，履行下列交通安全义务：

（一）制定、落实本单位机动车使用、保养、维护和安全检查等制度；

（二）教育本单位机动车驾驶人及其他人员遵守道路交通安全法律、法规；

（三）雇用机动车驾驶人的，应当对其驾驶证和身份证进行登记；

（四）接受公安机关交通管理部门依法进行的监督检查。

第十二条 机动车安全技术检验机构应当严格执行机动车国家安全技术标准，使用经检定合格的检测设备，按照规定项目和方法检验机动车，并建立机动车安全技术检验档案。

第十三条 机动车驾驶培训机构应当按照国家有关规定和教学大纲进行驾驶培训，不得减少培训内容或者降低培训标准。

第十四条 机动车维修单位、报废机动车回收企业应当根据国家有关规定建立承修、回收登记制度。发现有交通事故逃逸、改装、拼装嫌疑的车辆，应当立即报告公安机关。

第十五条 专业道路运输单位应当严格落实企业安全主体责任，加强对本单位机动车驾驶人的安全行车教育，建立车辆登记、使用、维修制度，健全车辆安全、技术档案，及时消除道路交通安全隐患。

客运站经营者应当健全并落实安全生产责任制，加强安全检查，防止乘客携带危险物品进站上车，防止客车超员及人货混装。

第三章　车辆和驾驶人

第十六条　机动车经公安机关交通管理部门登记后，方可上道路行驶。尚未登记的机动车，需要临时上道路行驶的，应当取得临时通行牌证。

第十七条　准予登记的机动车应当符合机动车国家安全技术标准。已经安全技术检验合格的机动车，超过一年未办理注册登记的，应当重新进行安全技术检验。

第十八条　上道路行驶的机动车因未按规定进行机动车安全技术检验被扣留的，应当经安全技术检验合格、依法取得检验合格标志后，方可继续上道路行驶。

机动车安全技术检验不合格，经修理和调整仍不符合机动车安全技术国家标准对在用车有关要求的，或者在检验有效期届满后连续三个机动车检验周期内未取得机动车检验合格标志的，应当强制报废。

第十九条　上道路行驶的机动车应当悬挂公安机关交通管理部门核发的机动车号牌，不得悬挂其他号牌或者标志牌。法律、法规另有规定的除外。

禁止在机动车和机动车号牌上安装、喷涂、粘贴影响交通技术监控信息接收的装置或者材料。

第二十条　用于公路营运的载客汽车、重型载货汽车、半挂牵引车、危险物品运输车和校车应当安装、使用符合国家标准的行驶记录仪或者全球定位系统，卧铺客车应当同时安装车载视频装置。运输企业或者相关单位应当落实安全监控主体责任，加强对所属车辆和驾驶人的动态监管。机动车驾驶人应当保持行驶记录仪或者全球定位系统的正常运行。

运输危险品的车辆应当按照国家规定配置标志、标识。运输剧毒化学品的车辆应当加装安全标志牌，标明其品名、种类、装载质量和施救办法等。

第二十一条 电动自行车等非机动车应当实行登记管理。具体登记管理办法由省人民政府规定。

实行登记的非机动车应当符合国家有关非机动车安全技术标准，并经县（市、区）公安机关交通管理部门登记挂牌后，方可上道路行驶。

第二十二条 申请机动车驾驶证应当提供真实、合法、有效的证明、凭证，并符合国家规定的条件。机动车驾驶证档案记载的机动车驾驶人信息发生变化的，机动车驾驶人应当在信息变化后的十五日内向公安机关交通管理部门备案。

第二十三条 实行机动车驾驶人驾驶安全信息公开制度。驾驶人驾驶安全信息包括驾驶人道路交通安全违法行为及处理情况、累积记分和涉及驾驶安全的其他信息。公安机关交通管理部门应当为单位和个人免费查询驾驶安全信息提供便利。

第四章 道路通行条件

第二十四条 县级以上人民政府应当制定和实施公共交通发展规划，优先发展公共交通。

有条件的城市道路，应当根据公共交通发展规划，设置公交专用车道和港湾式停靠站。

第二十五条 县级以上人民政府应当加大乡道、村道建设投入，加强对事故多发和危险路段的整治，逐步改善道路通行条件，大力扶持农村客运市场的发展，为农村居民出行安全提供保障。交通运输主管部门应当加强对乡道、村道的规划、设计、建设、验收、管理、养护以及交通安全设施设置的指导。

　　第二十六条　道路管理部门或者道路经营单位应当保障道路完好，根据道路等级、交通流量、行人流量、安全状况以及交通安全需要，按照国家标准在道路上设置和完善交通安全设施；有条件的应当在道路两侧种植行道树木，发挥其安全防护作用，但不得遮挡路灯、交通信号灯、交通标志，不得妨碍安全视距，不得影响通行。

　　新建、改建、扩建道路时，交通信号灯、交通标志、交通标线、交通监控、防撞护栏以及其他交通安全设施应当按照国家标准，与道路同时设计、同时施工、同时投入使用。有关单位在城市道路交通安全设施设计时，应当征求公安机关交通管理部门意见。在交通安全设施交付使用验收时，应当通知公安机关交通管理、安全生产监督管理等部门参加，交通安全设施验收不合格的不得通车运行。

　　增设或者调换限速、单行、禁止转弯、禁止临时停车等限制性、禁止性交通标志、标线的，有关部门应当广泛听取公众意见，在实施的十日前向社会公告。

　　公路限速标志由交通运输主管部门会同公安机关交通管理部门设置，城市道路限速标志由建设主管部门会同公安机关交通管理部门设置。设置限速标志的，应当设置相应的解除限速标志。

　　第二十七条　城市主要道路的人行道、行人过街设施应当按照国家有关无障碍设施工程建设标准设置盲道。

　　盲道应当保持安全、畅通，任何单位和个人不得占用、损毁盲道及设施。

　　第二十八条　国道、省道及城市道路沿线单位、居民居住区的机动车出入口，道路管理部门应当设置让行的交通标志或者标线。

　　道路平面交叉口，学校、幼儿园、医院、养老院门前的道路以及行人横过道路较为集中的路段，应当科学合理设置交通信号灯、人行横道、减速带、过街天桥或者过街地下通道。

城市道路宽度超过四条机动车道的，道路管理部门应当在车行道的中央分隔带或者机动车道与非机动车道之间的分隔带上设置行人安全岛。

第二十九条 单位管辖范围内允许社会机动车通行的道路，由该单位负责交通安全设施的设置、维护和管理，公安机关交通管理部门应当予以指导。

第三十条 公安机关交通管理部门可以利用交通技术监控设备收集道路交通安全违法行为证据。

交通技术监控设备应当符合国家标准或者行业标准，并经有关部门认定、检定合格后，方可用于收集道路交通安全违法行为证据。

交通技术监控设备设置地点应当有明显标志。

第三十一条 县级以上人民政府应当组织建设、城乡规划、公安机关交通管理等部门对可能影响交通环境的城市建设项目进行交通影响评价。需要进行交通影响评价的城市建设项目范围、评价标准和评价程序依照本省有关规定执行。对交通环境可能造成重大不利影响，且无法消除的，不得批准建设。

第三十二条 开辟、调整公共汽车、电车的行驶路线、站点和长途营运客车在城市道路上的行驶路线、站点，应当符合交通规划和安全、畅通的要求。有关部门应当将新审批的公共汽车、电车、长途营运客车路线及班次、停靠点等情况通报公安机关交通管理部门。已设置的行驶路线和站点影响道路交通安全、畅通的，公安机关交通管理部门可以要求有关部门予以调整。

第三十三条 停车场的建设应当纳入城市总体规划，并与城市建设和改造同步进行。

新建、改建、扩建文化、体育场（馆）等大、中型公共建筑以及商业街区、居住区、旅游区，应当配建、增建停车场。公共停车场应当优先设置残疾人专用停车泊位。

已经建成或者投入使用的停车场不得擅自停止使用或者改作他用。

第三十四条　公安机关交通管理部门会同有关部门在不影响行人和车辆通行的情况下，在城市道路范围内施划、调整或者撤除停车泊位时，应当及时调整相应的交通标志、标线。任何组织或者个人不得在停车泊位内设置障碍。

公安机关交通管理部门可以根据交通状况在城市道路范围内合理设置城市出租汽车停靠点。

第五章　道路通行规定

第三十五条　车辆、行人应当各行其道。没有划分机动车道、非机动车道和人行道的，机动车在道路中间通行，非机动车靠右侧通行，行人应当靠边通行。从道路右侧边缘线算起，行人通行路面宽度不超过一米，自行车、电动自行车通行路面宽度不超过 1.5 米，其他非机动车通行路面宽度不超过 2.2 米。

在同方向划有两条以上机动车道且没有交通信号指示的道路上，低速载货汽车、三轮汽车、拖拉机、轮式专用机械车和摩托车应当在最右侧的机动车道内通行。

正常情况下，高速公路同方向有两条车道的，大型货车应当在右侧车道内行驶。高速公路同方向有三条以上车道的，大型货车应当在最右侧车道内行驶，不得驶入最左侧车道。

第三十六条　机动车借道通行时，应当让所借道路内通行的车辆、行人优先通行。

非机动车、行人遇本道被占用无法正常通行时，可以在受阻路段借用相邻车道通行，并在通过被占用路段后迅速返回本道。车辆遇此情况应当减速让行。

第三十七条 机动车变更车道时，应当遵守下列规定：

（一）提前一百米至五十米开启转向灯，在高速公路上提前一百五十米至一百米开启转向灯；

（二）不得一次性变更两条以上机动车道，但符合交通信号要求的除外；

（三）同方向行驶左右两侧车道的车辆向中间车道变更时，左侧车道的车辆让右侧车道的车辆先行。

第三十八条 机动车行经人行横道时，应当减速行驶；遇行人正在通过人行横道，应当停车让行。

机动车行经没有交通信号的道路时，遇行人横过道路，应当避让；遇儿童、孕妇、老人、抱婴者以及盲人和其他行动不便的残疾人横过道路，应当停车让行。

第三十九条 机动车载物不得超过机动车行驶证上核定的载质量，载物的长、宽、高不得违反装载要求，严禁超限超载。

货运站场应当按规定对车辆配载，不准超限超载的货车驶出站场。

第四十条 公路客运车辆驾驶室外的两侧应当喷涂客运单位名称和核定的载客人数。

城市公共汽车行经高速公路或者行驶出城市规划区的，车辆技术等级、类型等级应当达到国家规定的有关标准，并严格按照核定标准载客，不得超载。

第四十一条 公路客运车辆驾驶人二十四小时内累计驾驶时间不得超过八小时，日间连续驾驶不得超过四小时，夜间连续驾驶不得超过两小时，每次停车休息时间不得少于二十分钟。严禁公路客运车辆夜间通行达不到安全通行条件的三级以下山区公路。

第四十二条 机动车上道路行驶，不得超过限速标志或者标线标明的速度。在同方向划有两条以上机动车道且没有限速标志、标线的路段，城市快速路和一级公路最高时速为九十公里，二级公路最高时速为七十公里，城市其他道路最高时速为六十公里。在单位院内、居民居住区内，最高时速为二十公里。

第四十三条　下列机动车在道路上行驶，应当遵守相应的限速规定：

（一）手扶拖拉机最高时速为二十公里，其他拖拉机最高时速为四十公里；

（二）三轮汽车、轮式专用机械车、轻便摩托车最高时速为四十公里；

（三）全挂拖斗车、低速载货汽车、摩托车和公交车最高时速为六十公里；

（四）运载危险物品的机动车在高速公路上行驶时最高时速为八十公里，在其他公路上行驶时最高时速为六十公里。前款规定的机动车限速高于道路实际限速的，按照道路实际限速规定行驶；低于道路实际限速的，按照前款规定的限速行驶。

第四十四条　车辆通过没有交通信号的交叉路口时，转弯的机动车应当让直行车辆先行。

车辆通过有交通信号控制的交叉路口，遇放行信号时，应当让先于本放行信号放行的车辆先行。

车辆通过环形路口，应当按照导向箭头所示方向行驶。后进环形路口的机动车应当让已在路口内环行或者出环行路口的车辆先行。

车辆通过交叉路口同时被放行或者没有交通信号时，右转弯的机动车应当让同方向左转弯或者直行的行人和非机动车先行。

第四十五条　机动车进出道路时，应当让在道路上正常行驶的车辆、行人先行。

机动车遇有前方车辆停车排队等候或者行驶缓慢时，应当停车等候或者依次行驶，不得进入非机动车道、人行道行驶，不得鸣喇叭催促车辆、行人。

第四十六条 同方向划有两条以上机动车道的交叉路口，未设置导向标志、标线的，左转弯的机动车应当提前驶入最左侧的车道转弯，右转弯的机动车应当提前驶入最右侧的车道转弯。

第四十七条 摩托车行驶时，驾驶人及乘坐人员应当按规定戴摩托车专用安全头盔，并系扣牢固。驾驶人不得在乘坐人员未按规定使用安全头盔和不正向骑坐的情况下驾驶摩托车。

第四十八条 在道路上进行养护、维修或者其他作业的机动车及作业人员，应当遵守下列规定：

（一）作业时间尽量避开交通流量高峰期。

（二）车辆开启示警灯和危险报警闪光灯。

（三）在车行道停车作业时，划出作业区，设置围挡，在作业区来车方向白天不少于五十米、夜间不少于一百米的地点设置反光的施工标志或者危险警告标志。在高速公路上应当在作业区来车方向不少于五百米的地点设置反光的施工标志或者危险警告标志。

（四）作业人员按照规定穿戴反光服饰，注意避让来往车辆。

遇有交通阻塞或者其他紧急情况，公安机关交通管理部门可以要求暂时停止道路作业、施工，临时恢复交通。

第四十九条 摩托车、低速载货汽车、三轮汽车不得进入高速公路、城市快速路通行。

高速公路、城市快速路、设区的市中心城区内的道路，禁止拖拉机通行。其他禁止拖拉机通行的道路，由省人民政府公安机关和农业（农业机械）主管部门根据实际情况提出意见，报省人民政府批准。

第五十条 机动车在停车泊位内停放，车身不得超出停车泊位；进出停车泊位时不得阻碍其他车辆或者行人正常通行。

第五十一条 机动车在道路上临时停车的，应当遵守下列规定：

（一）按顺行方向，车身右侧贴近道路边缘停靠。

（二）夜间或者遇风、雨、雪、雾等低能见度气象条件时开启危险报警闪光灯、示廓灯和前后位灯。

（三）在设有出租汽车停靠点的道路上，出租汽车在停靠点靠右侧路边按顺序停车上下乘客，但不得等待乘客；在没有设置出租汽车停靠点的道路上，出租汽车遵守机动车临时停车的规定。

（四）公共汽车不得在停靠站以外的地点停车上下乘客，进出停靠站在停靠站一侧按顺序依次单排靠边停车，不得在停靠站内等待乘客；暂时不能进入停靠站的，在最右侧机动车道单排等候进站。

（五）校车、单位接送职工的自备客车在公安机关交通管理部门指定的临时停车点停车上下乘客；其他机动车在不妨碍上述车辆停放的情况下，可以在上述停车点临时上下客。

第五十二条 驾驶非机动车应当遵守下列规定：

（一）不得进入高速公路、城市快速路或者其他封闭的机动车专用道；

（二）保持非机动车的制动器、车铃和夜间反光装置完好；

（三）设有转向灯的，转弯时应当提前开启转向灯；

（四）不得牵引动物；

（五）不得以手持方式使用电话；

（六）自行车、电动自行车限载一名十二周岁以下未成年人；搭载学龄前儿童的，应当使用安全座椅；十二周岁以上十六周岁以下的未成年人驾驶自行车不得载人。

三轮车、残疾人机动轮椅车等其他非机动车载人的规定，由设区的市人民政府根据当地实际情况制定，报省人民政府批准。

第五十三条 乘车人应当遵守下列规定：

（一）乘坐公共汽车、电车和长途汽车，在停靠站或者指定地点依次候车，待车停稳后，先下后上；

（二）不得在禁止车辆停靠的地点拦乘机动车；

（三）不得影响驾驶人安全驾驶；

（四）乘坐货运机动车，必须符合法律、法规规定，不得站立或者坐在车厢栏板上；

（五）乘坐两轮摩托车应当在后座正向骑坐。

第五十四条 行人应当遵守下列规定：

（一）不得进入高速公路、城市快速路或者其他封闭的机动车专用道；

（二）不得在车行道上兜售或者发送物品、索要财物；

（三）不得在道路上扒车、追车、强行拦车、互相追逐以及进行其他妨碍交通安全的活动；

（四）携带宠物时须妥善看护，不得影响车辆、行人的正常通行；

（五）牵、赶、骑牲畜在允许通行的道路上靠近道路右侧通行，不得影响车辆、行人的正常通行。

第五十五条 受严重自然灾害、恶劣气象条件和施工影响以及发生交通事故致使高速公路交通阻塞时，公安机关交通管理部门应当根据实际需要，采取限制车速、调换车道、暂时中断通行等交通管制措施，并提前在适当的路段或者场所设置明显的交通标志。高速公路经营管理单位应当做好抢通物资和专用抢通设备储备，及时抢通道路。需要关闭高速公路的，公安机关交通管理部门应当通知高速公路经营管理单位关闭高速公路进出通道，并通过媒体发布有关信息，高速公路经营管理单位应当在入口处设置公告牌。

第五十六条　机动车在高速公路上行驶，应当遵守下列规定：

（一）除警车、消防车、救护车、工程救险车、清障车执行紧急任务或者车辆故障等确需在路肩或者应急车道上行驶、停车的情况外，不得在路肩或者应急车道上行驶或者停车。

（二）发生故障时，不得占用行驶车道检修车辆；确实无法正常行驶的，由交通运输主管部门统一管理的清障施救队伍派出救援车、清障车拖曳、牵引。

（三）发生故障难以移动时或者发生交通事故后，驾驶人应当立即开启危险报警闪光灯，在故障车或者事故车来车方向一百五十米以外设置警告标志，车上人员应当迅速转移到右侧路肩、紧急停车带或者应急车道内，并迅速报警。

（四）遇交通阻塞停车时，车上人员不得在行驶车道内活动或者逗留，驾驶人在夜间还应当开启危险报警闪光灯、示廓灯和前后位灯。

第五十七条　县级以上人民政府可以根据城市中心区域的道路交通情况，对摩托车等车辆采取限制通行的措施。

第六章　交通事故处理

第五十八条　在道路上发生交通事故，车辆驾驶人应当立即停车，保护现场；造成人身伤亡的，车辆驾驶人应当立即抢救受伤人员，并迅速报告执勤的交通警察或者公安机关交通管理部门。因抢救受伤人员变动现场的，应当标明位置。乘车人、过往车辆驾驶人、过往行人应当予以协助。

公安机关交通管理部门接到交通事故报警后，应当立即派交通警察赶赴现场，组织抢救受伤人员，勘验、检查现场，尽快恢复交通。

第五十九条　高速公路上发生交通事故需要清障施救的，公安机关交通管理部门应当及时通知交通运输主管部门统一管理的清障施救队伍。清障施救队伍应当立即派出车辆和人员赶赴现场，在公安机关交通管理部门勘查交通事故现场后，及时组织清障施救，迅速畅通道路，现场的交通警察应当予以必要配合。

清障施救队伍应当本着便民、利民的原则，按照有关技术规范无条件清障施救。清障施救后，按照省人民政府财政和价格主管部门核定的有关收费项目和收费标准收取费用，不得超范围、超标准收费。

交通运输主管部门应当加强对清障施救队伍的管理，对清障施救工作进行统一规范。监察、审计、价格等有关主管部门应当加强对清障施救工作的监督，禁止任何单位及其工作人员借清障施救之机向当事人乱收费或者实施其他违法行为。

第六十条　公安机关交通管理部门在处理交通事故时，因收集证据的需要，可以扣留事故车辆、逃逸嫌疑车辆。

公安机关交通管理部门扣留车辆的，应当当场向当事人出具凭证，并妥善保管，在检验鉴定结论确定之日起五日内通知当事人领取。

第六十一条　对交通事故车辆及其行驶速度、痕迹、物品以及现场的道路状况等需要进行一般性认定的，公安机关交通管理部门可以指派本部门专业人员进行。需要进行检验、鉴定的，应当在勘验、检查现场之日起三日内委托具备相关资格的鉴定机构进行鉴定。

第六十二条　公安机关交通管理部门因调查交通事故的需要，可以查阅或者复制道路收费站、渡口和其他有关单位记载过往车辆信息的资料，以及车辆维修单位维修记录和交通事故当事人的通讯记录，有关单位应当及时、如实、无偿提供。

第六十三条　公安机关交通管理部门经过调查后，应当根据交通事故当事人的行为对发生交通事故所起的作用以及过错程度，确定当事人的责任。交通事故当事人的责任分为全部责任、主要责任、同等责任、次要责任和无责任。

交通事故责任认定规则由省人民政府公安机关制定，报省人民政府备案。

第六十四条　公安机关交通管理部门应当在现场调查之日起十日内制作交通事故认定书。对需要进行检验、鉴定的，应当在检验、鉴定结果确定之日起五日内制作交通事故认定书。

交通事故认定书应当载明下列内容：

（一）交通事故当事人、车辆、道路和交通环境的基本情况；

（二）交通事故的发生经过；

（三）交通事故证据及事故形成原因的分析；

（四）当事人导致交通事故的过错及责任或者意外原因；

（五）作出交通事故认定的公安机关交通管理部门名称和日期。

第六十五条　因交通事故当事人处于抢救或者昏迷状态等特殊原因，无法收集证据、且无其他证据证明交通事故事实时，经上一级公安机关交通管理部门批准，交通事故认定时限可以中止计算，但中止时间最长不超过六十日。

中止原因消除后，公安机关交通管理部门应当及时作出交通事故认定。中止时限期满后仍然无法查证交通事故事实的，公安机关交通管理部门应当出具交通事故证明，载明交通事故发生的时间、地点、当事人情况及调查得到的事实，分别送达当事人。

第六十六条　机动车之间发生交通事故造成人身伤亡、财产损失的，由机动车各方所投保的保险公司在机动车交通事故责任强制保险责任限额范围内予以赔偿；机动车未参加机动车交通事故责任强制保险的，由机动车所有人或者管理人在相当于相应的强制保险责任限额范围内予以赔偿。依法应当赔偿的数额超过机动车交通事故责任强制保险责任限额的部分，由有过错的一方承担赔偿责任；双方都有过错的，按照各自过错的比例分担赔偿责任。

第六十七条 机动车与非机动车、行人之间发生交通事故造成人身伤亡、财产损失的，由机动车所投保的保险公司在机动车交通事故责任强制保险责任限额范围内予以赔偿；机动车未参加机动车交通事故责任强制保险的，由机动车一方在相当于相应的强制保险责任限额范围内予以赔偿。依法应当赔偿的数额超过机动车交通事故责任强制保险责任限额的部分，由机动车一方承担赔偿责任，但有证据证明非机动车驾驶人、行人有过错的，按照下列规定适当减轻机动车一方的赔偿责任：

（一）非机动车驾驶人、行人一方负次要责任的，机动车一方承担百分之七十至百分之八十的赔偿责任；

（二）非机动车驾驶人、行人一方负同等责任的，机动车一方承担百分之六十的赔偿责任；

（三）非机动车驾驶人、行人一方负主要责任的，机动车一方承担百分之三十至百分之四十的赔偿责任；

（四）非机动车驾驶人、行人一方负全部责任的，在禁止非机动车和行人通行的高速公路、城市快速路上发生交通事故，机动车一方承担不超过百分之五的赔偿责任；在其他道路上发生交通事故，机动车一方承担不超过百分之十的赔偿责任。

交通事故的损失是由非机动车驾驶人、行人故意碰撞机动车造成的，机动车一方不承担赔偿责任。

非机动车驾驶人、行人与处于合法停放状态的机动车发生交通事故，机动车一方无交通事故责任的，不承担赔偿责任。

第六十八条 非机动车之间、非机动车与行人之间发生交通事故造成人身伤亡、财产损失的，由有过错的一方承担赔偿责任；各方都有过错的，按照各自过错的比例承担赔偿责任。

第六十九条　公安机关交通管理部门、医疗机构、保险公司应当按照各自职责，相互配合，建立交通事故责任强制保险快速理赔机制。

医疗机构对交通事故中的受伤人员应当及时抢救，不得因抢救费用未及时支付而延误救治。

因抢救受伤人员需要保险公司在机动车交通事故责任强制保险责任限额范围内支付或者垫付抢救费用的，公安机关交通管理部门应当及时向保险公司发出支付或者垫付通知。

保险公司在接到公安机关交通管理部门通知后，应当及时向医疗机构支付或者垫付抢救费用；不予支付或者垫付抢救费用的，应当向公安机关交通管理部门和被保险人书面说明理由。保险公司需要医疗机构提供抢救费用清单或者向医疗机构核实有关情况的，医疗机构应当予以配合。

第七十条　依法设立道路交通事故社会救助基金。

道路交通事故社会救助基金的设立、资金来源、使用管理，依照有关法律、行政法规执行。

第七章　法律责任

第七十一条　对违反道路交通安全法律、法规的行为，由公安机关交通管理部门责令改正，依照《中华人民共和国道路交通安全法》《中华人民共和国道路交通安全法实施条例》的规定予以处罚。给予罚款处罚的，罚款数额的具体标准按照本办法的规定执行。

公安机关交通管理部门及其交通警察，对情节轻微、未影响道路通行的道路交通安全违法行为人，应当坚持教育为主的原则，给予口头警告后放行。

第七十二条　行人有下列行为之一的，处十元罚款：

（一）通过路口或者横过道路，不走人行横道或者过街设施的；

（二）通过铁路道口违反法律、法规规定的。

第七十三条 行人有下列行为之一的，处二十元罚款：

（一）不按交通信号指示通行的；

（二）在道路上使用滑板、旱冰鞋等滑行工具的；

（三）在车行道上坐卧、停留、嬉闹，或者兜售、发送物品的。

第七十四条 行人有下列行为之一的，处五十元罚款：

（一）跨越或者倚坐道路隔离设施的；

（二）不给执行紧急任务的警车、消防车、救护车、工程救险车让行的；

（三）扒车、强行拦车、追车、抛物击车的；

（四）进入高速公路、城市快速路的。

第七十五条 乘车人有下列行为之一的，处十元罚款：

（一）不按规定使用安全带的；

（二）在机动车行驶中将身体任何部分伸出车外的。

第七十六条 乘车人有下列行为之一的，处二十元罚款：

（一）乘坐摩托车不按规定戴摩托车专用安全头盔或者乘坐两轮摩托车不正向骑坐的；

（二）向车外抛洒物品的；

（三）在机动车道上拦乘机动车的；

（四）在机动车道上从机动车左侧上下车或者开关车门妨碍其他车辆和行人通行的；

（五）机动车在高速公路、城市快速路上发生故障难以移动时，不按规定转移到安全地点的；

（六）有影响、干扰安全驾驶行为的。

第七十七条 乘车人有下列行为之一的，处三十元罚款：

（一）机动车行驶中跳车的；

（二）在高速公路上不按规定使用安全带的。

第七十八条　乘车人携带易燃易爆等危险物品的，处五十元罚款。

第七十九条　非机动车驾驶人有下列行为之一的，处十元罚款：

（一）不避让正在作业的道路养护车、工程作业车的；

（二）驾驶自行车、三轮车、电动自行车、残疾人机动轮椅车时双手离把或者手中持物的；

（三）在道路上学习驾驶非机动车的；

（四）不在规定地点停车或者停车妨碍其他车辆和行人通行的。

第八十条　非机动车驾驶人有下列行为之一的，处二十元罚款：

（一）不避让盲人的；

（二）载物超过法律、法规规定的长度、高度、宽度规格的；

（三）转弯前不减速慢行，不伸手示意，突然转弯的；

（四）超越前车时妨碍被超越的车辆行驶的；

（五）在道路上驾驶独轮自行车或者二人以上骑行的自行车的；

（六）驾驭畜力车违反法律、法规规定的，本办法另有具体规定的，依照具体规定处罚；

（七）制动器失效，仍在道路上驾驶的；

（八）设有转向灯的非机动车，转弯前未开启转向灯的；

（九）牵引动物的；

（十）驾驶时以手持方式使用电话的；

（十一）通过有交通信号灯控制的路口，转弯的非机动车不让直行的车辆、行人优先通行的；

（十二）通过有交通信号灯控制的路口，遇有前方路口交通阻塞时，强行进入的；

（十三）通过有交通信号灯控制的路口，向右转弯遇有同方向前车正在等候放行信号不能转弯时，不依次等候的。

第八十一条 非机动车驾驶人有下列行为之一的，处三十元罚款：

（一）不按交通信号指示通行的；

（二）横过机动车道不按法律、法规规定通过的；

（三）违反非机动车限制通行、禁止通行规定的；

（四）驾驶自行车、三轮车、电动自行车、残疾人机动轮椅车扶身并行、互相追逐或者曲折竞驶的；

（五）在受阻路段借道行驶后不迅速驶回非机动车道的。

第八十二条 非机动车驾驶人有下列行为之一的，处五十元罚款：

（一）醉酒后驾驶自行车、三轮车、电动自行车、残疾人机动轮椅车或者醉酒后驾驭畜力车的；

（二）不给执行紧急任务的警车、消防车、救护车、工程救险车让行的；

（三）驾驶自行车、三轮车、电动自行车、残疾人机动轮椅车等，牵引车辆、攀扶车辆或者被其他车辆牵引的；

（四）自行车、三轮车加装动力装置的；

（五）非机动车进入高速公路、城市快速路的；

（六）电动自行车、残疾人机动轮椅车在非机动车道内行驶时，时速超过十五公里的；

（七）违反规定在机动车道、人行道内行驶的；

（八）驾驶自行车、电动自行车、残疾人机动轮椅车违反规定载人的；

（九）非下肢残疾的人驾驶残疾人机动轮椅车的；

（十）逆向行驶的。

第八十三条　机动车驾驶人有下列行为之一的，处二十元罚款：

（一）未随车携带行驶证、驾驶证的；

（二）上道路行驶的机动车未放置检验合格标志或者保险标志的；

（三）不按规定使用安全带的；

（四）驾驶摩托车不戴安全头盔的；

（五）不避让正在作业的道路养护车、工程作业车的；

（六）在驾驶室前后窗范围内悬挂、放置妨碍驾驶人视线物品的；

（七）向道路上抛洒物品的。

第八十四条　机动车驾驶人有下列行为之一的，处五十元罚款：

（一）不避让盲人的；

（二）以手持方式使用电话、观看电视等妨碍安全驾驶的；

（三）在道路上临时停车妨碍其他车辆、行人通行，驾驶人不在现场或者虽在现场但拒绝立即驶离的；

（四）变更车道时影响相关车道内行驶的机动车正常行驶的；

（五）使用转向灯不按法规规定的；

（六）在夜间没有路灯、照明不良或者遇有雾、雨、雪、沙尘、冰雹等低能见度情况下行驶时，不按法律、法规规定使用车灯的；

（七）机动车在道路上发生故障或者事故，不按法律、法规规定处置的。

第八十五条　机动车驾驶人有下列行为之一的，处一百元罚款：

（一）违反分道行驶规定的；

（二）不按法律、法规规定通过交叉路口的；

（三）通过铁路道口违反法律、法规规定的；

（四）拖拉机用于载人的；

（五）下陡坡时熄火或者空档滑行的；

（六）摩托车、轻便摩托车违反法律、法规规定载人的；

（七）驾驶摩托车手离车把或者在车把上悬挂物品的；

（八）在禁止鸣喇叭的区域或者路段鸣喇叭的；

（九）在道路上驾驶教练车学习驾驶不按指定时间、路线的；

（十）在道路上驾驶教练车学习驾驶，教练不随车指导或者让与教学无关的人员乘坐教练车的；

（十一）实习期内驾驶机动车，车身后部未粘贴或者悬挂统一实习标志的；

（十二）驾驶证丢失、损毁期间驾驶机动车的；

（十三）在道路上进行养护、维修或者其他作业的车辆作业时未开启示警灯和危险报警闪光灯的。

第八十六条　机动车驾驶人有下列行为之一的，处一百五十元罚款：

（一）逆向行驶的；

（二）行经人行横道时不减速行驶或者遇行人正在通过人行横道不停车让行的；

（三）行经没有交通信号的道路时，遇行人横过道路不避让的；

（四）警车、消防车、救护车、工程救险车非执行紧急任务时使用警报器或者标志灯具的；

（五）在禁止停放机动车的道路或者禁止临时停车的路段停车，机动车驾驶人不在现场或者虽在现场但拒绝立即驶离，妨碍其他车辆、行人通行的；

（六）在设置了禁止停放或者禁止临时停车标志和告示牌的重点路段、时段停车，不按告示牌的要求驶离，妨碍其他车辆、行人通行的；

（七）违反法律、法规规定掉头或者倒车的；

（八）违反法律、法规规定牵引挂车或者故障机动车的；

（九）在夜间通过急弯路段、坡路、拱桥、人行横道或者没有交通信号灯控制的路口时，没有交替使用远、近光灯示意的；

（十）驶近急弯、坡道顶端等影响安全视距的路段以及超车或者遇有紧急情况时未减速慢行，并鸣喇叭示意的；

（十一）在车门、车厢没有关好时行车的；

（十二）通过漫水路或者漫水桥不察明水情，不低速通过的；

（十三）行经渡口不按照指定地点依次待渡，或者上下渡船时，不低速慢行的。

第八十七条　机动车驾驶人有下列行为之一的，处二百元罚款：

（一）违反限制通行、禁止通行规定的；

（二）违反超车规定的；

（三）在遇有前方机动车停车排队等候或者缓慢行驶、交通阻塞时，不依次等候、交替通行的；

（四）不给执行紧急任务警车、消防车、救护车、工程救险车让行的；

（五）在没有中心隔离设施或者中心线的道路上会车时违反会车规定的；

（六）被牵引的故障机动车违反规定载人的；

（七）上道路行驶的机动车未悬挂机动车号牌的；

（八）上道路行驶的载货汽车、挂车未按照规定安装侧面以及后下部防护装置、粘贴车身反光标识的；

（九）机动车喷涂、粘贴标识或者车身广告影响安全驾驶的；

（十）故意遮挡、污损、不按规定安装机动车号牌的，或者在机动车号牌上喷涂、粘贴影响交通技术监控信息接收的材料的；

（十一）连续驾驶机动车超过四小时、夜间连续驾驶公路客运车辆超过两小时未停车休息或者停车休息时间少于二十分钟的；

（十二）驾驶公路客运车辆二十四小时内累计时间超过八小时的；

（十三）夜间驾驶公路客运车辆通行达不到安全通行条件的三级以下山区公路的；

（十四）不按规定办理机动车登记或者未进行安全技术检验的；

（十五）在机动车上安装影响交通技术监控信息接收的装置的；

（十六）未按规定喷涂放大的牌号的；

（十七）驾驶证超过有效期、被依法扣留期间驾驶机动车的；

（十八）服用国家管制的精神药品或者麻醉药品、患有妨碍安全驾驶疾病驾驶机动车的；

（十九）实习期内驾驶公共汽车、营运客车或者执行任务的警车、消防车、救护车、工程救险车以及载有危险物品的机动车的；

（二十）驾驶与驾驶证载明的准驾车型不相符合的机动车的；

（二十一）驾驶安全设施不全或者机件不符合安全技术标准等具有安全隐患的机动车的；

（二十二）违反规定使用专用车道的。

第八十八条 在高速公路或者城市快速路上，机动车驾驶人有下列行为之一的，处一百元罚款：

（一）不按规定使用安全带的；

（二）车速低于法律规定的最低限速的；

（三）不按法律、法规规定驶入或者驶离高速公路的；

（四）不按法律、法规规定与同车道前车保持距离的；

（五）通过施工作业路段，不减速行驶的；

（六）机动车在高速公路上遇交通阻塞停车时，车上人员在行驶车道内活动、逗留，或者驾驶人在夜间未开启危险报警闪光灯、示廓灯和前后位灯。

第八十九条 在高速公路或者城市快速路上，机动车驾驶人有下列行为之一的，处二百元罚款：

（一）驾驶拖拉机、轮式专用机械车、铰接式客车、全挂拖斗车、低速载货汽车、三轮汽车以及其他设计最高时速低于七十公里的机动车进入高速公路的；

（二）发生故障或者交通事故，不按规定使用危险报警闪光灯、设置警告标志的；

（三）遇有低能见度气象条件时，不遵守法律、法规规定行驶的；

（四）倒车、逆行、穿越中央分隔带掉头或者在车道内停车的；

（五）在匝道、加速车道或者减速车道上超车的；

（六）骑、轧车行道分界线或者在路肩上行驶的；

（七）非紧急情况时在应急车道行驶或者停车的；

（八）试车或者学习驾驶机动车的；

（九）在高速公路上驾驶的载货汽车车厢载人的。

第九十条 摩托车驾驶证被暂扣期间驾驶摩托车的，或者将摩托车交由摩托车驾驶证被暂扣的人驾驶的，处二百元罚款。

摩托车驾驶证被吊销驾驶摩托车的，或者将摩托车交由摩托车驾驶证被吊销的人驾驶的，处四百元罚款。

未取得摩托车驾驶证驾驶摩托车的，或者将摩托车交由未取得摩托车驾驶证的人驾驶的，处五百元罚款。

本条规定适用于轻便摩托车。

第九十一条 机动车驾驶证被暂扣期间驾驶机动车的，或者将机动车交由机动车驾驶证被暂扣的人驾驶的，处五百元罚款；驾驶的车辆为营运载客汽车的，处一千元罚款。

机动车驾驶证被吊销驾驶机动车的，或者将机动车交由机动车驾驶证被吊销的人驾驶的，处八百元罚款；驾驶的车辆为营运载客汽车的，处一千五百元罚款。

未取得机动车驾驶证驾驶机动车的，或者将机动车交由未取得机动车驾驶证的人驾驶的，处一千元罚款；驾驶的车辆为营运载客汽车的，处二千元罚款。

第九十二条 饮酒后驾驶机动车的，处一千五百元罚款；因饮酒后驾驶机动车被处罚，再次饮酒后驾驶机动车的，处二千元罚款；饮酒后驾驶营运机动车的，处五千元罚款。

第九十三条 机动车上道路行驶超过规定时速百分之二十以下的，予以警告；超过规定时速百分之二十以上百分之五十以下的，处一百元罚款；超过规定时速百分之五十的，处二百元罚款；超过规定时速百分之五十以上，每增加百分之十的，加处二百元罚款，但最高罚款数额不得超过一千元。

在高速公路上行驶超过规定时速百分之十以下的，予以警告；超过规定时速百分之十以上百分之五十以下的，处二百元罚款；超过规定时速百分之五十的，处一千元罚款；超过规定时速百分之五十以上，每增加百分之十的，加处二百元罚款，但最高罚款数额不得超过二千元。

前两款规定中的"以上"不含本数。

第九十四条 机动车载物的长、宽、高违反装载要求或者遗洒、飘散载运物的，处一百元罚款。

机动车运载超限的不可解体的物品，影响交通安全，不按照公安机关交通管理部门指定的时间、路线、速度行驶或者未悬挂明显标志的，处一百五十元罚款。

机动车载运爆炸物品、易燃易爆化学物品以及剧毒、放射性等危险物品，经公安机关批准后，不按指定的时间、路线、速度行驶，未悬挂警示标志或者不采取必要安全措施的，处二百元罚款。

第九十五条　公路客运车辆载客超过额定乘员百分之二十以下的，处二百元以上四百元以下罚款；超过额定乘员百分之二十的，处五百元罚款；超过额定乘员百分之二十以上，每增加百分之十的，加处二百元罚款，但最高罚款数额不得超过二千元。情节严重的，公安机关交通管理部门可以依法扣留机动车。

公路客运车辆违反规定载货的，处五百元以上以一千元以下罚款。运输单位的车辆有本条第一款、第二款规定行为之一的，经处罚不改的，对直接负责的主管人员处二千元以上四千元以下罚款。

第九十六条　货运机动车超过核定载质量百分之三十以下的，处二百元以上四百元以下罚款；超过核定载质量百分之三十的，处五百元罚款；超过核定载质量百分之三十以上，每增加百分之十的，加处二百元罚款，但最高罚款数额不得超过二千元。

货运机动车违反规定载客的，处一千元以上二千元以下罚款。运输单位的车辆有本条第一款、第二款规定的行为之一的，经处罚不改的，对直接负责的主管人员处二千元以上四千元以下罚款。

第九十七条　机动车载人超过核定人数或者客运机动车违反规定载货的，处一百元以上二百元以下罚款。本办法另有具体规定的，依照具体规定处罚。

第九十八条　擅自改变机动车外形、外廓尺寸、座椅、品牌标识等已登记的有关技术数据的，由公安机关交通管理部门责令恢复原状，并处三百元以上五百元以下罚款。

第九十九条　有下列行为之一的，处五百元以上一千元以下罚款：

（一）非法安装警报器、标志灯具的；

（二）强迫机动车驾驶人违反道路交通安全法律、法规和机动车安全驾驶要求驾驶机动车，造成交通事故，尚不构成犯罪的；

（三）违反交通管制的规定强行通行，不听劝阻的；

（四）驾驶拼装或者已达到报废标准的机动车上道路行驶的。

第一百条 有下列行为之一的，处一千元以上一千五百元以下罚款：

（一）造成交通事故后逃逸，尚不构成犯罪的；

（二）故意损毁、移动、涂改交通设施，造成危害后果，尚不构成犯罪的；

（三）非法拦截、扣留机动车辆，不听劝阻，造成交通严重阻塞或者较大财产损失的；

（四）在道路两侧及隔离带上种植树木、其他植物或者设置广告牌、管线等，遮挡路灯、交通信号灯、交通标志，妨碍安全视距，经公安机关交通管理部门责令排除妨碍，拒不执行的。

第一百零一条 使用其他车辆的机动车登记证书、号牌、行驶证、检验合格标志或者保险标志的，由公安机关交通管理部门处二千元以上五千元以下罚款。

伪造、变造或者使用伪造、变造的机动车登记证书、号牌、行驶证、驾驶证的，由公安机关交通管理部门处二千元以上五千元以下罚款。

伪造、变造或者使用伪造、变造的检验合格标志、保险标志的，由公安机关交通管理部门处一千元以上三千元以下罚款。

第一百零二条 机动车安全技术检验机构不按照机动车国家安全技术标准进行检验，出具虚假检验结果的，由质量技术监督主管部门依照有关法律、法规予以处罚。

第一百零三条 违反本办法第三十三条第三款规定，擅自停用停车场或者改变其用途的，由城乡规划主管部门责令限期改正，并处一万元以上五万元以下罚款；逾期不改的，责令停业整顿。

第一百零四条 违反本办法第五十九条规定，清障施救队伍组织清障施救不及时的，交通运输主管部门应当及时予以纠正，借清障施救之机对当事人乱收费的，由价格主管部门依法给予行政处罚。对负有直接责任的主管人员和其他直接责任人员依法给予处分；构成犯罪的，依法追究刑事责任。

第一百零五条　公安机关交通管理部门依法实施罚款的行政处罚，应当依照有关法律、行政法规的规定，实施罚款决定与罚款收缴分离。有下列情形之一的，交通警察可以当场收缴罚款：

（一）对行人、乘车人和非机动车驾驶人的罚款，当事人无异议的；

（二）适用行政处罚简易程序当场作出罚款决定，且不当场收缴罚款事后难以执行的；

（三）对高速公路上或者夜间过境的非本辖区内机动车驾驶人处二百元以下罚款，以及对边远、交通不便地区的机动车驾驶人罚款，机动车驾驶人到违法行为发生地代收机构缴款确有困难，主动提出当场缴付罚款的。

交通警察当场收缴罚款的，应当出具省财政主管部门统一制发的罚款收据，自收缴罚款之日起二日内，交至公安机关交通管理部门；公安机关交通管理部门应当在二日内将罚款缴付指定的银行。

第一百零六条　公安机关交通管理部门及其交通警察不依法履行职责，有下列情形之一的，对负有直接责任的主管人员和其他直接责任人员依法给予处分；构成犯罪的，依法追究刑事责任：

（一）对依法应当处罚的交通安全违法行为不予处罚或者滥用职权违法处罚的；

（二）接到交通事故报告后，隐瞒不报或者不及时处置导致事故后果扩大的；

（三）擅离职守，不履行执勤职责的；

（四）对依法应当告知、听证的事项，不告知、听证的。

公安机关交通管理部门及其交通警察违法采取行政强制措施和实施行政处罚，给当事人造成人身伤害、财产损失的，应当依法承担赔偿责任。

第一百零七条 交通运输、建设、城乡规划、农业、卫生、质量技术监督、安全生产监督、价格、教育等行政主管部门及其工作人员，在道路交通安全管理工作中，滥用职权、徇私舞弊、玩忽职守，依法给予直接负责的主管人员和直接责任人员处分；构成犯罪的，依法追究刑事责任。

第八章 附 则

第一百零八条 本办法自 2009 年 1 月 1 日起施行。2004 年 9 月 25 日江西省第十届人民代表大会常务委员会第十一次会议通过的《江西省道路交通安全违法行为罚款具体执行标准规定》同时废止。